JN444096

발 행 일 | 2025년 09월 30일(1판 1쇄)
I S B N | 978-89-5960-510-1
정 가 | 14,000원

기 획 | 렉스미디어 기획팀
집 필 | 장순나, 조연화
진 행 | 이영수
본문디자인 | 디자인앨리스

발 행 처 | ㈜렉스미디어
발 행 인 | 안광준
주 소 | 경기도 파주시 정문로 588번길 24
홈페이지 | www.rexmedia.net

타자 기록표

구분	날짜	평균 타수	정확도	확인란
1	월 일			
2	월 일			
3	월 일			
4	월 일			
5	월 일			
6	월 일			
7	월 일			
8	월 일			
9	월 일			
10	월 일			
11	월 일			
12	월 일			

구분	날짜	평균 타수	정확도	확인란
13	월 일			
14	월 일			
15	월 일			
16	월 일			
17	월 일			
18	월 일			
19	월 일			
20	월 일			
21	월 일			
22	월 일			
23	월 일			
24	월 일			

목차

CHAPTER

01 엑셀 첫 걸음! 글자 입력하기

학습 목표

- 엑셀 2021 프로그램의 화면구성을 알 수 있어요.
- 글자를 입력할 수 있어요.

미리 보기 이렇게 만들어 보아요

불러올 파일 : 식단표.xlsx 완성된 파일 : 식단표_완성.xlsx

① **파일 열기** : [열기]-[찾아보기] 클릭 → 파일 선택 → [열기]를 클릭해요.

우리 학교 주간 식단표

요일	월	화	수	목	금
메뉴	닭강정	소불고기	햄버거	생선까스	삼색비빔밥
	어묵국	콩나물국	콜라	시금치된장국	새우달걀국
	햄야채볶음	동그랑땡	감자튀김	오이무침	떡갈비구이
	메추리알장조림	참나물무침	치킨너겟	콘샐러드	야채튀김
	김치	김치	피클	피클	김치
	망고	딸기	샐러드	오렌지	머핀

② **파일 저장** : [파일]-[다른 이름으로 저장]-[찾아보기] 클릭 → 저장 위치 및 파일 이름 입력 후 [저장]을 클릭해요.

호기심 챗 GPT

엑셀은 우리가 숫자나 글자를 쉽게 정리하고 계산할 수 있도록 도와주는 똑똑한 프로그램이에요!
수식과 함수를 사용해서 계산 작업도 빠르게 자동으로 할 수 있어요. 예를 들어, 용돈을 모으면서 얼마를 썼는지 정리할 수도 있고, 친구들과 설문조사를 해서 결과를 보기 좋게 정리할 수도 있어요.

1 엑셀 2021 프로그램 실행해요.

❶ [시작( )] 단추를 클릭한 후 [Excel( )]을 클릭해요.

❷ 엑셀 2021 프로그램의 화면구성에 대해 알아보아요.

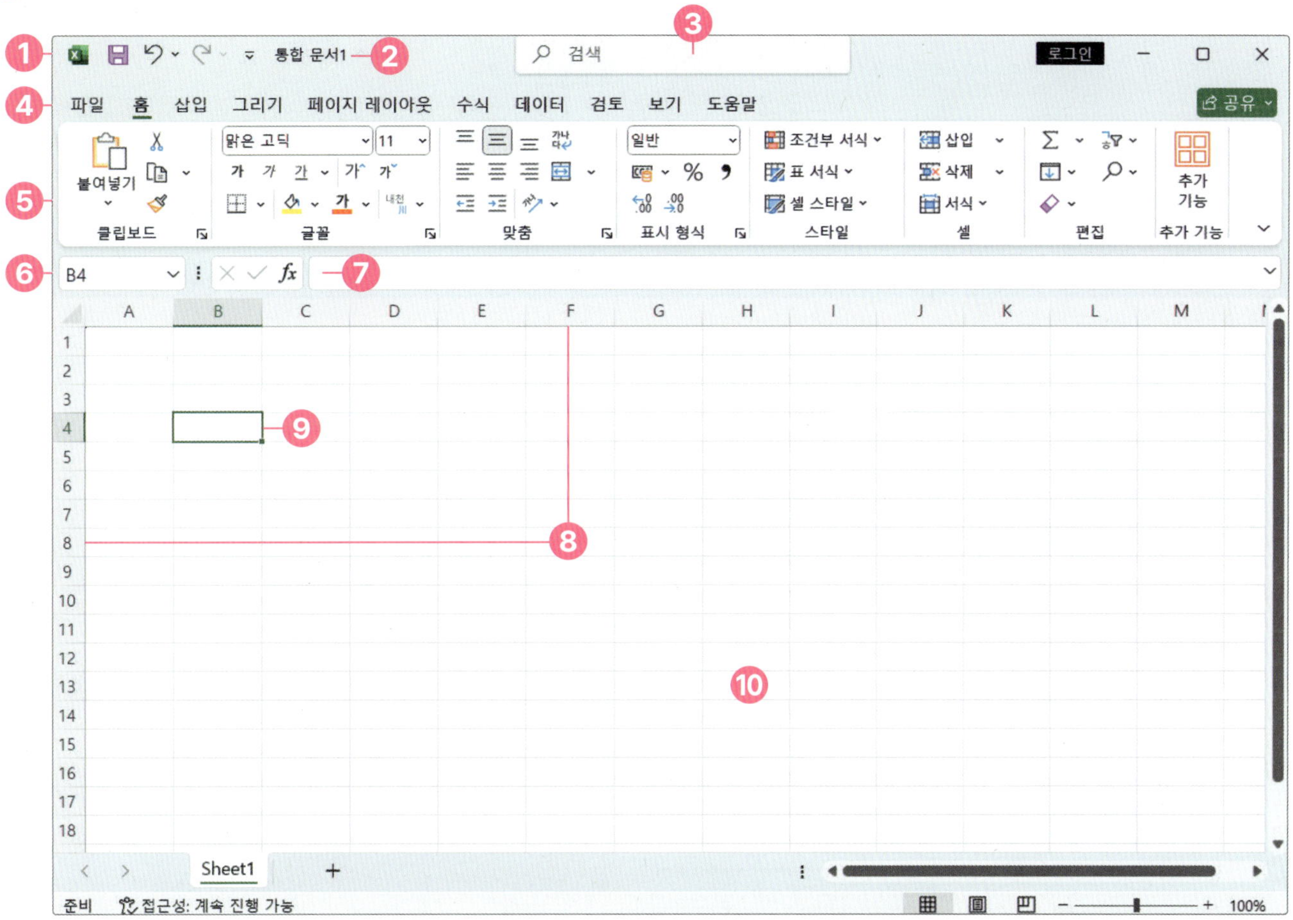

❶ **빠른 실행 도구 모음** : 자주 사용하는 엑셀 기능을 한 번의 클릭으로 빠르게 실행할 수 있도록 도와주는 도구에요.

❷ **제목 표시줄** : 현재 작업 중인 파일의 이름과 엑셀 프로그램이 표시되는 영역이에요.

❸ **검색** : 원하는 기능이나 데이터를 빠르게 찾을 수 있도록 도와주는 도구에요.

❹ **파일 탭** : 파일을 새로 만들거나 저장, 인쇄, 열기 등 파일 관련 작업을 할 수 있는 메뉴에요.

❺ **리본 메뉴** : 엑셀의 다양한 도구와 기능을 탭별로 그룹화하여 제공하는 메뉴에요.

❻ **이름 상자** : 현재 선택된 셀의 주소를 표시하고, 특정 셀로 빠르게 이동할 수 있는 도구에요.

❼ **수식 입력줄** : 선택된 셀의 내용이나 수식을 입력하고 수정할 수 있는 영역이에요.

❽ **행/열 머리글** : 각 행과 열을 구분하는 숫자와 알파벳을 표시하는 부분이에요.

❾ **셀** : 워크시트에서 데이터를 입력하는 기본 단위인 작은 사각형 칸이에요.

❿ **워크시트** : 데이터를 입력하고 관리하는 표 형식의 문서 작성 공간이에요.

2 파일 불러오기를 해요.

① 엑셀 프로그램이 실행되면 [열기]를 클릭한 후 [찾아보기]를 클릭해요.

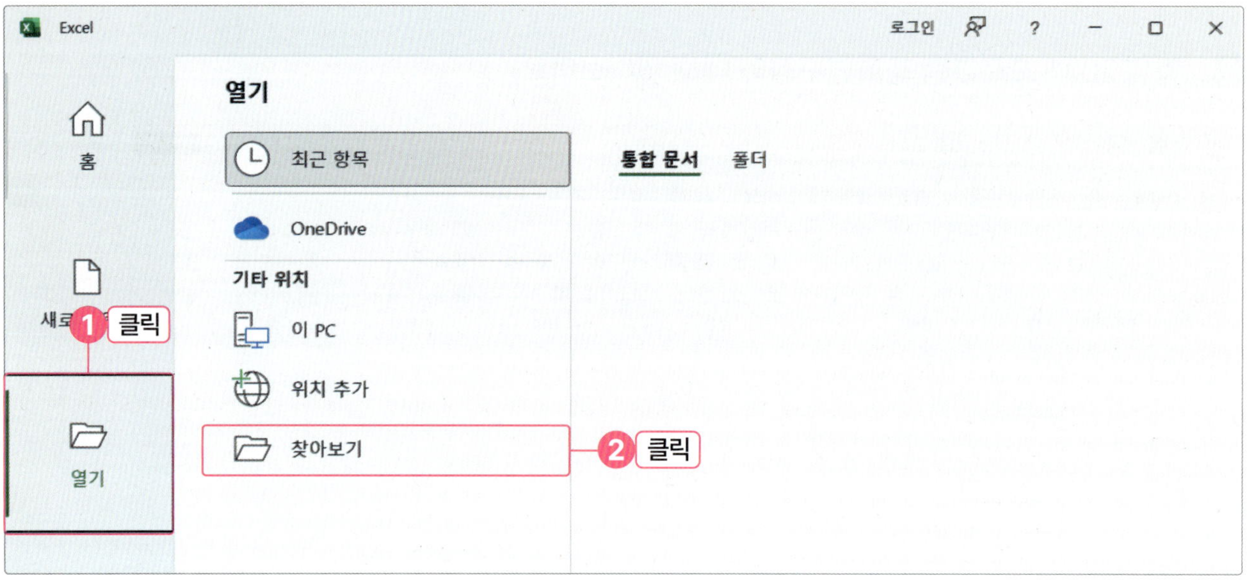

② [열기] 대화상자가 나타나면 [01차시]-[불러올 파일]-[식단표.xlsx]를 선택한 다음 [열기]를 클릭해요.

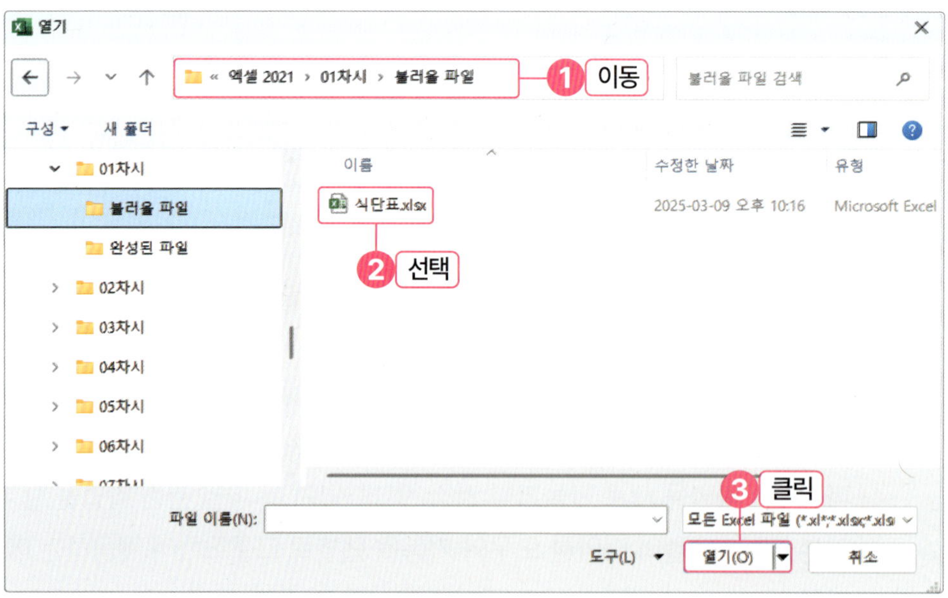

알고 넘어가요!

엑셀 프로그램을 실행한 후 [새 통합 문서]를 클릭한 다음 [파일] 탭의 [열기]를 클릭해도 예제파일을 불러올 수 있어요.

3 글자 입력해요.

❶ [C6] 셀을 클릭한 후 셀 포인트 위치에 "어묵국" 을 입력하고 Enter 를 눌러요.

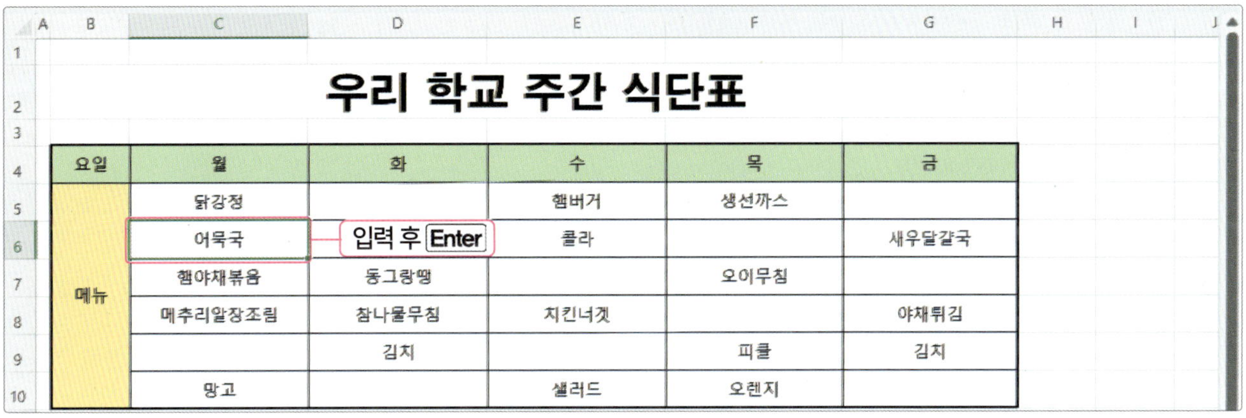

우리 학교 주간 식단표

요일	월	화	수	목	금
메뉴	닭강정		햄버거	생선까스	
	어묵국		콜라		새우달걀국
	햄야채볶음	동그랑땡		오이무침	
	메추리알장조림	참나물무침	치킨너겟		야채튀김
		김치		피클	김치
	망고		샐러드	오렌지	

❷ 다음 식단표를 보고 빈 셀에 메뉴를 입력해요.

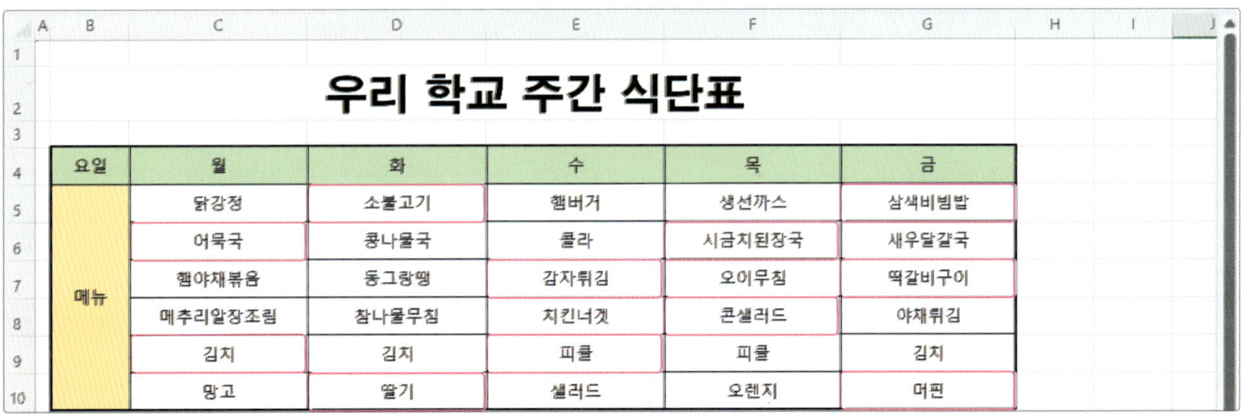

우리 학교 주간 식단표

요일	월	화	수	목	금
메뉴	닭강정	소불고기	햄버거	생선까스	삼색비빔밥
	어묵국	콩나물국	콜라	시금치된장국	새우달걀국
	햄야채볶음	동그랑땡	감자튀김	오이무침	떡갈비구이
	메추리알장조림	참나물무침	치킨너겟	콘샐러드	야채튀김
	김치	김치	피클	피클	김치
	망고	딸기	샐러드	오렌지	머핀

TIP

글자를 입력한 후 Enter 를 누르거나, 다음에 입력할 셀을 마우스로 클릭하여 글자 입력을 마무리 할 수 있어요.

❸ 글자를 수정할 때는 해당 셀을 더블클릭하거나 F2 를 눌러 커서가 나타나면 내용을 다시 입력해요.

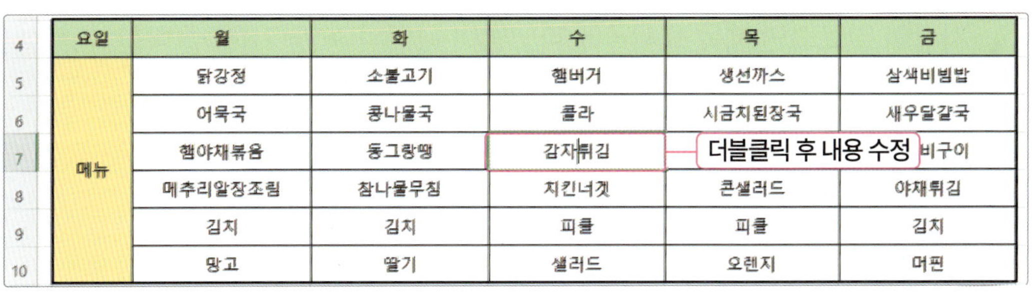

요일	월	화	수	목	금
메뉴	닭강정	소불고기	햄버거	생선까스	삼색비빔밥
	어묵국	콩나물국	콜라	시금치된장국	새우달걀국
	햄야채볶음	동그랑땡	감자튀김		비구이
	메추리알장조림	참나물무침	치킨너겟	콘샐러드	야채튀김
	김치	김치	피클	피클	김치
	망고	딸기	샐러드	오렌지	머핀

4 파일을 저장해요.

① 문서를 저장하기 위해 [파일] 탭에서 [다른 이름으로 저장]을 클릭해요.

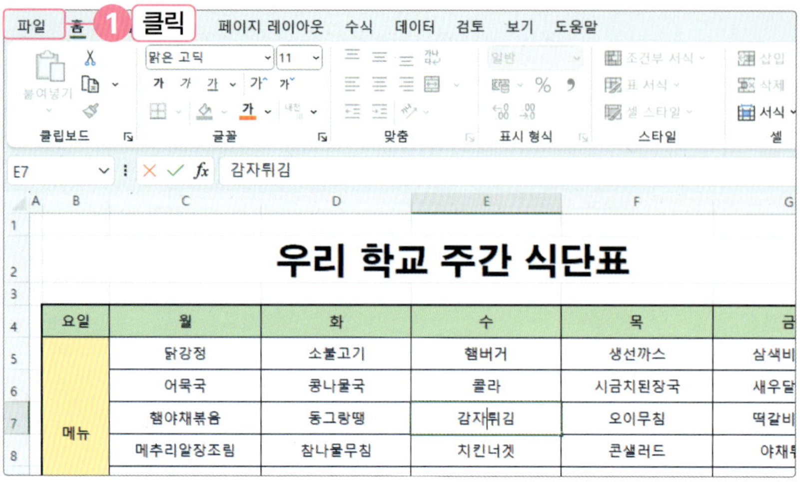

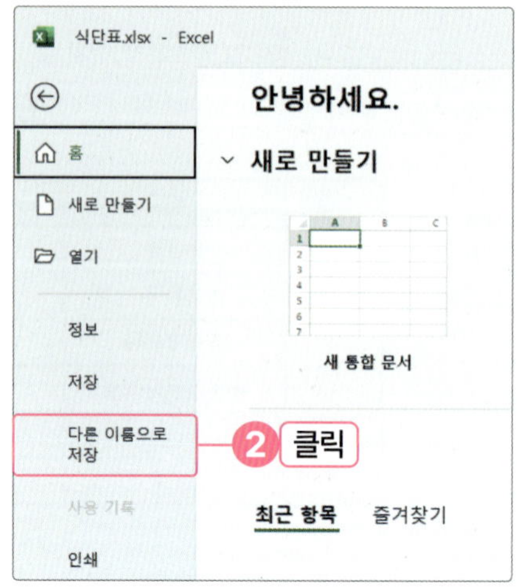

② [찾아보기]를 클릭한 후 [다른 이름으로 저장] 대화상자가 나타나면 저장할 위치와 파일 이름을 입력한 다음 [저장]을 클릭해요.

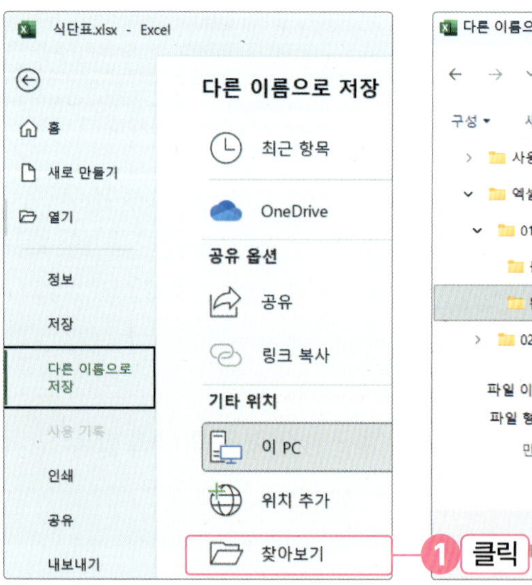

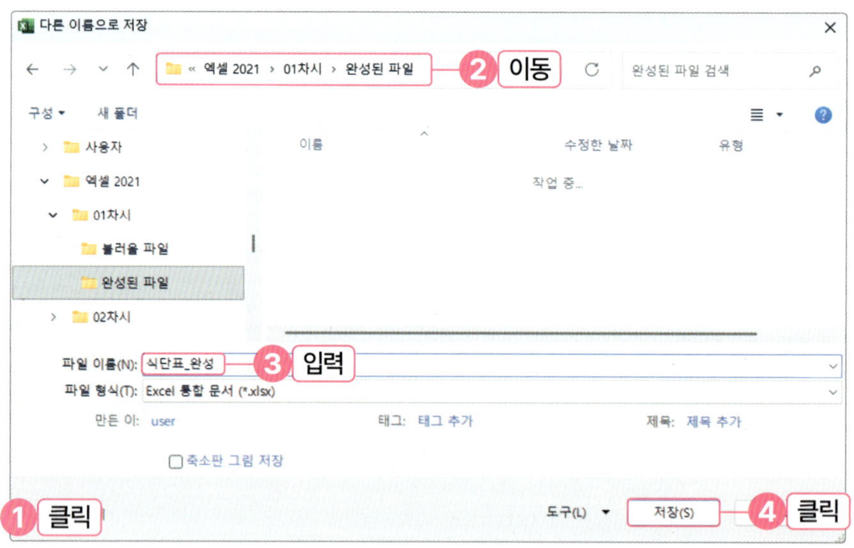

③ 저장이 완료되면 제목 표시줄에 파일명이 나타나며 [닫기]를 클릭한 후 엑셀을 종료해요.

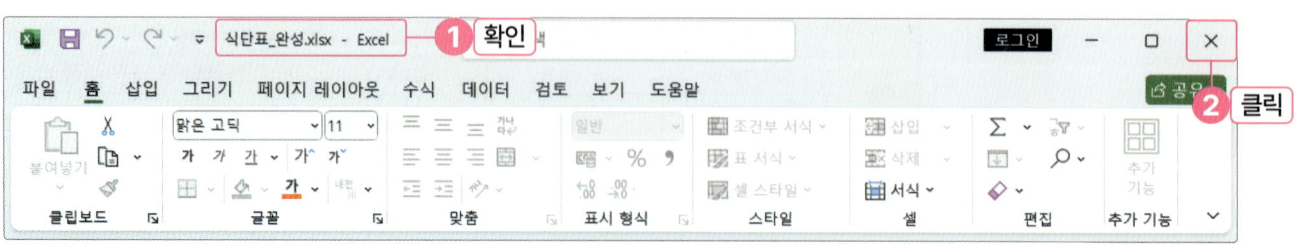

CHAPTER 01 톡톡 학습

계산 천재로 가는 길!

01 다음 그림에서 엑셀 프로그램의 화면 구성 요소 이름에 맞는 번호를 적어 보아요.

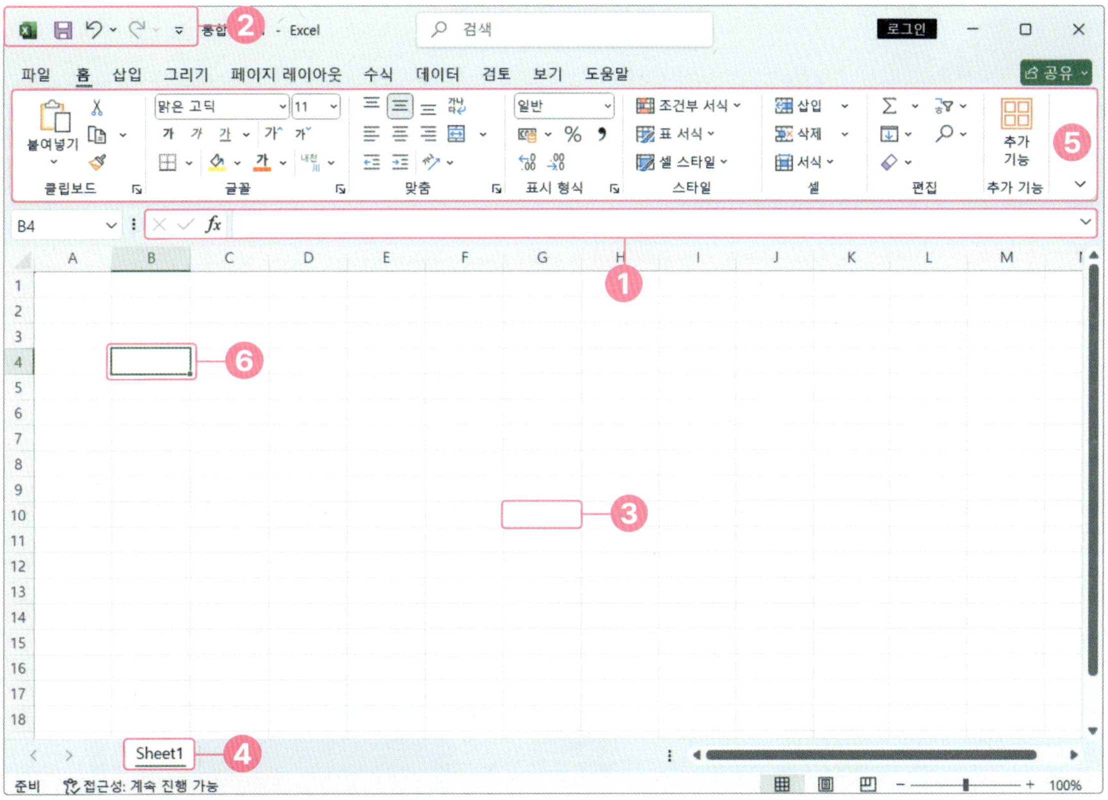

① 빠른 실행 도구 모음 (   )　　② 셀 포인트 (   )

③ 리본 메뉴 (   )　　④ 수식 입력줄 (   )

⑤ 셀 (   )　　⑥ 워크시트 탭 (   )

02 엑셀 2021에서 현재 열려 있는 파일의 이름이 표시되는 곳은 어디일까요?

① 상태 표시줄　　② 제목 표시줄

③ 수식 입력줄　　④ 리본 메뉴

CHAPTER

02 셀로 만드는 표정 마법사

학습 목표

- 열 너비와 행 높이를 조절할 수 있어요.
- 셀에 색 채우기를 하고 그림을 이동해요.

미리 보기 이렇게 만들어 보아요

불러올 파일 : 표정 마법사.xlsx　완성된 파일 : 표정 마법사_완성.xlsx

① **행/열 조절** : 행·열 머리글 클릭 → [홈] 탭-[셀] 그룹에서 [서식]-[열 너비]/[행 높이]를 조절해요.

② **셀 색 채우기** : [홈] 탭-[글꼴] 그룹 → [채우기 색]-[다른 색] 클릭해 색을 채워요.

호기심 챗 GPT

엑셀은 행과 열로 이루워진 셀로 구성되어 있어요.

셀(Cell)은 데이터를 입력할 수 있는 공간이에요. 엑셀에서 행(Row)은 가로줄이고, 숫자(1, 2, 3...)로 이름이 정해져 있어요. 열(Column)은 세로줄이고, 알파벳(A, B, C...)으로 표시돼요. 행과 열이 만나면 하나의 셀이 만들어지고 숫자, 글자, 그림 같은 다양한 데이터를 넣을 수 있어요.

1 열 너비와 행 높이를 조절해요.

❶ 엑셀 2021 프로그램을 실행한 후 [열기]-[찾아보기]를 클릭한 다음 [열기] 대화상자가 나타나면 [02차시]-[불러올 파일]-[표정 마법사.xlsx] 파일을 선택하고 [열기]를 클릭해요.

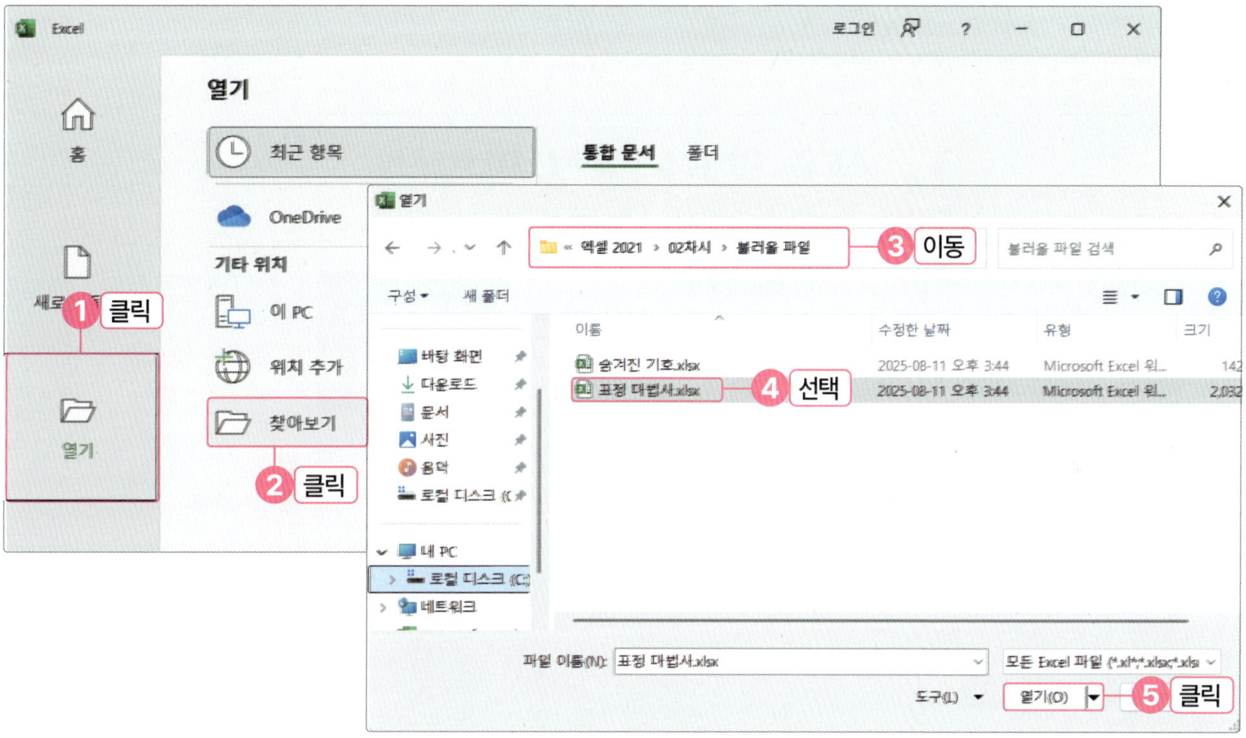

❷ C열 머리글을 클릭한 후 Ctrl을 누른 상태에서 E열, G열, I열 머리글을 함께 클릭한 다음 [홈] 탭-[셀] 그룹에서 [서식( )]-[열 너비]를 클릭해요. [열 너비] 대화상자가 나타나면 열 너비(3)를 입력한 후 [확인]을 클릭해요.

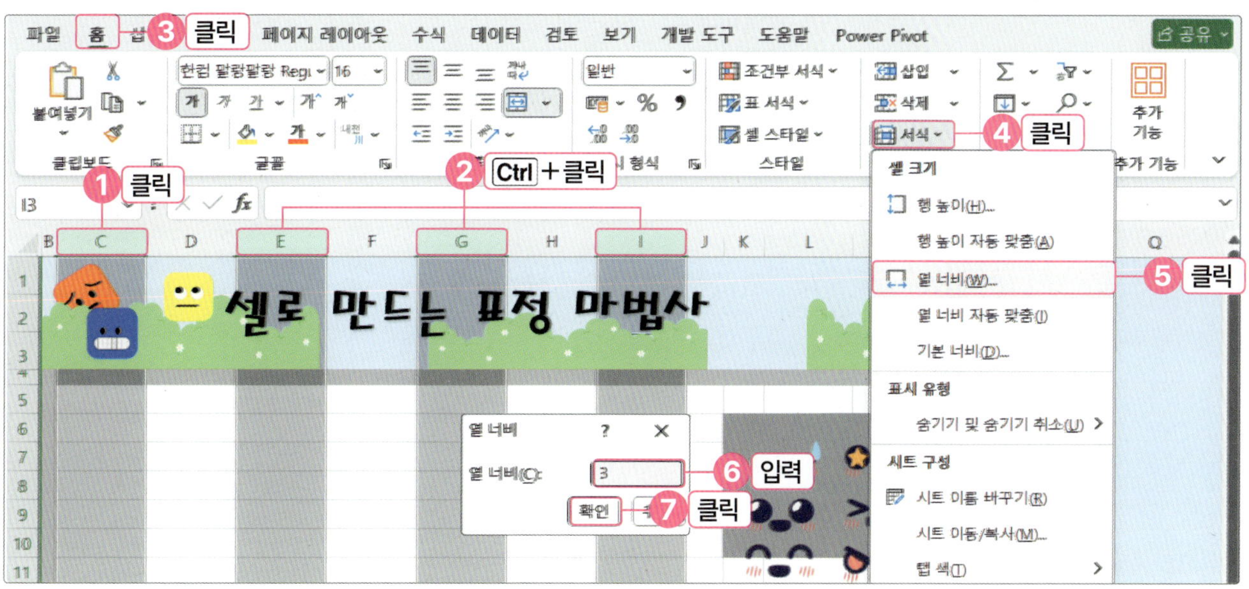

❸ 행 높이를 조절하기 위해 6행 머리글을 클릭한 후 Ctrl 을 누른 상태에서 8행, 10행을 함께 클릭한 다음 [홈] 탭-[셀] 그룹에서 [서식(▦)]-[행 높이]를 클릭해요. [행 높이] 대화상자가 나타나면 행 높이(54)를 입력한 후 [확인]을 클릭해요.

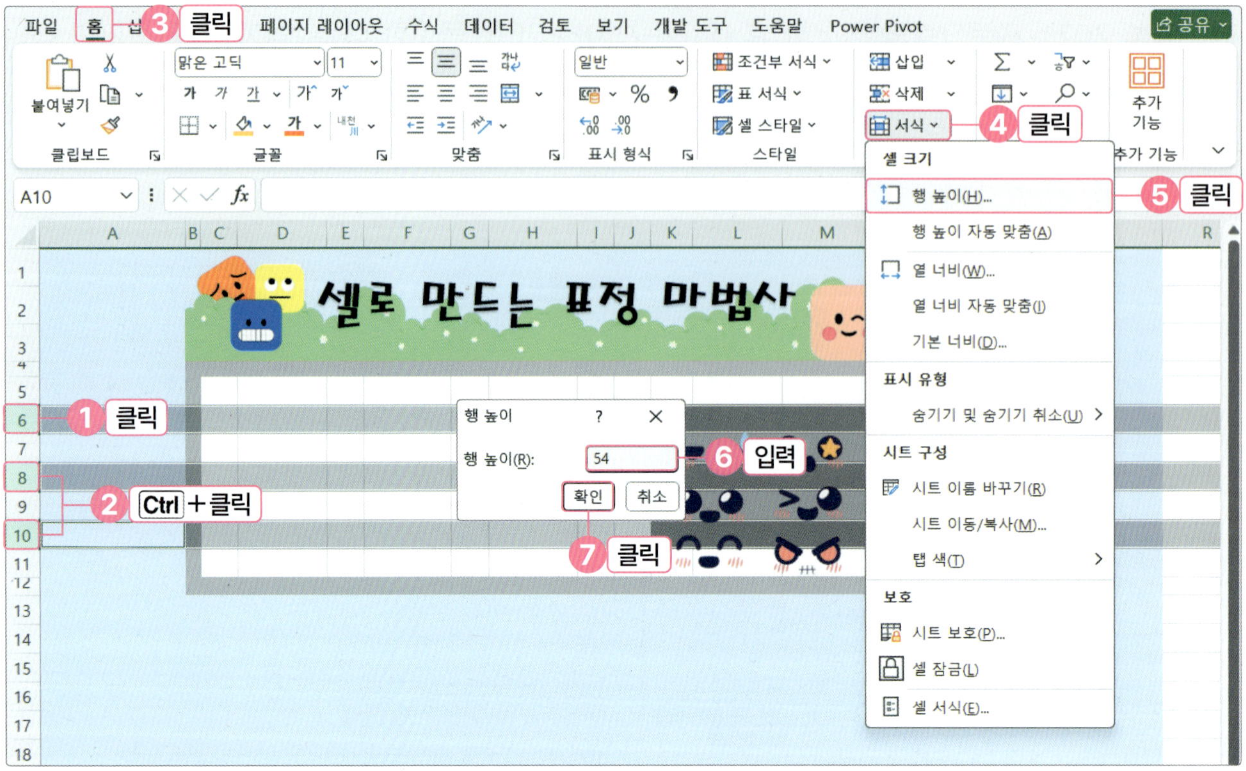

알고 넘어가요!

열 너비, 행 높이 조절하기

① 행과 열 머리글을 클릭한 후 바로 가기 메뉴에서 [행 높이], [열 너비]를 조절 할 수 있어요.

② 행과 열의 머리글 경계선에 마우스 포인터를 가져간 후 마우스 포인터 모양이 바뀌면 (✛), (✛) 드래그 하여 조절할 수 있어요.

2 셀에 색 채우기를 하고 그림을 이동해요.

❶ [D6] 셀을 클릭한 후 [홈] 탭-[글꼴] 그룹에서 [채우기 색( )]-[다른 색]을 클릭하여 색을 채워요.

❷ 같은 방법으로 그림과 같이 해당 셀의 [채우기 색]을 수정해요.

※ 해당 셀 [F6], [H6], [D8], [F8], [H8], [D10], [F10], [H10]

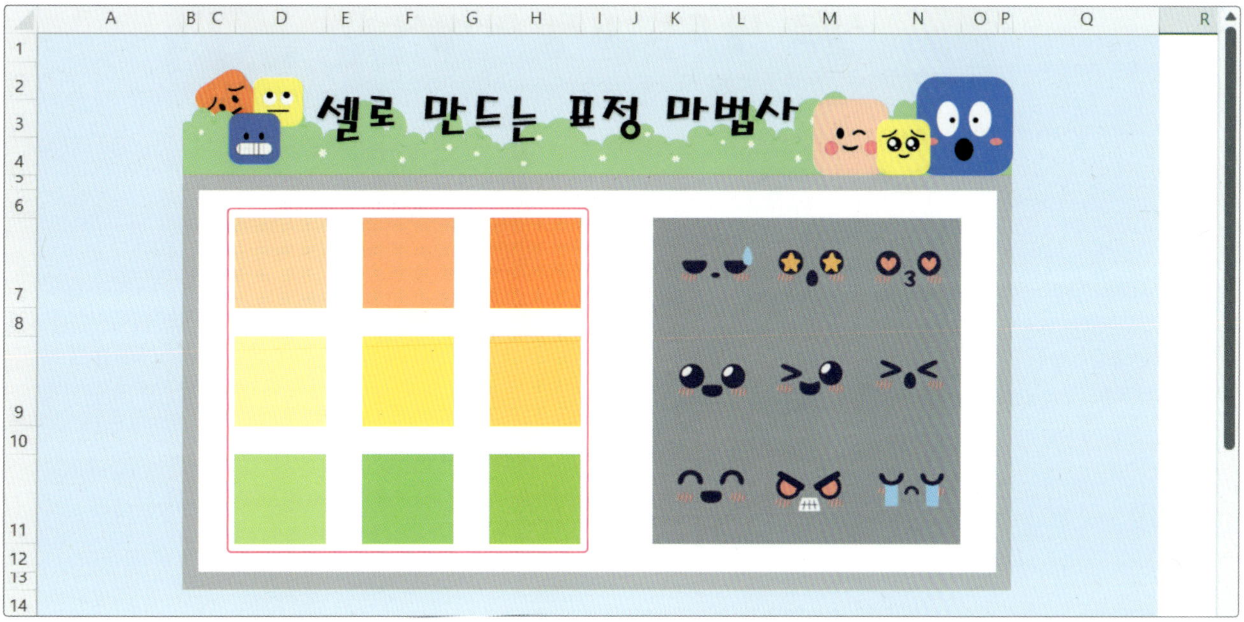

❸ [표정 아이콘] 그림을 원하는 셀로 이동한 후 크기 조절점(◎)을 드래그하여 셀 크기에 맞게 조절해요.

❹ 같은 방법으로 표정 아이콘을 이동한 후 [보기] 탭의 [눈금선]을 클릭하여 체크를 해제한 다음 완성된 파일을 저장해요.

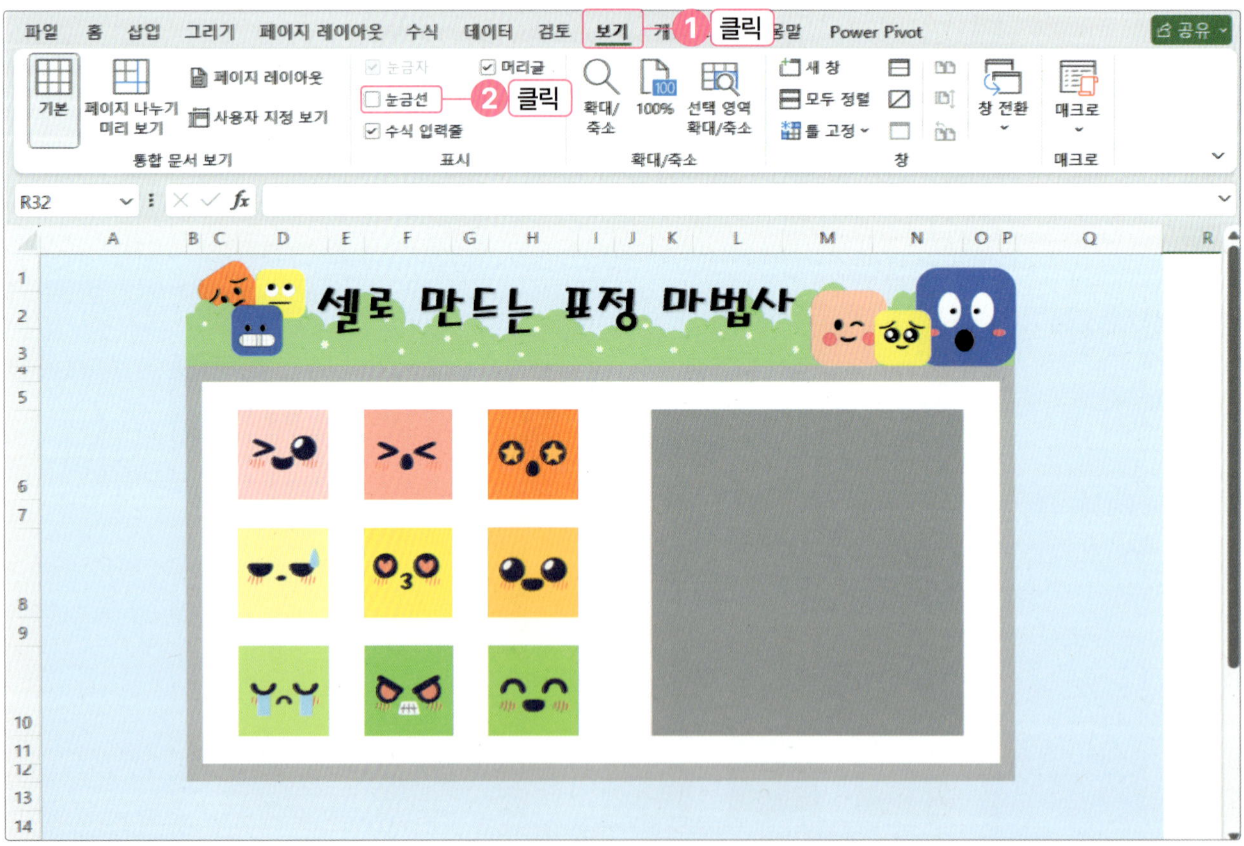

CHAPTER

02 톡톡 학습 계산 천재로 가는 길!

01 [숨겨진 기호.xlsx] 파일을 실행한 후 [열 너비]와 [행 높이]를 조절한 다음 기호의 이름을 입력하여 완성해 보아요.

※C열 ~ F열 너비 (15), 2행, 4행, 6행 높이 (80)

불러올 파일 : 숨겨진 기호.xlsx　완성된 파일 : 숨겨진 기호_완성.xlsx

02 다음 중 엑셀에서 열 너비와 행 높이를 조절하는 방법이 아닌 것은 무엇일까요?

① 마우스 오른쪽 버튼을 눌러 [열 너비] 또는 [행 높이]를 조절할 수 있어요.

② 열과 행 사이의 경계를 마우스로 드래그하여 조절할 수 있어요.

③ 셀 병합 기능을 사용하여 조절할 수 있어요.

④ [홈] 탭의 [셀]-[서식]에서 [열 너비]와 [행 높이]를 조절할 수 있어요.

CHAPTER

03 문자 속에 숨겨진 메시지를 찾아라!

학습 목표

- 글자의 서식을 변경하고 셀 테두리를 변경할 수 있어요.
- 셀 주소를 학습하고 그림을 삽입할 수 있어요.

미리 보기 이렇게 만들어 보아요

불러올 파일 : 숨겨진 메세지.xlsx 완성된 파일 : 숨겨진 메세지_완성.xlsx

① **셀 테두리 변경** : [홈] 탭-[글꼴] 그룹 → [테두리] 종류를 선택해요.

Quiz				
	취미	진짜		
좋아		야		나는
	아니		슬라임	
안녕	별로	없어		
	가		을	하니
요리		해	재미	

Answer				
G3	F4	F6	C3	E7
나는	슬라임	을	좋아	해

② **글꼴 서식 변경** : [홈] 탭-[글꼴] 그룹 → 글꼴, 크기, 속성, 색을 변경해요.

호기심 챗 GPT

엑셀의 셀 주소는 우리가 책을 찾을 때 도서관의 책 번호나 집 주소를 사용하는 것과 비슷해요.

셀 주소는 열(알파벳)과 행(숫자)이 합쳐져서 만들어져요. 예를 들어 A1은 A열과 1행이 만나는 칸을 뜻해요. 셀 주소를 이용하면 원하는 위치의 데이터를 쉽게 찾고 사용할 수 있어요. 지금부터 셀 주소를 이용하여 숨어있는 비밀을 찾아 볼까요?

1 글자의 서식을 변경하고 셀 테두리를 변경해요.

1. [03차시]-[불러올 파일]-[숨겨진 메세지.xlsx] 파일을 실행한 후 B열(14), C:G열(9)의 열 너비를 변경해요.

2. [C2:G7] 셀 범위를 선택한 후 [홈] 탭-[글꼴] 그룹에서 [테두리]-[모든 테두리(⊞)]를 클릭해요. 이어서 [테두리]-[굵은 바깥쪽 테두리(⊡)]를 클릭해요.

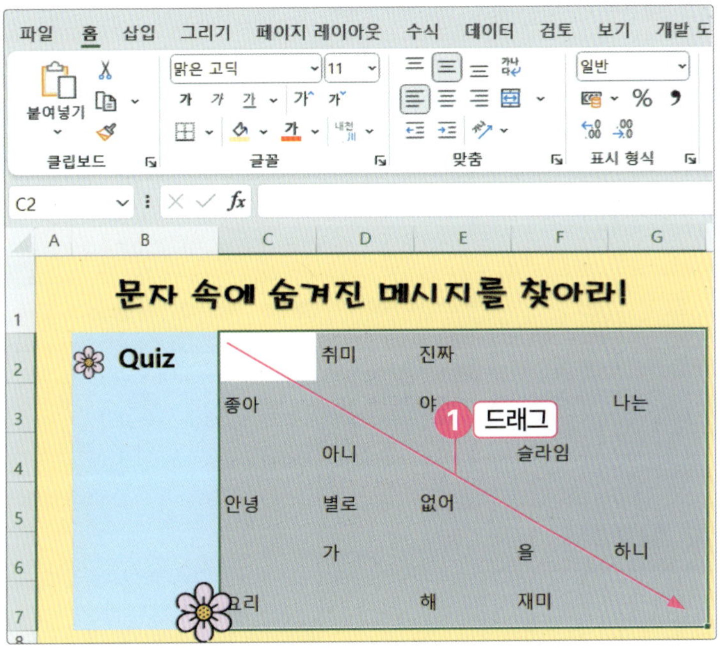

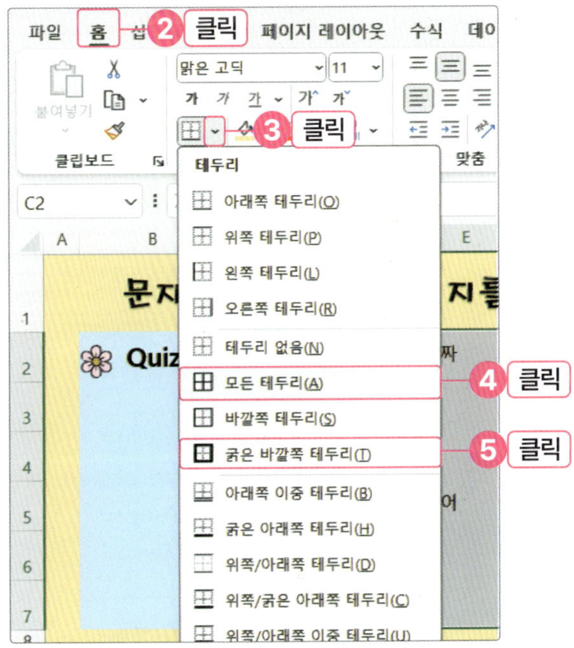

3. 블록으로 지정한 영역의 글꼴 서식 변경을 위해 [홈] 탭-[글꼴] 그룹에서 글꼴(HY엽서M), 글꼴 크기(12pt), [맞춤] 그룹의 가운데 맞춤(☰)을 클릭해요.

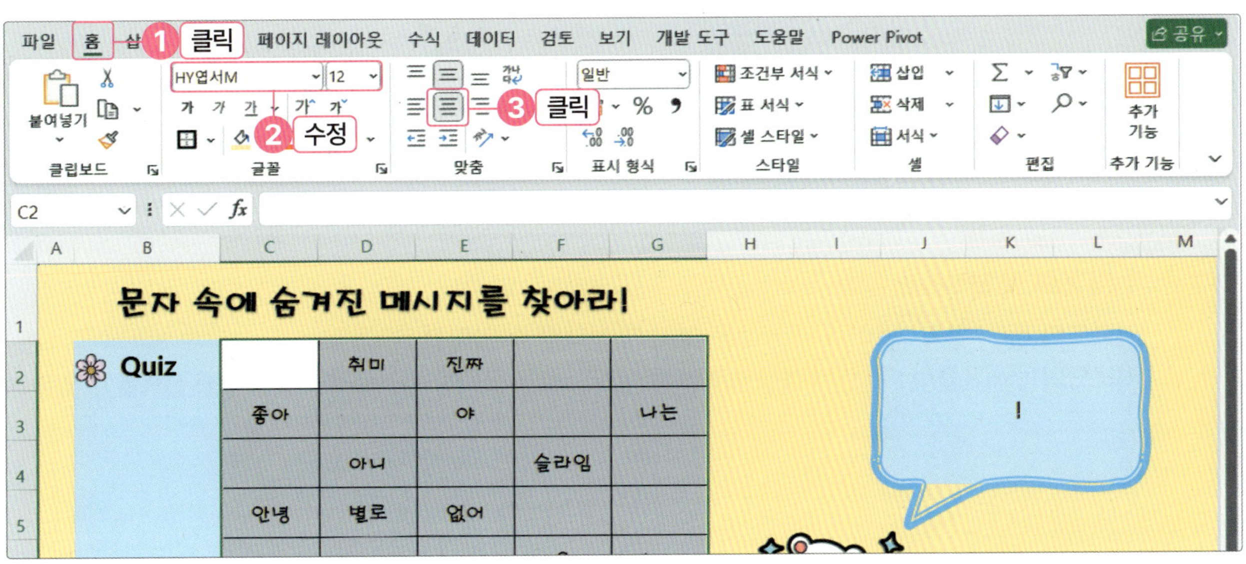

❹ [C9:G10] 셀 범위를 선택한 후 테두리와 글꼴 서식을 수정해요.

※ 테두리(모든 테두리(田)), (굵은 바깥쪽 테두리(▣))
글꼴(HY엽서M), 글꼴 크기(12pt), 맞춤(가운데 맞춤)

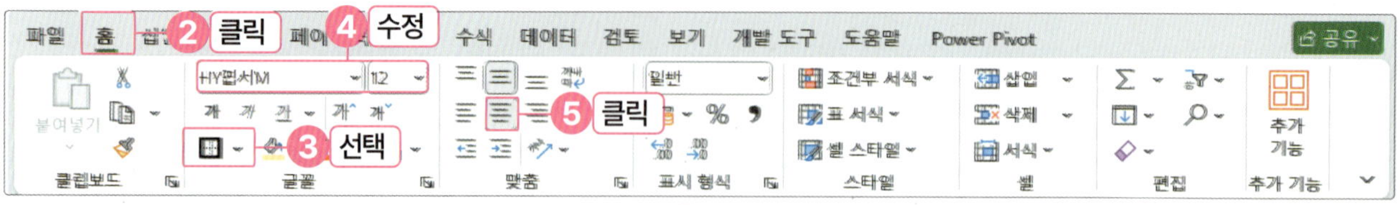

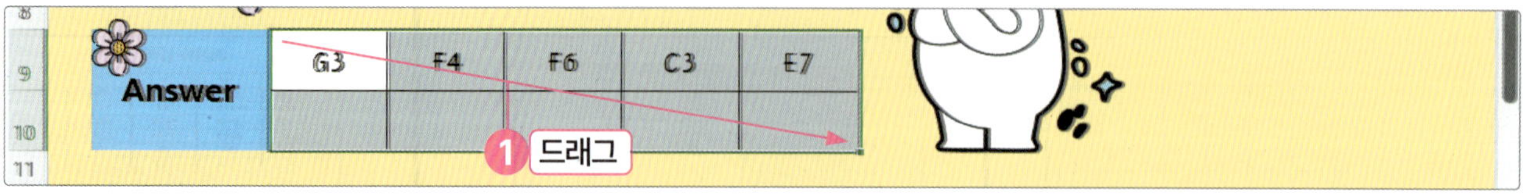

❺ [B2] 셀을 클릭한 후 Ctrl을 누른 상태에서 [B9] 셀을 클릭한 다음 [홈] 탭-[글꼴] 그룹에서 [테두리]-[굵은 바깥쪽 테두리(▣)]를 선택해요.

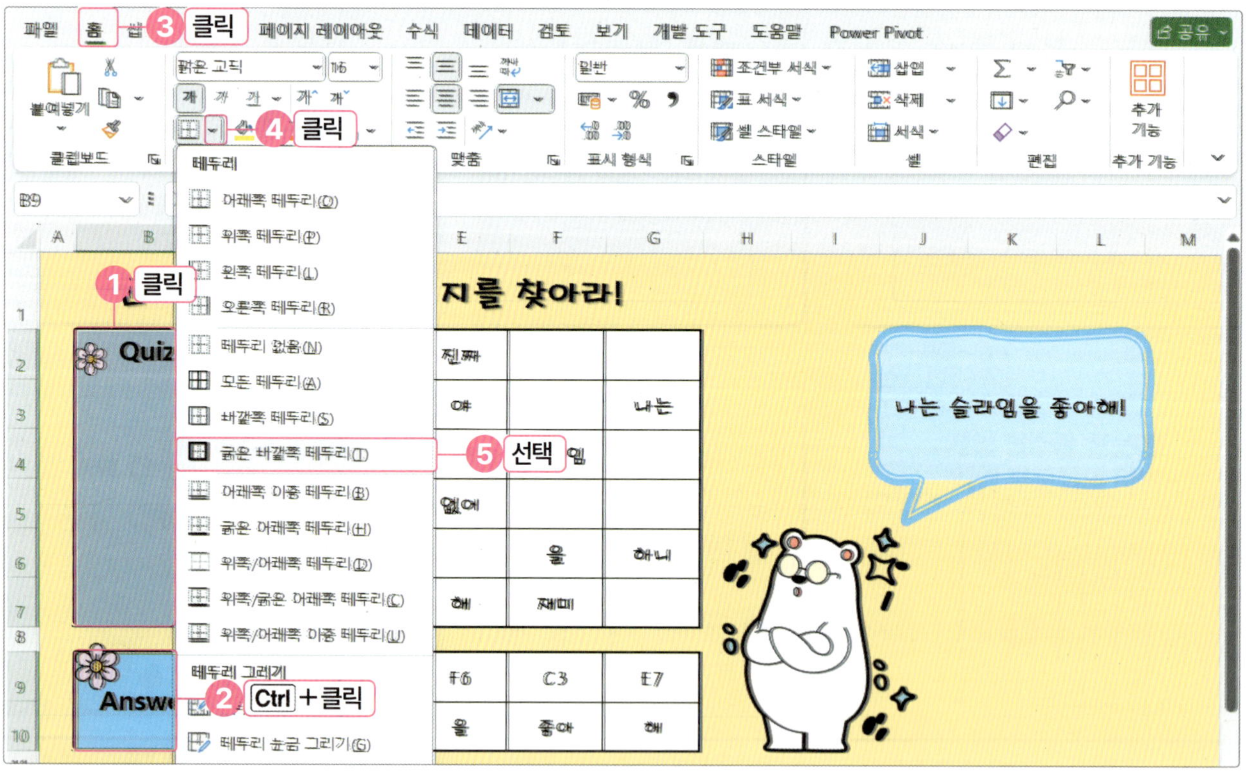

알고 넘어가요!

여러 개의 셀 선택하는 방법

키보드의 Ctrl +클릭 : 떨어져 있는 셀을 여러 개 선택할 수 있어요.

키보드의 Shift +클릭 : 첫 번째 셀을 클릭한 후 마지막 셀을 클릭하면 연속적인 셀 범위를 선택할 수 있어요.

2 셀 주소를 학습하고 그림을 삽입할 수 있어요.

① 'Quiz' 표의 [G3] 셀에 입력된 단어를 확인한 후 'Answer' 표의 셀 주소를 찾아 정답을 입력해요.

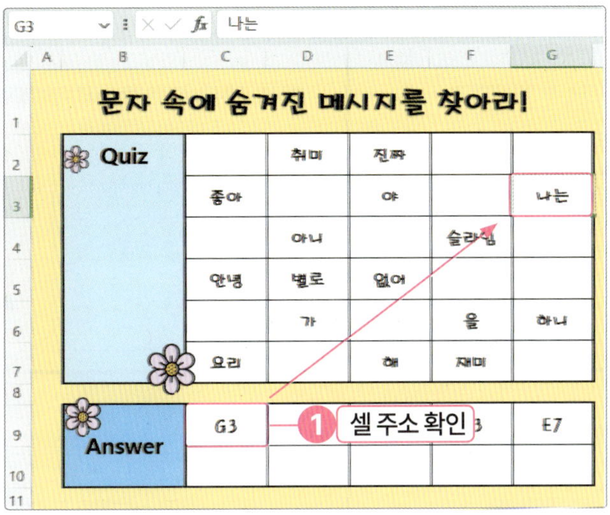

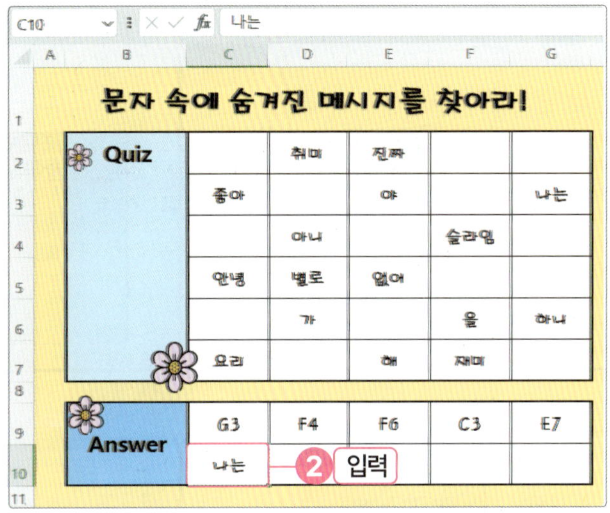

② 'Answer' 표의 정답을 모두 입력한 후 'Quiz' 표에서 해당 단어를 찾아 클릭한 다음 [홈] 탭-[글꼴] 그룹에서 [글꼴 색]을 원하는 색으로 다양하게 모두 수정해요.

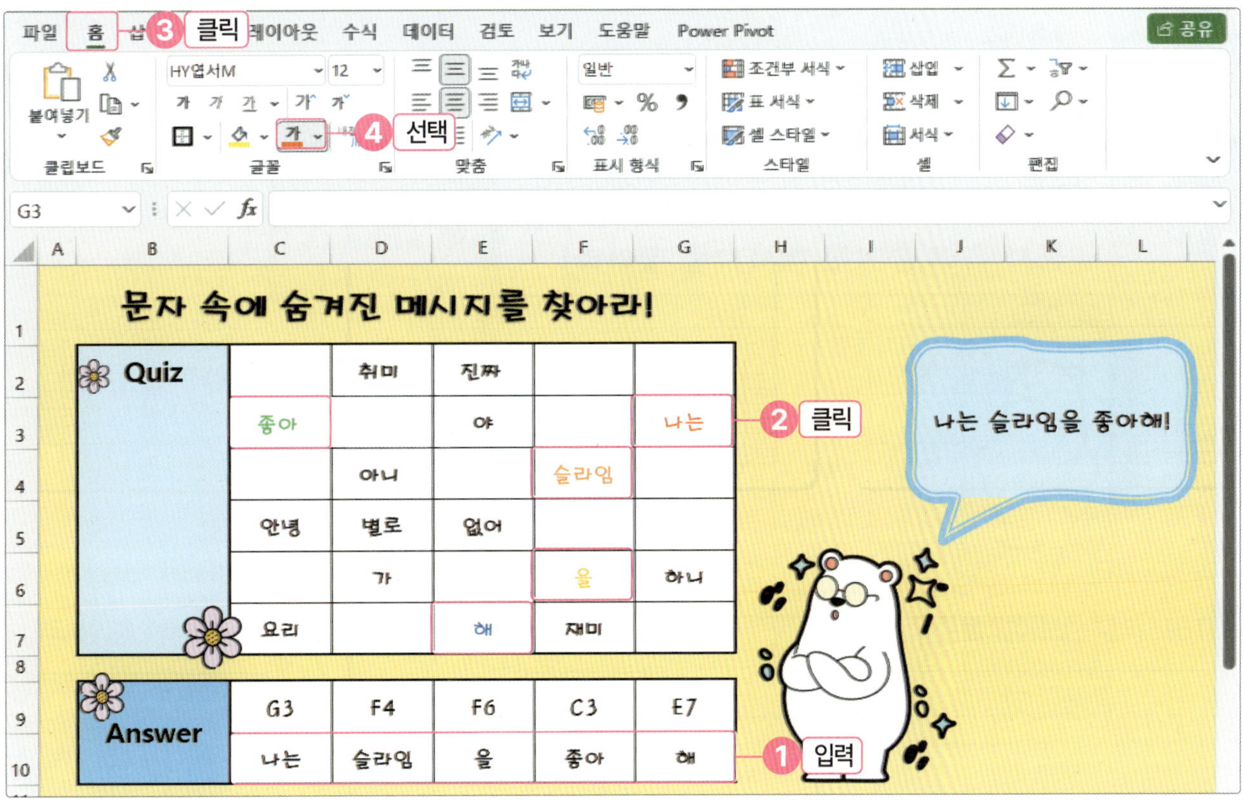

3 그림을 삽입하기 위해 [삽입] 탭-[일러스트레이션]-[그림( )]을 클릭한 후 [이 디바이스]를 클릭해요. [03차시]-[불러올 파일]-[곰돌이] 그림을 선택한 다음 [삽입]을 클릭해요.

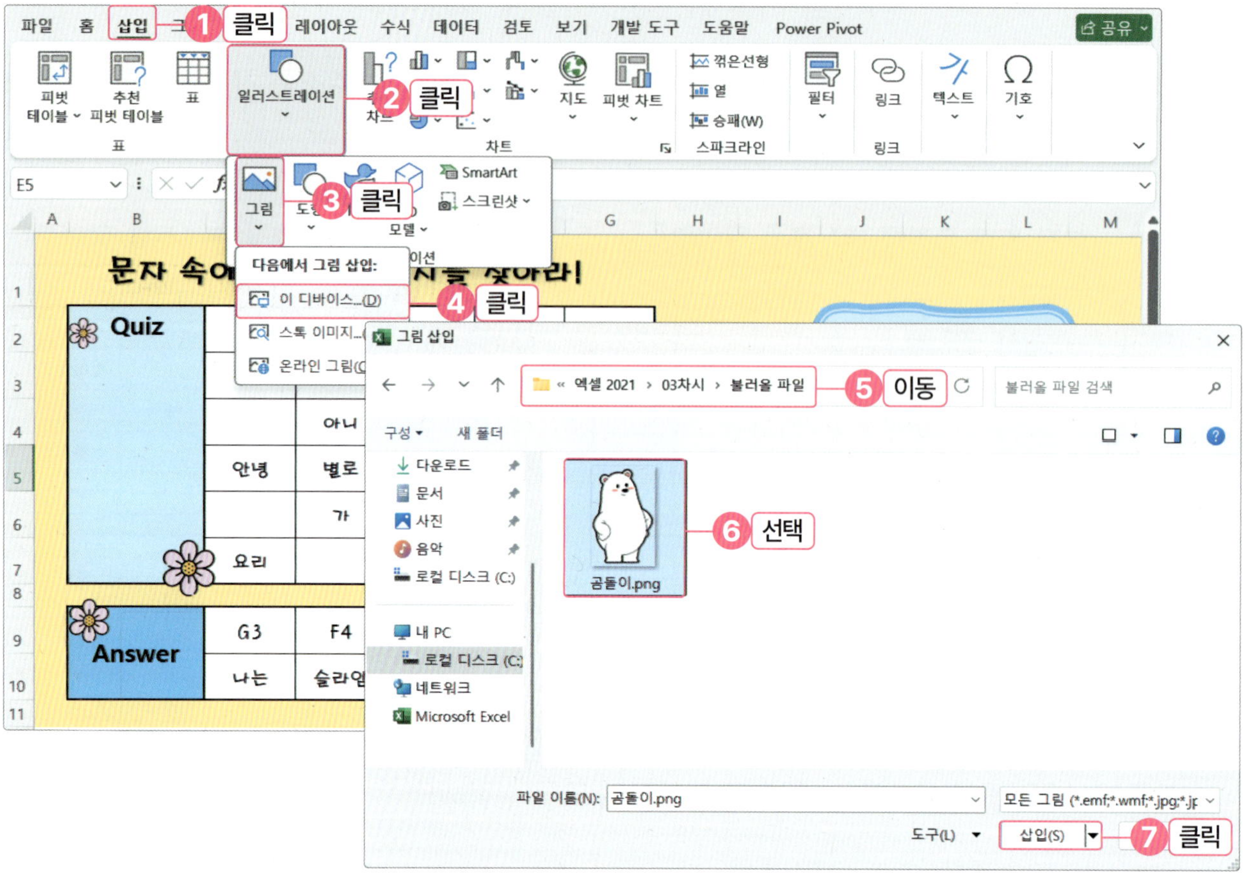

4 삽입한 그림을 클릭한 후 크기 조절점을 드래그하여 셀 크기에 맞게 조절해요.

계산 천재로 가는 길!

01 [숨겨진 메시지-1.xlsx] 파일을 실행한 후 'Quiz' 표의 단어를 조합하여 문장을 만들고 셀 주소를 입력한 다음 해당 셀의 글자 색을 변경해 보아요.

불러올 파일 : 숨겨진 메시지-1.xlsx　완성된 파일 : 숨겨진 메시지-1_완성.xlsx

02 [좌석표.xlsx] 파일을 실행한 후 좌석의 셀 주소를 입력해 보아요.

불러올 파일 : 좌석표.xlsx　완성된 파일 : 좌석표_완성.xlsx

CHAPTER 04

엑셀로 만드는 초간단 동물 카드

학습 목표

- 여러 개의 셀을 병합하여 하나의 셀로 만들 수 있어요.
- 셀 테두리 색과 채우기 색을 변경할 수 있어요.

미리 보기 이렇게 만들어 보아요

불러올 파일 : 없음 완성된 파일 : 동물카드_완성.xlsx

① **셀 병합** : 병합할 범위 선택 후 [홈] 탭-[맞춤] 그룹 → [병합하고 가운데 맞춤]을 클릭해요.

② **그림 삽입** : [삽입] 탭-[일러스트레이션] 그룹 → [그림]-[이 디바이스]를 클릭해요.

호기심 챗 GPT

셀 병합은 여러 개의 작은 셀을 하나의 큰 셀로 만드는 기능이에요.

예를 들어, 퍼즐 조각 여러 개를 맞춰서 하나의 큰 그림을 만드는 것처럼, 셀 병합은 여러 셀을 합쳐서 하나의 큰 셀을 만드는 거예요. 이렇게 셀을 병합하면 더 넓은 공간이 생겨서, 더 멋지고 깔끔한 표나 제목을 만들 수 있어요.

1 여러 개의 셀을 하나로 셀 병합해요.

➊ [04차시]-[불러올 파일]-[동물카드.xlsx] 파일을 실행해요.

➋ [B3:B10], [D3:D10], [F3:F10] 셀 범위를 Ctrl을 누른 상태에서 함께 선택한 후 [홈] 탭-[맞춤] 그룹에서 [병합하고 가운데 맞춤(⊟)]을 선택해요.

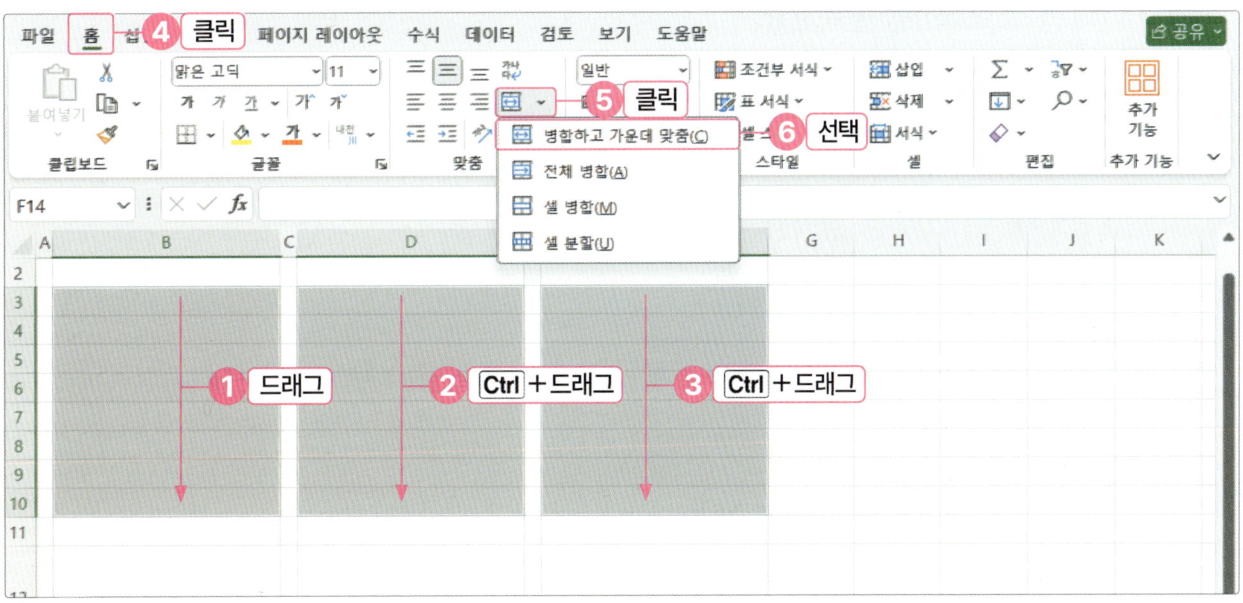

TIP

병합 한 셀을 클릭한 후 [병합하고 가운데 맞춤(⊟)]을 한번 더 클릭하면 원래대로 셀 나누기가 돼요.

2 셀 테두리와 채우기 색을 변경해요.

❶ 셀 테두리 변경을 위해 [B3] 셀을 클릭한 후 Ctrl을 누른 상태에서 [D3], [F3], [B12], [D12], [F12] 셀을 함께 클릭한 다음 [홈] 탭-[글꼴] 그룹에서 [글꼴 설정(↘)]을 클릭해요.

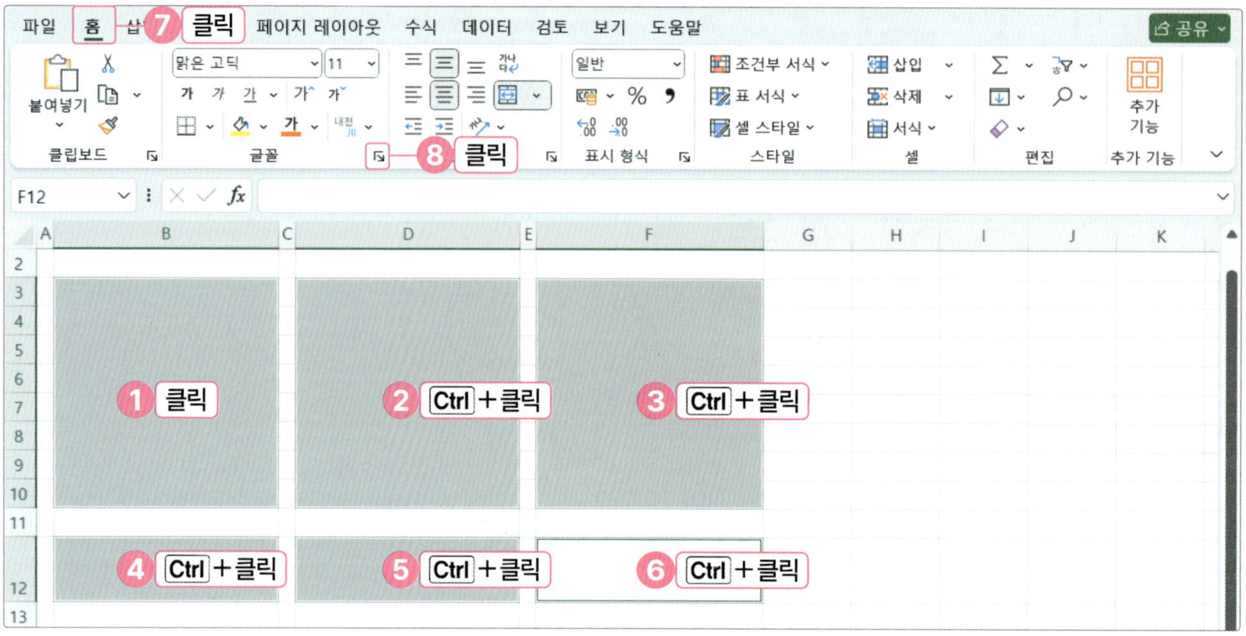

❷ [셀 서식] 대화상자가 나타나면 [테두리] 탭에서 [선 스타일(—)], [선 색(주황)]을 선택한 후 [윤곽선]을 클릭해요. 같은 방법으로 [B14], [D14], [F14], [B23], [D23], [F23] 셀 범위를 선택한 다음 [선 색(초록)]을 클릭해요.

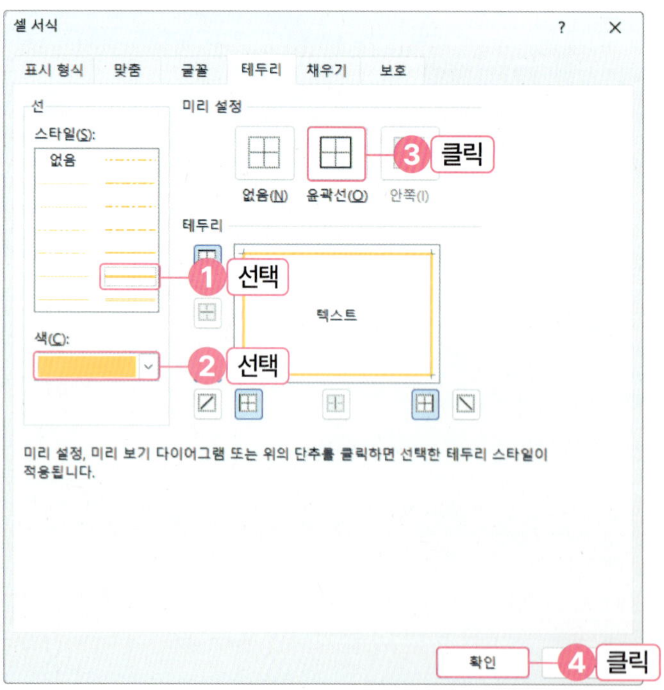

3 [B3] 셀을 클릭한 후 [홈] 탭-[글꼴] 그룹에서 [채우기 색(🖌)]을 클릭한 다음 [셀 색(연한 녹색)]을 선택해요.

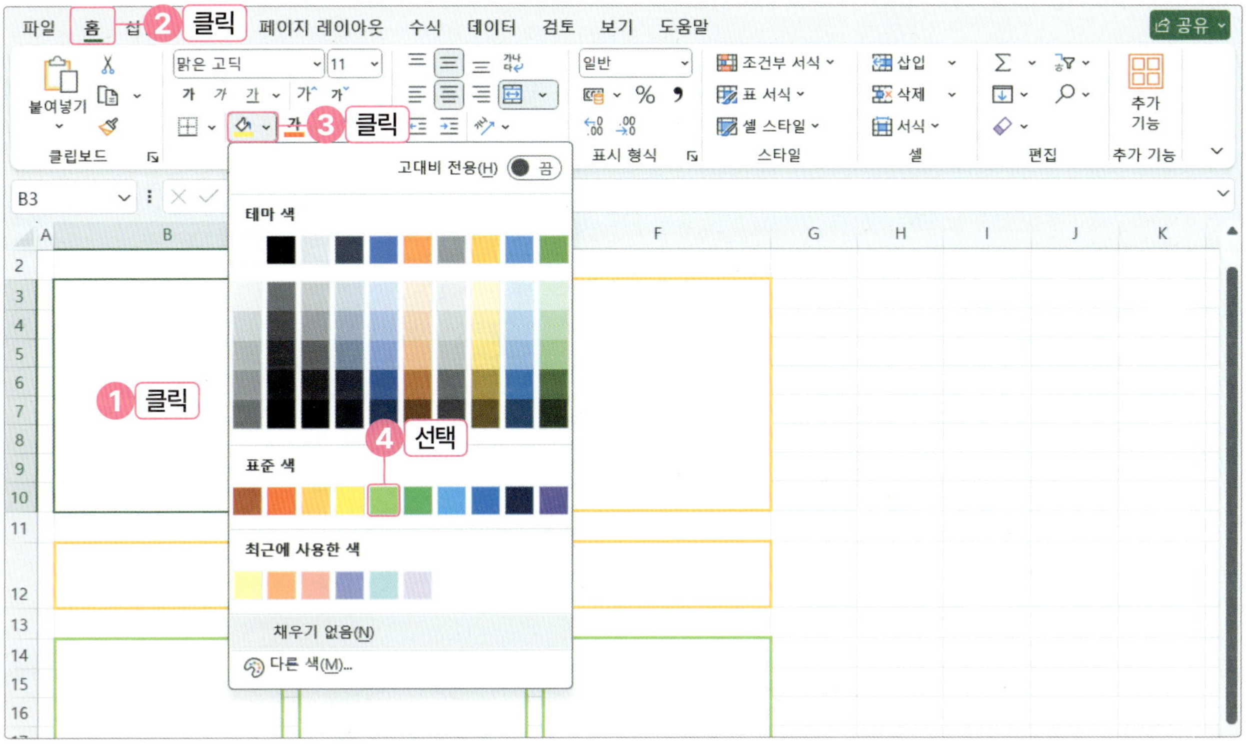

TIP

채우기 색의 [다른 색]을 클릭하면 더 다양한 색을 선택할 수 있어요.

4 그림과 같이 병합한 셀 색을 변경한 후 동물 그림을 삽입하기 위해 [삽입] 탭-[일러스트레이션] 그룹에서 [그림]을 클릭한 다음 [이 디바이스]를 클릭해요.

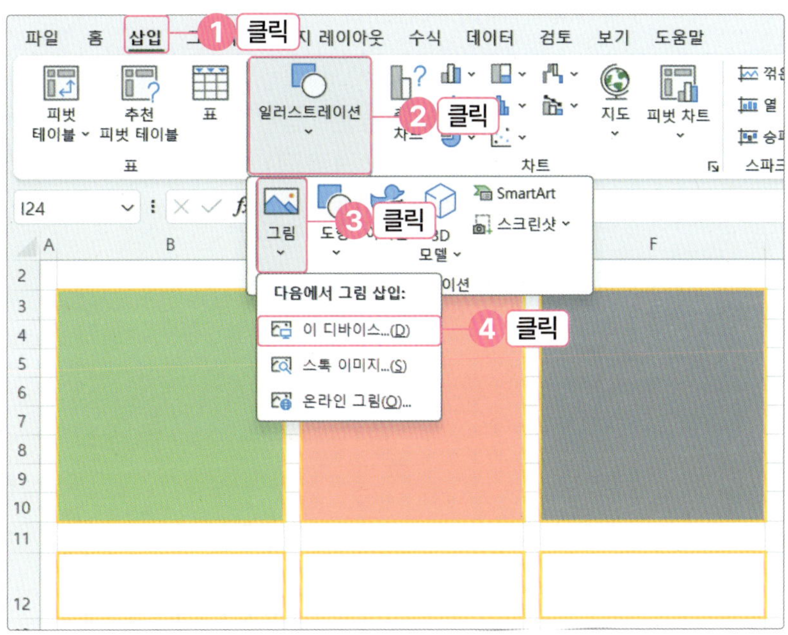

5 [그림 삽입] 대화상자가 나타나면 [이미지] 폴더에서 동물 그림을 Shift를 눌러 모두 선택한 후 [삽입]을 클릭해요.

6 그림과 같이 병합한 셀 위치에 동물 그림을 삽입한 후 크기를 조절해요.

7 12행, 23행 셀에 동물 이름을 입력한 후 [홈] 탭-[글꼴] 그룹에서 글꼴(HY견고딕), 글꼴 크기(22pt), 글꼴 색(가)(임의), [맞춤] 그룹에서 [가운데 정렬(≡)]을 클릭해요.

CHAPTER 04

톡톡 학습

계산 천재로 가는 길!

01 [책갈피.xlsx] 파일을 실행한 후 그림과 같이 완성해 보아요.

불러올 파일 : 책갈피.xlsx　완성된 파일 : 책갈피_완성.xlsx

[작성 조건]

① [B2:D16], [F2:H16], [J2:L16] 셀 범위를 선택한 후 원하는 [채우기 색]을 선택해요.

② [C3:C15], [G3:G15], [K3:K15] 셀 범위를 선택한 후 [채우기 색]-[흰색]를 클릭해요.

③ [C3:C12], [G3:G12], [K3:K12] 셀 범위를 선택한 후 [병합하고 가운데 맞춤]을 클릭해요.

④ [삽입] 탭-[일러스트레이션] 그룹에서 [그림]-[이 디바이스]를 클릭한 후 [이미지]-[책갈피] 폴더에서 동물 그림을 선택하여 삽입해요.

⑤ 삽입한 그림의 크기를 조절한 후 C열, G열, K열의 13,14행에 글을 입력해요.

⑥ 입력한 셀을 클릭한 후 글꼴(HY엽서L), 글꼴 크기(12pt), [가운데 맞춤]을 클릭해요.

CHAPTER

05 두근두근! 사파리 어드벤처

학습 목표

- 셀 서식 메뉴로 다양한 서식을 한번에 변경할 수 있어요.
- 테두리를 변경하고 그림을 회전할 수 있어요.

미리 보기 이렇게 만들어 보아요

불러올 파일 : 사파리.xlsx　완성된 파일 : 사파리_완성.xlsx

② **그림 회전** : 그림 선택 후 [그림 서식] 탭-[정렬] 그룹 → [회전]을 클릭해요.

① **셀 서식 실행** : 셀 선택 후 바로 가기 메뉴 → [셀 서식]을 클릭해요.

호기심 챗 GPT

사파리는 동물들을 자연 속에서 가까이 볼 수 있는 여행이에요.
주로 아프리카 같은 곳에서, 차를 타고 넓은 평야나 숲 속을 달리면서 다양한 동물들을 만나볼 수 있어요. 사파리에서는 사자, 기린, 코끼리 같은 큰 동물들을 자연에서 그대로 볼 수 있어요. 마치 동물들의 집을 방문하는 것처럼, 그들의 삶을 직접 보고 배울 수 있는 신나는 경험이죠!

1 다양한 서식을 셀 서식 메뉴로 변경해요.

❶ [사파리.xlsx] 파일을 실행한 후 [A5] 셀에 "입구"를 입력해요. [A5:A6] 셀 범위를 선택한 다음 [홈] 탭-[글꼴] 그룹에서 [글꼴 설정(⇲)]을 클릭해요.

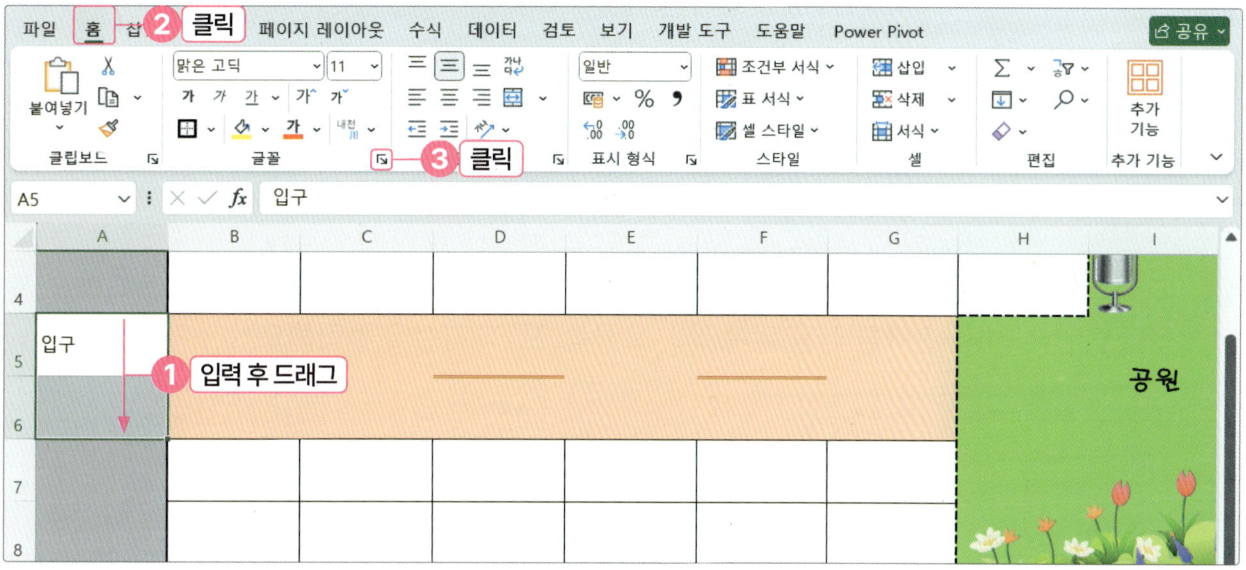

❷ [셀 서식] 대화상자가 나타나면 [글꼴] 탭에서 글꼴 서식을 수정해요.

※ 글꼴(HY엽서M), 글꼴 스타일(보통), 글꼴 크기(16pt)

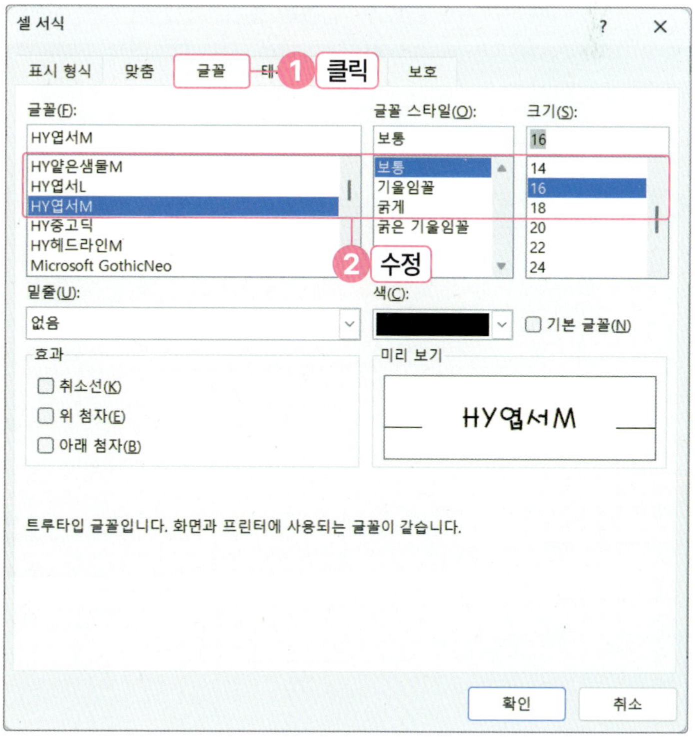

③ [맞춤] 탭에서 [텍스트 조정]-[셀 병합]을 클릭한 후 [방향]-[세로 쓰기]를 클릭해요.

④ [테두리] 탭에서 선 스타일(이중 실선)을 선택한 후 위(), 아래() 테두리를 클릭해요. 이어서 선 스타일(실선)을 선택한 다음 왼쪽(), 오른쪽() 대각선을 클릭해요.

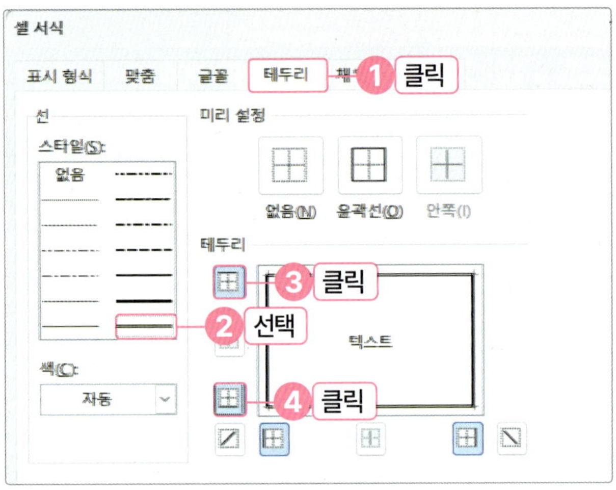

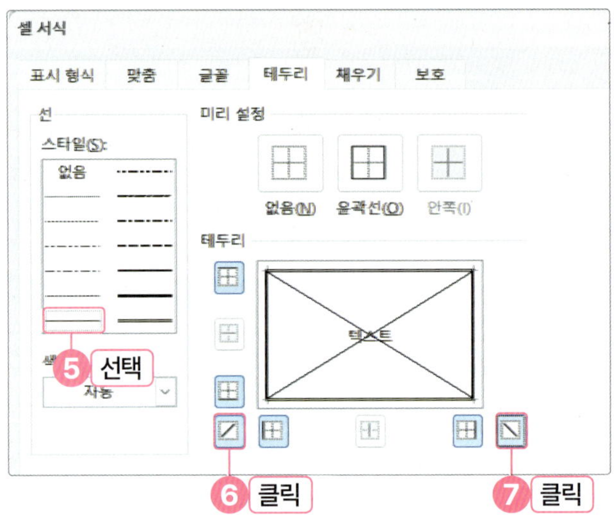

⑤ [채우기] 탭에서 원하는 배경색을 선택한 후 [확인]을 클릭해요.

6 [B2] 셀(사자), [E2] 셀(코끼리), [B7] 셀(기린), [E7] 셀(원숭이)에 동물 이름을 입력해요.

7 [B2:D4], [E2:H4] 셀 범위를 선택한 후 [홈] 탭-[맞춤] 그룹에서 [병합하고 가운데 맞춤( )]을 클릭해요. 이어서 위쪽 맞춤( )과 왼쪽 맞춤( )을 클릭한 다음 글꼴(HY엽서M)과 글꼴 크기(16pt)를 수정해요.

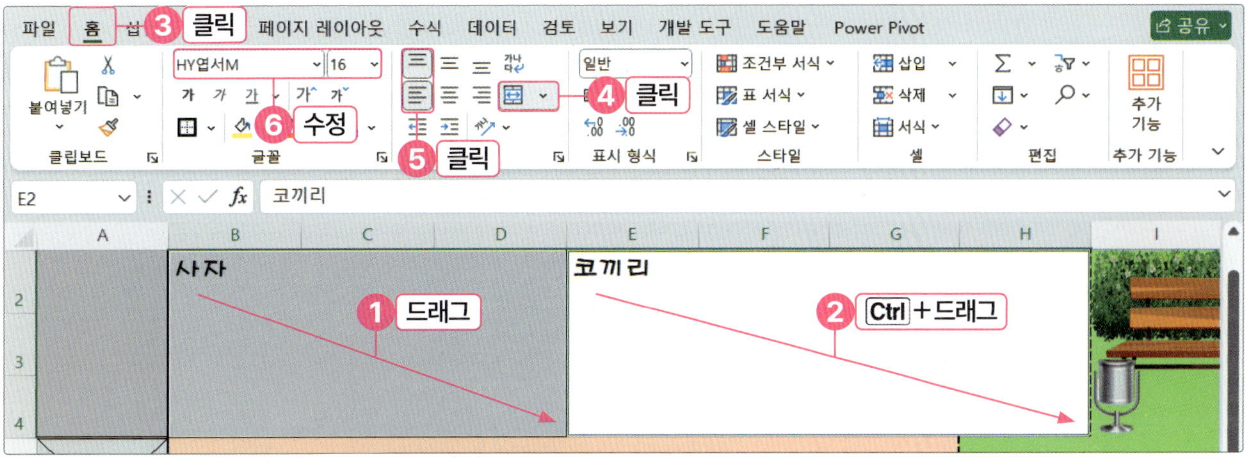

8 [B7:D9], [E7:G9] 셀 범위를 선택한 후 [홈] 탭-[맞춤] 그룹에서 [병합하고 가운데 맞춤( )]을 클릭해요. 이어서 아래쪽 맞춤( )과 왼쪽 맞춤( )을 클릭한 다음 글꼴(HY엽서M), 글꼴 크기(16pt)를 수정해요.

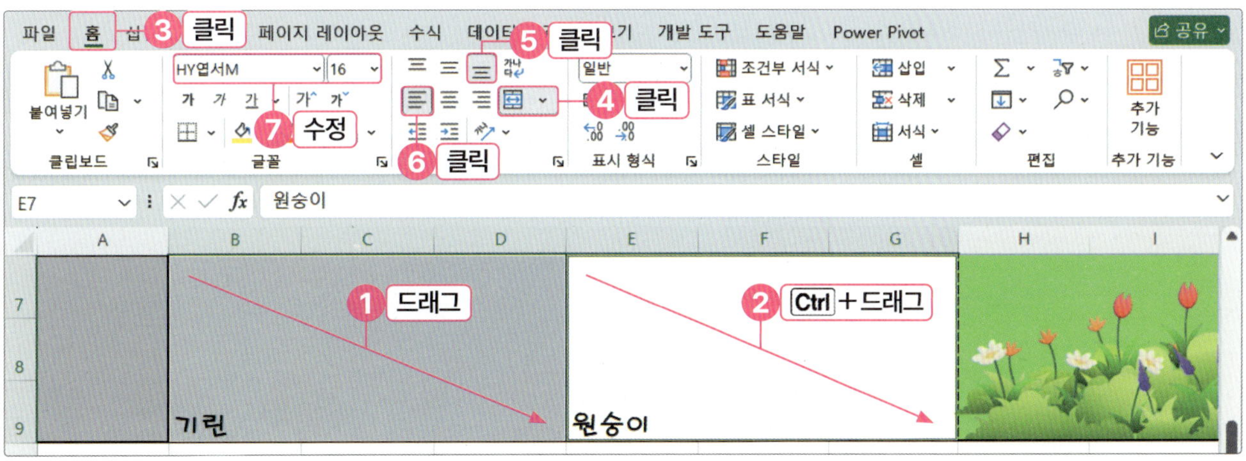

9 [B2], [E2], [B7], [E7] 셀을 각각 클릭한 후 [홈] 탭-[글꼴] 그룹에서 [채우기 색( )]을 자유롭게 수정해요.

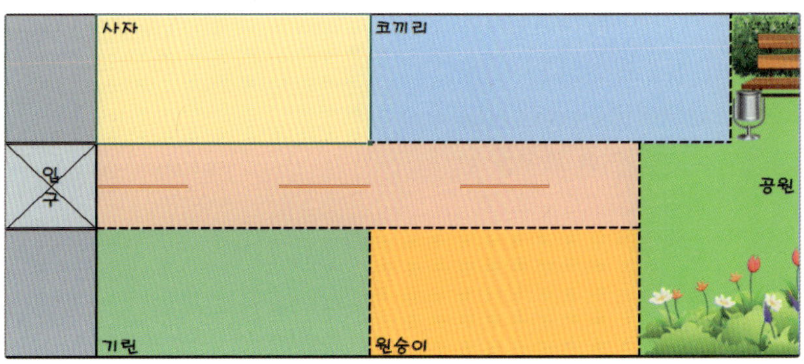

2 테두리를 변경하고 그림을 회전해요.

❶ [홈] 탭-[글꼴] 그룹에서 [테두리]-[선 스타일]-[파선]을 선택한 후 마우스 포인터의 모양이 연필 모양으로 변경되면 변경 할 셀의 테두리를 클릭하여 선 스타일을 변경해요.

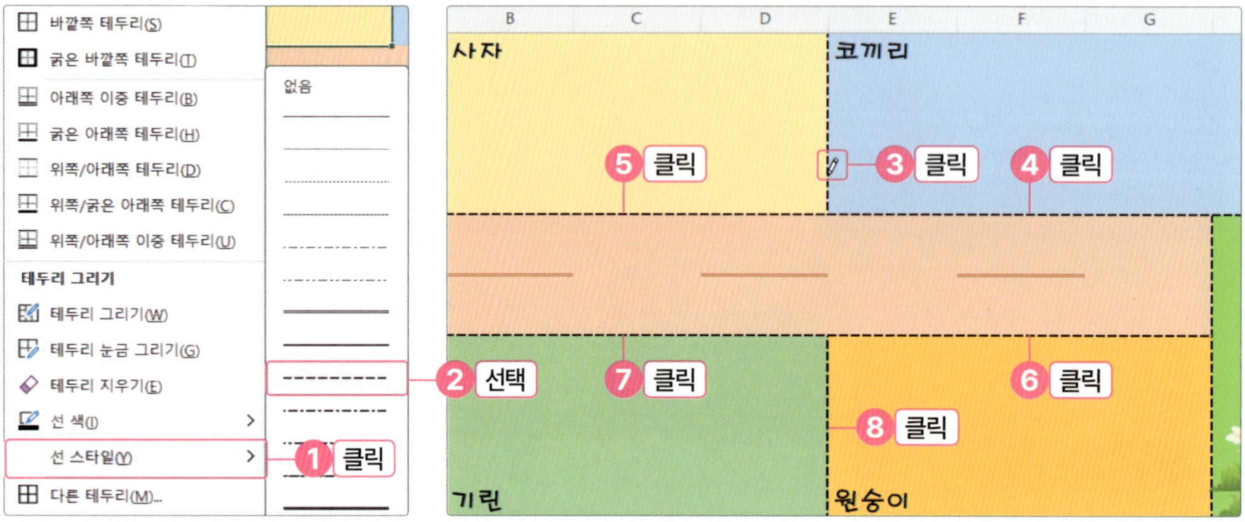

TIP

선 스타일 적용이 완료되면 키보드의 Esc 를 눌러 작업을 종료할 수 있어요.

❷ [삽입] 탭-[일러스트레이션] 그룹에서 [그림( )]-[이 디바이스]를 클릭한 후 [05차시]-[불러올 파일]-[이미지] 폴더에서 사자(1), 사자(2) 그림을 선택한 다음 [삽입]을 클릭해요.

알고 넘어가요!

[그림 삽입] 대화상자의 [기타 옵션(▾)]을 클릭하여 다양한 파일 보기 방식을 변경할 수 있어요.

3 삽입한 그림의 크기를 조절한 후 위치를 이동해요.

TIP

키보드의 Ctrl 을 누르고 그림의 크기를 조절하면 가로/세로 비율을 유지하면서 크기 조절을 할 수 있어요.

4 같은 방법으로 코끼리(1), 코끼리(2) 그림을 삽입해요. 삽입한 코끼리(2) 그림을 클릭한 후 [그림 서식] 탭의 [정렬] 그룹에서 [회전( )]-[좌우 대칭( )]을 클릭해요.

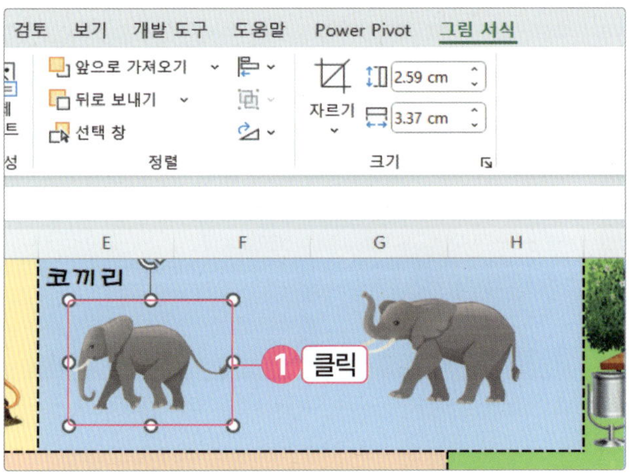

5 [물웅덩이] 그림을 삽입한 후 코끼리 얼굴이 가려지지 않도록 [그림 서식]-[정렬]-[뒤로 보내기( )]-[맨 뒤로 보내기( )]를 클릭해요.

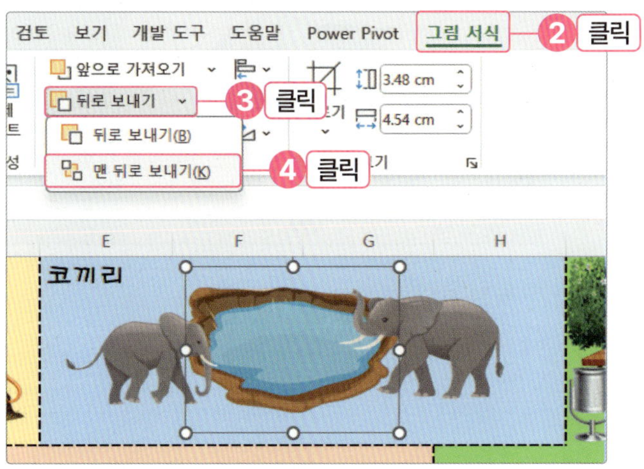

❻ [기린]과 나무(1) 그림을 삽입한 후 [기린] 그림을 클릭한 다음 Ctrl을 누른 상태에서 드래그하여 복사하고 [좌우 대칭(▲)]을 클릭해요.

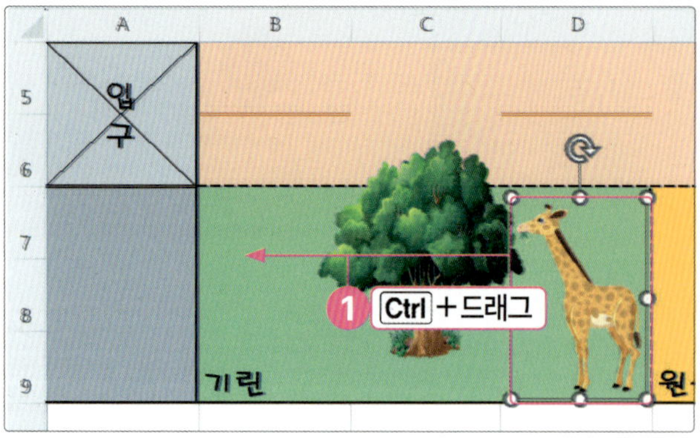

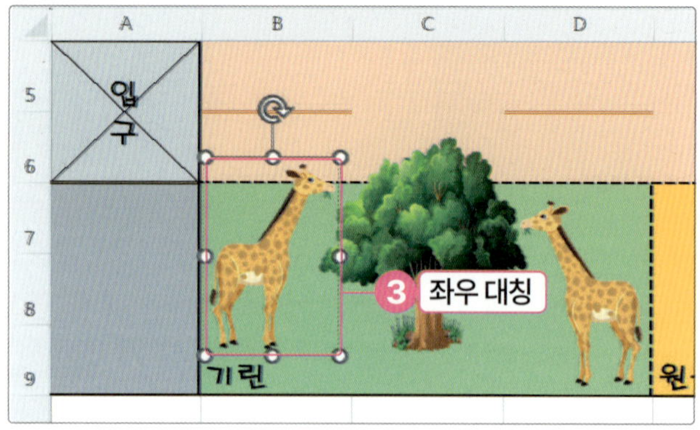

❼ 원숭이(1)과 나무(2) 그림을 삽입해요. 원숭이(1) 그림을 클릭한 후 [회전 조절점(⟳)]을 드래그하여 그림을 회전해요.

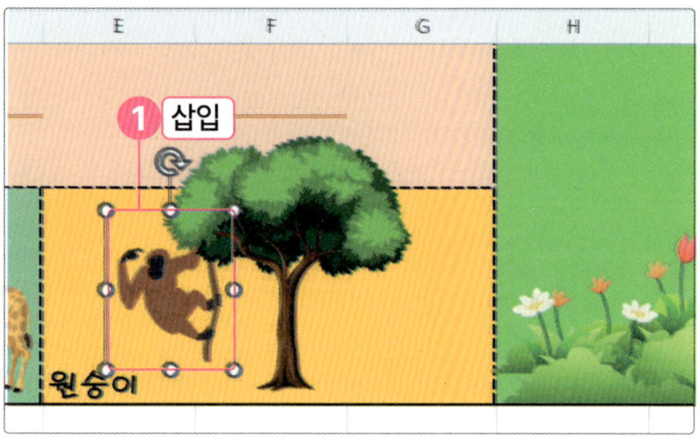

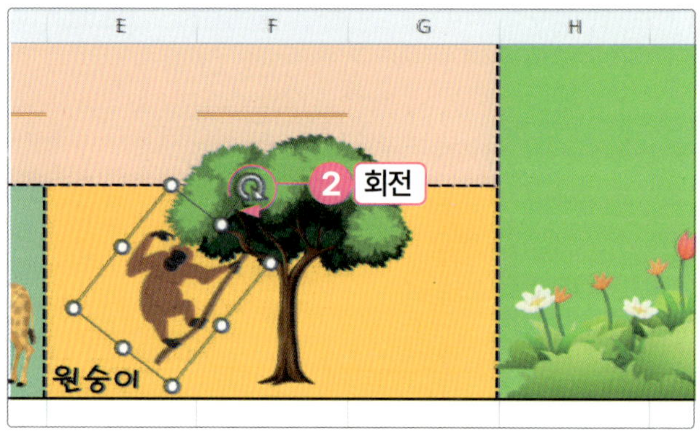

❽ 원숭이(2) 그림을 삽입한 후 [회전]-[좌우 대칭(▲)]을 클릭해요.

CHAPTER 05 톡톡 학습

계산 천재로 가는 길!

01 [캔디 팡팡.xlsx] 파일을 실행한 후 아이콘 그림을 삽입해 퍼즐을 완성해 보아요.

불러올 파일 : 캔디 팡팡.xlsx 완성된 파일 : 캔디 팡팡_완성.xlsx

02 힌트를 보고 정답을 맞혀보아요.

① [A1]~[C1] 셀을 하나로 합치려면 어떤 기능을 사용해야 할까요? (힌트 : 셀 OO)

정답 :

② 셀에서 글자를 가로/세로 정렬하려면 [홈] 탭의 어느 그룹에서 찾아야 할까요? (힌트 : OO 그룹)

정답 :

③ 테두리를 모두 추가하는 기능의 이름은 무엇일까요? (힌트 : OO 테두리)

정답 :

④ 셀 병합을 하면 남아 있는 데이터는 어느 셀의 값일까요? (힌트 : 맨 O쪽)

정답 :

CHAPTER 06

엑셀 데이터 입력 완벽 가이드

학습 목표

- 한글, 영어, 한자 등 다양한 형식의 데이터를 입력할 수 있어요.
- 채우기 핸들로 빠르게 데이터를 입력할 수 있어요.

미리 보기 이렇게 만들어 보아요

불러올 파일 : 글자 입력.xlsx 완성된 파일 : 글자 입력_완성.xlsx

② **자동 채우기** : [홈] 탭-[편집] 그룹 → [채우기] 클릭 또는 [채우기 핸들]로 드래그해요.

문자	영어	한자	음과 뜻	숫자	비연속 데이터
월요일	Monday	月	달 (월)	1	1
화요일	Tuesday	火	불 (화)	2	3
수요일	Wednesday	水	물 (수)	3	5
목요일	Thursday	木	나무 (목)	4	7
금요일	Friday	金	쇠 (금)	5	9
토요일	Saturday	土	흙 (토)	6	11
일요일	Sunday	日	날 (일)	7	13

① **한자 변환** : 한글 입력 후 [검토] 탭-[언어] 그룹 → [한글/한자 변환]을 클릭해요.

호기심 챗 GPT

엑셀의 채우기 핸들은 같은 내용을 빠르게 복사하거나 숫자, 요일 같은 규칙을 자동으로 채워주는 도구예요. 예를 들어, "월요일"을 쓰고 채우기 핸들로 드래그하면 "화요일, 수요일..."이 자동으로 입력돼요. 계산식을 복사할 수도 있어서 편리하지만, 가끔 원하지 않는 값이 들어갈 수도 있어요. 또, 글자 모양(서식)까지 같이 복사될 수 있어 조심해야 해요. 하지만 잘 사용하면 엑셀을 훨씬 더 쉽게 활용할 수 있어요!

1 다양한 형식의 데이터를 입력해요.

❶ [글자 입력.xlsx] 파일을 실행한 후 [B3:G5] 셀 범위에 한글, 영어, 숫자를 입력해요.

❷ [B3:G3] 셀 범위를 선택한 후 [홈] 탭-[글꼴] 그룹에서 글꼴 크기(16pt), 채우기 색( )(임의), [맞춤] 그룹에서 [가운데 정렬( )]을 클릭해요.

2 채우기 핸들로 글자를 빠르게 입력해요.

❶ 요일을 입력하기 위해 [B4] 셀을 클릭한 후 [채우기 핸들(+)]을 [B10] 셀까지 드래그해요.

❷ 영어, 한자 요일 문자도 [채우기 핸들]로 드래그하여 입력해요.

❸ 연속 데이터 숫자를 입력하기 위해 [F4] 셀을 클릭한 후 채우기 핸들을 [F10] 셀까지 드래그해요. [자동 채우기 옵션]을 클릭한 후 [연속 데이터 채우기]를 클릭해요.

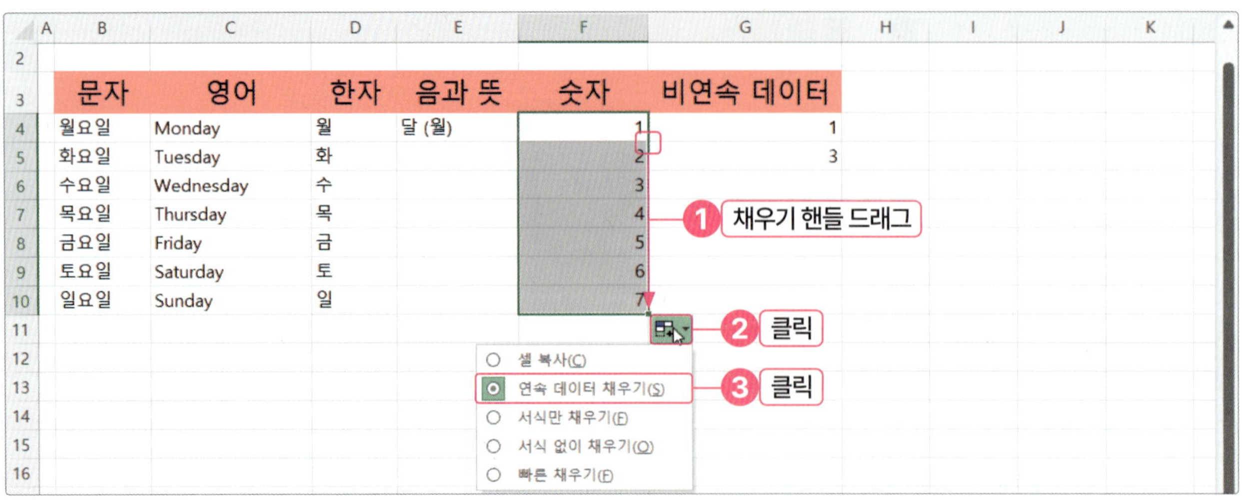

4 비연속 데이터를 입력하기 위해 [G4:G5] 셀 범위를 선택한 후 채우기 핸들을 [G10] 셀까지 드래그해요.

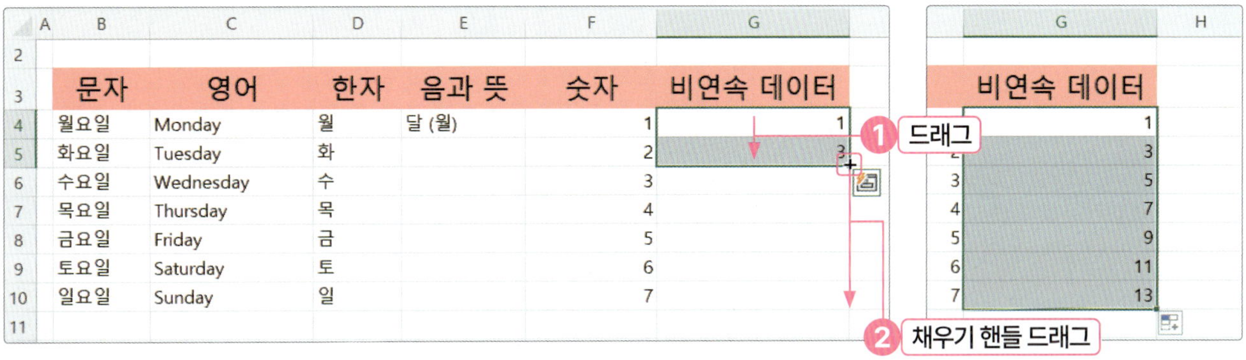

알고 넘어가요!

채우기 핸들을 사용하는 경우, 데이터에 따른 자동 채우기 결과

- **문자** : 같은 문자가 입력돼요.
- **숫자** : 채우기 핸들을 드래그하면 같은 숫자가 입력되고, Ctrl 을 누른 상태에서 채우기 핸들을 드래그하면 1씩 증가한 숫자가 입력돼요.
- **날짜** : 채우기 핸들을 드래그하면 1일씩 증가한 날짜가 입력되고, Ctrl 을 누른 상태에서 채우기 핸들을 드래그하면 같은 날짜가 입력돼요.
- **문자+숫자의 조합** : 채우기 핸들을 드래그하면 같은 문자와 1씩 증가한 숫자가 입력되고, Ctrl 을 누른 상태에서 채우기 핸들을 드래그하면 같은 문자와 숫자가 입력돼요.

5 [E5:E10] 셀 범위에 요일의 한자 음과 뜻을 입력해요.

⑥ [D4] 셀을 클릭한 후 [검토] 탭-[언어] 그룹에서 [한글/한자 변환]을 클릭해요.

⑦ [한글/한자 변환] 대화상자가 나타나면 입력할 한자와 한자 입력 형태를 선택한 후 [변환]을 클릭해요. 이어서 [D5:D10] 셀 범위의 요일도 한자로 모두 변환해요.

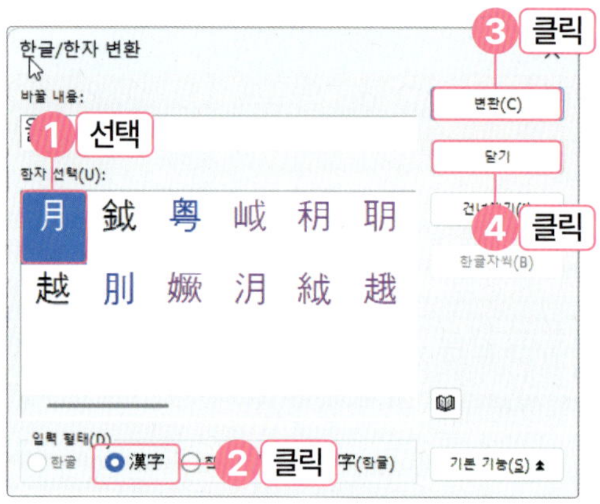

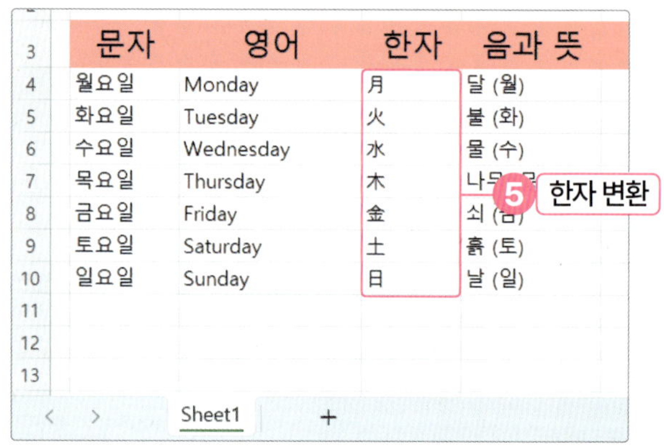

TIP

한글 입력한 셀을 더블클릭한 후 한자를 눌러 한자로 변환할 수 있어요.
[한글/한자 변환] 대화상자에서 [한자 사전(📖)]을 클릭하면 한자의 음, 뜻, 획수 등을 확인할 수 있어요.

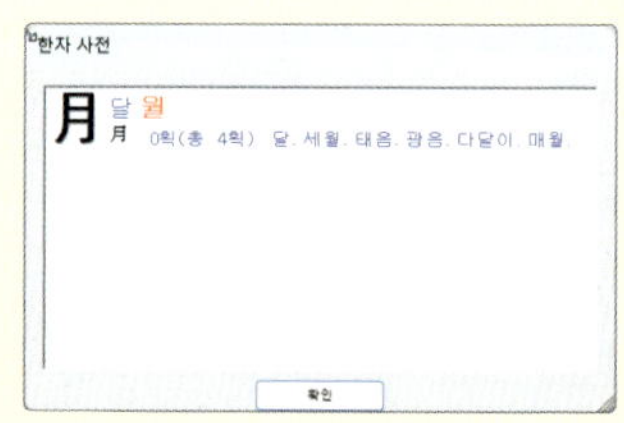

⑧ [B4:G10] 셀 범위를 선택한 후 [홈] 탭-[글꼴] 그룹에서 글꼴 크기(16pt), [가운데 맞춤]을 클릭해요.

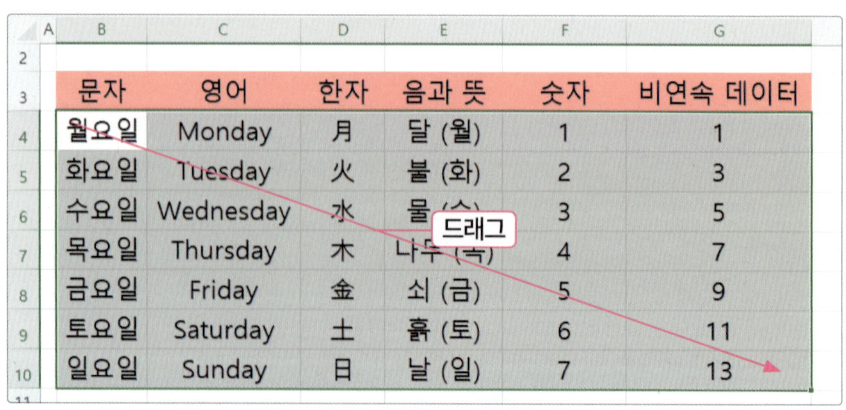

톡톡 학습

CHAPTER 06 계산 천재로 가는 길!

01 [다이어트 일지.xlsx] 파일을 실행한 후 자동 채우기 등을 이용하여 파일을 완성해 보아요.

불러올 파일 : 다이어트 일지.xlsx 완성된 파일 : 다이어트 일지_완성.xlsx

회차	아침	점심	저녁	물	운동	체중
1일차	O	O	x	2L	O	54kg
2일차	O	O	O	2L	O	53kg
3일차	O	O	x	2L	O	53kg
4일차	x	O	x	2L	x	53kg
5일차	O	O	x	2L	O	52kg

02 엑셀에서 셀의 오른쪽 아래 모서리를 드래그하여 데이터를 자동으로 입력하는 기능은 무엇일까요?

① 자동 완성

② 셀 병합

③ 채우기 핸들

④ 필터

CHAPTER

07 점프킹과 사라진 보석

학습 목표

- 배경을 삽입하고 도형 스타일을 설정할 수 있어요.
- 3D 모델을 삽입하고 애니메이션 장면을 설정할 수 있어요.

미리 보기 이렇게 만들어 보아요

불러올 파일 : 점프킹.xlsx 완성된 파일 : 점프킹_완성.xlsx

③ **애니메이션 장면** : [3D 모델] 탭-[3D 재생] 그룹 → [장면]을 클릭해요.

① **배경 삽입** : [페이지 레이아웃] 탭-[페이지 설정] 그룹 → [배경]을 클릭해요.

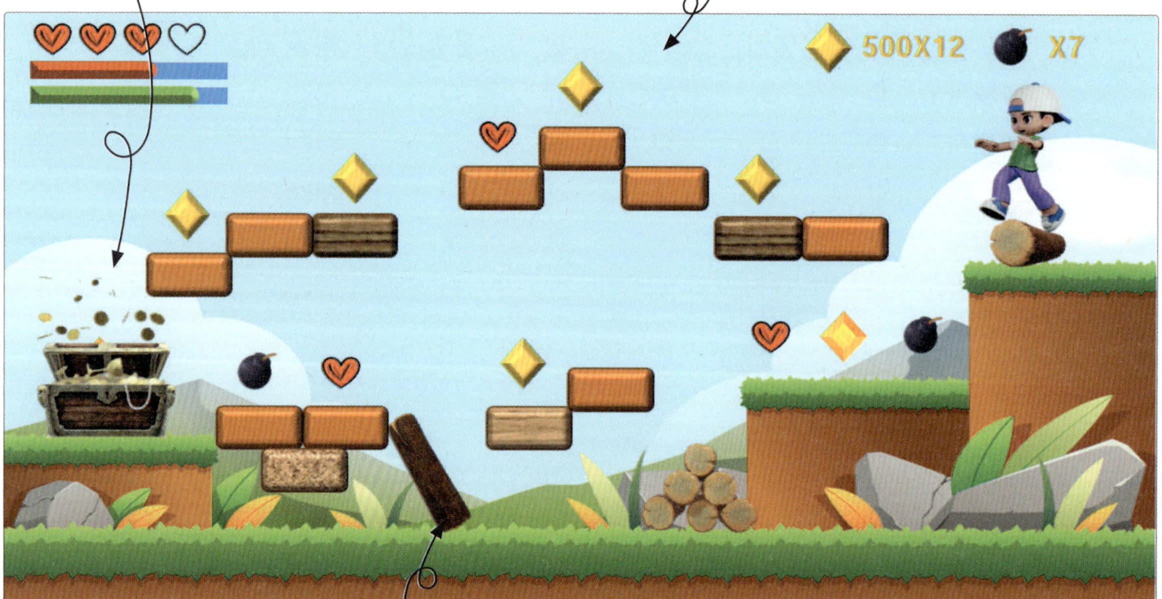

② **3D 모델 삽입** : [삽입] 탭-[일러스트레이션] 그룹 → [3D 모델]을 클릭해요.

호기심 챗 GPT

3D 모델은 평평한 그림(2D)이 아니라 입체로 돌아가는 그림이에요.

3D 모델 애니메이션은 여러 방향에서 볼 수 있고, 움직이도록 만드는 마법같은 기능이에요. 마우스를 클릭하지 않아도 자동으로 움직이는 효과를 줄 수 있어요. 예를 들어 비행기 3D 모델을 넣고 비행 장면 효과를 주면 진짜 하늘을 나는 것같은 작품을 만들 수 있어요.

1 배경을 삽입하고 도형 스타일을 지정해요.

❶ [점프킹.xlsx] 파일을 실행한 후 [페이지 레이아웃] 탭-[페이지 설정] 그룹에서 [배경( )]을 클릭한 다음 [그림 삽입]-[파일에서]를 클릭해요.

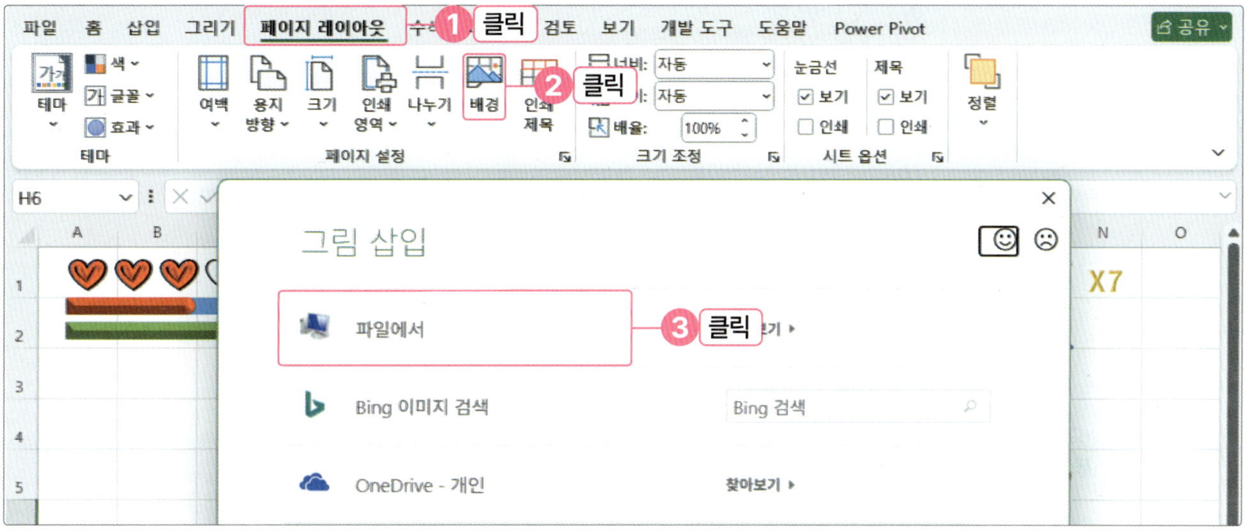

❷ [시트 배경] 대화상자가 나타나면 [7차시]-[불러올 파일]-[점프킹 배경]을 선택한 후 [삽입]을 클릭해요.

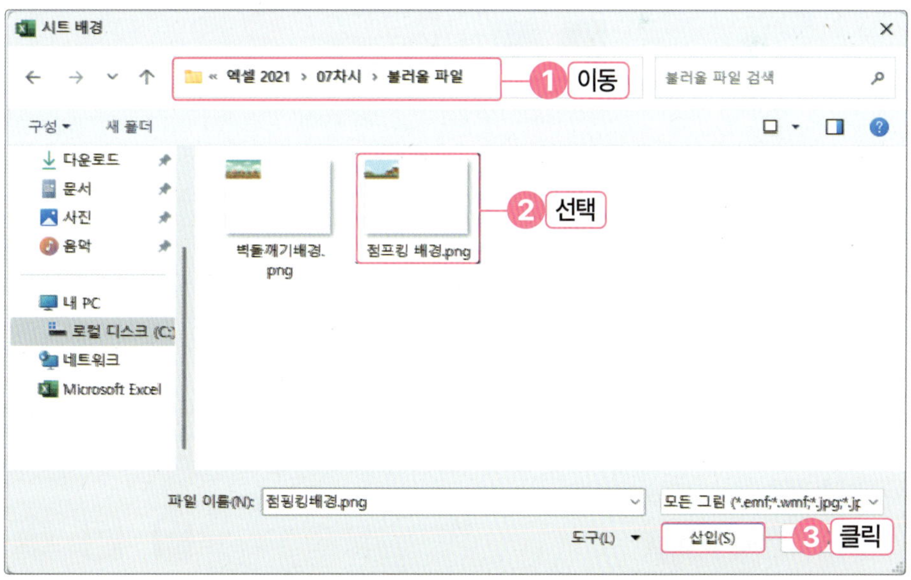

알고 넘어가요!

페이지 배경 삽입과 삭제

페이지 배경이 적용되면 셀 뒤에 이미지가 표시되고 인쇄할 때는 배경이 보이지 않아요. [배경 삭제]를 클릭하면 페이지 배경이 삭제돼요.

③ [삽입] 탭-[일러스트레이션] 그룹에서 [도형( )]-[사각형:둥근 모서리]를 선택한 후 마우스 포인터 모양이(+) 변경되면 배경에 드래그해요.

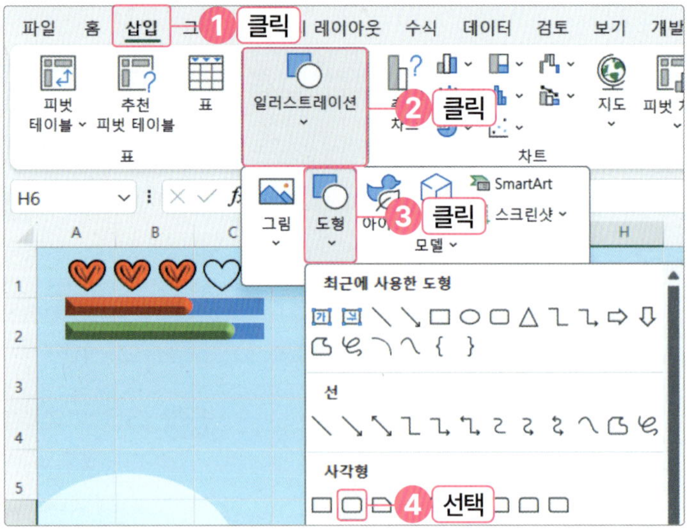

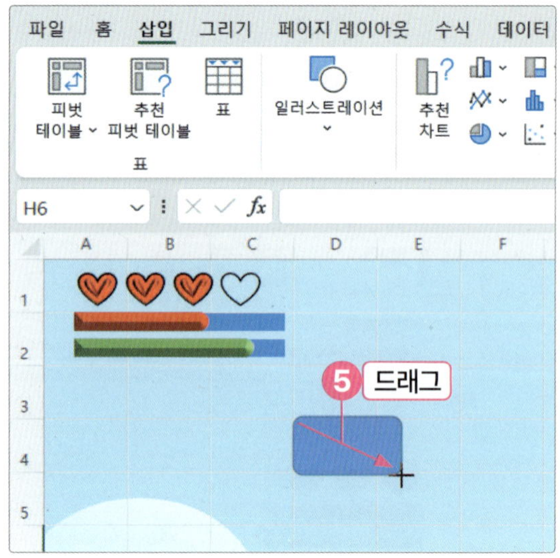

④ 도형을 클릭한 후 [도형 서식] 탭-[도형 스타일] 그룹에서 서식을 변경한 다음 크기( )를 높이 (1cm), 너비 (2cm)로 수정해요.

※ 도형 채우기 : 주황, 강조 2, 25% 더 어둡게
도형 윤곽선 : 주황, 강조 2, 50% 더 어둡게
도형 효과 : 입체 효과-기울기

❺ 도형을 클릭한 후 Ctrl 을 누른 상태에서 드래그하여 복사한 다음 그림과 같이 배치해요.

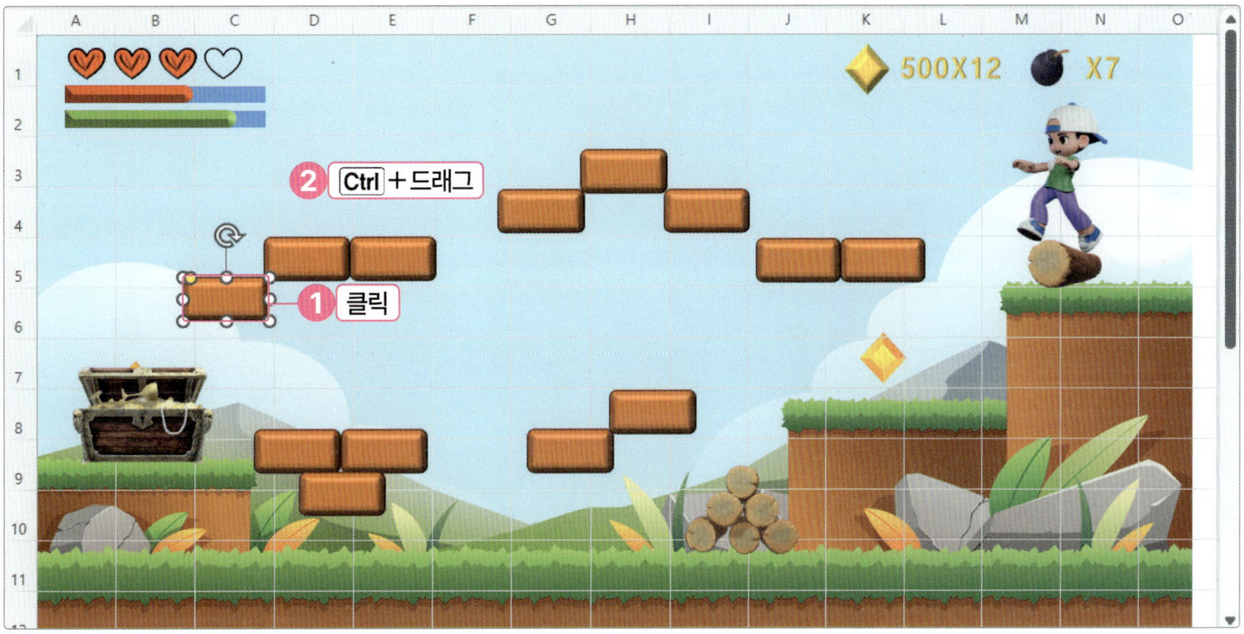

❻ 도형의 채우기 색을 질감으로 수정하기 위해 [도형 서식] 탭-[도형 스타일] 그룹에서 [도형 채우기 ( )]-[질감( )]에서 [코르크]를 선택해요. 다른 도형의 질감도 다양하게 변경해요.

❼ 상단의 [하트], [다이아몬드], [폭탄] 그림을 Ctrl 을 누른 상태에서 드래그하여 복사한 후 그림과 같이 배치해요.

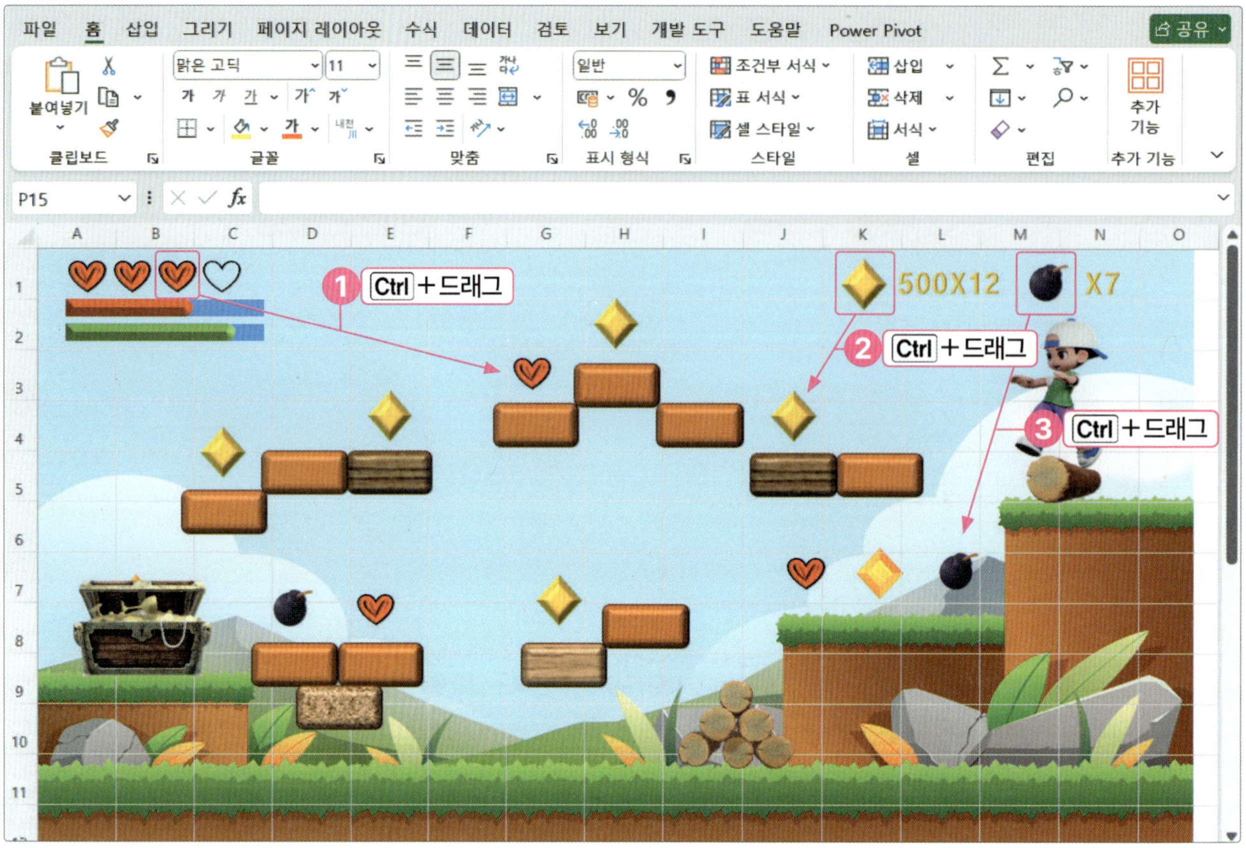

알고 넘어가요!

스포이트로 색 채우기

Ctrl + C	복사
Ctrl + V	붙여넣기
Ctrl + D	복제하기
Ctrl 을 누른 상태에서 드래그	도형을 원하는 위치로 복사
Ctrl + Shift 를 누른 상태에서 드래그	가로(수평) 또는 세로(수직)방향으로 복사

2 3D 모델을 삽입하고 애니메이션 장면을 설정해요.

❶ [삽입] 탭-[일러스트레이션] 그룹에서 [3D모델( )]을 클릭한 후 [온라인 3D 모델] 대화상자가 나타나면 [Treasure Hunt]를 클릭해요.

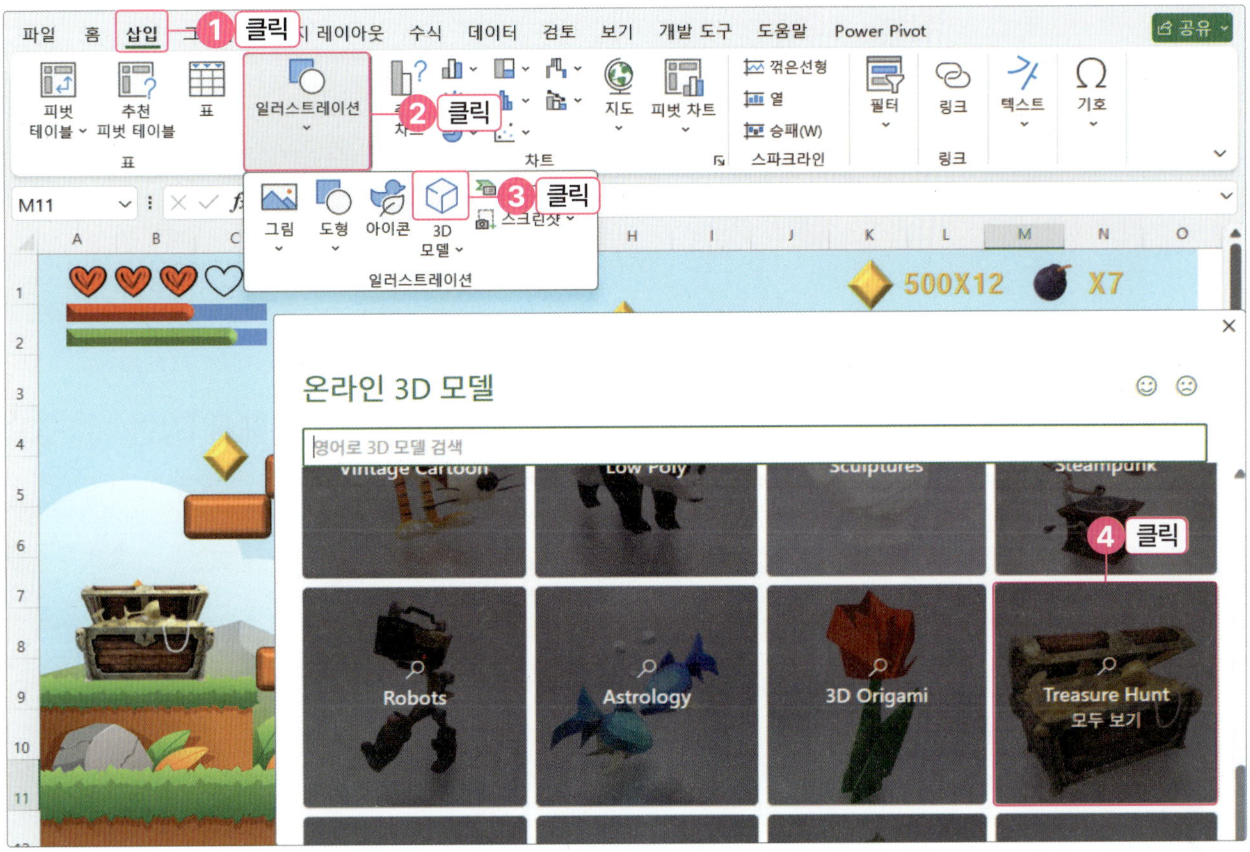

❷ [금화], [통나무] 3D 모델을 선택한 후 [삽입]을 클릭해요.

❸ [통나무] 3D 모델을 클릭한 후 [3D 모델] 탭-[3D 모델 보기] 그룹에서 [위쪽]을 클릭해요. 조절점과 회전도구를 이용하여 크기를 조절하고 방향을 회전해요.

❹ [금화] 3D 모델 애니메이션 설정을 위해 [3D 모델] 탭-[3D 재생] 그룹에서 [장면()-장면2]를 클릭한 후 크기를 조절한 다음 보물상자 위치로 이동해요.

❺ 눈금선을 제거하기 위해 [보기] 탭-[표시] 그룹에서 [눈금선]을 클릭하여 체크를 해제해요.

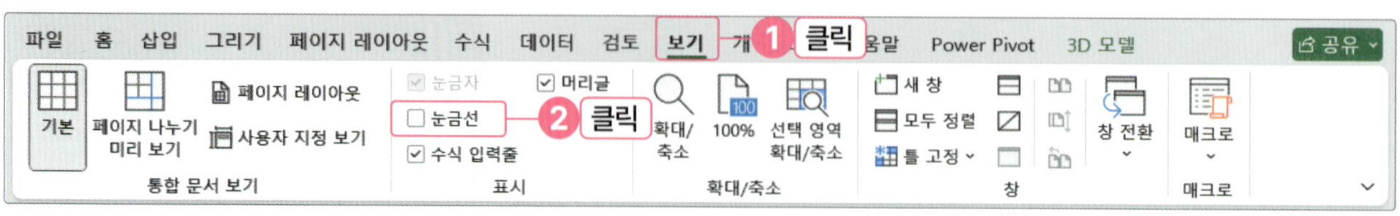

CHAPTER 07

톡톡 학습

계산 천재로 가는 길!

01 [벽돌깨기.xlsx] 파일을 실행한 후 도형을 복사한 다음 자유롭게 배치하고 도형 안에 끝말잇기 단어를 입력하여 완성해 보아요.

불러올 파일 : 벽돌깨기.xlsx　완성된 파일 : 벽돌깨기_완성.xlsx

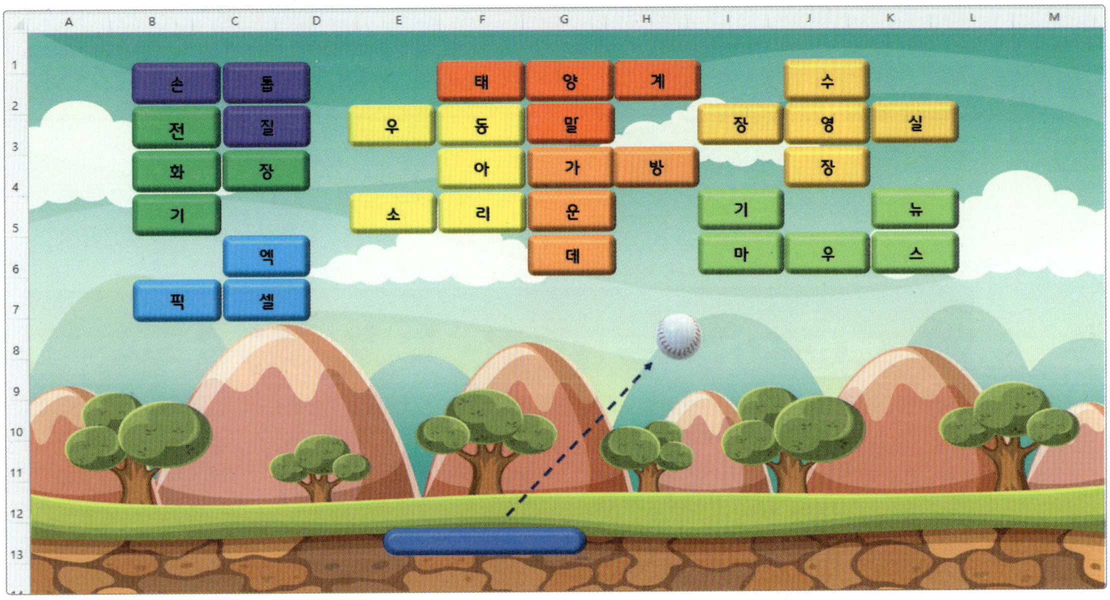

02 도형을 복사하는 방법으로 바르지 않은 것은 무엇일까요?

① Ctrl을 누른 상태에서 드래그하여 복사

② Ctrl+C, Ctrl+V로 복사

③ Ctrl+Shift를 누른 상태에서 드래그하여 복사

④ Shift를 누른 상태에서 드래그하여 복사

CHAPTER

08 동네 탐방기! 알고 보면 여기가 핫플~★

학습 목표

- WordArt를 삽입하고 서식을 변경할 수 있어요.
- 새로운 시트를 추가하고 색을 변경할 수 있어요.
- 그림에 하이퍼링크를 설정하여 다른 시트로 이동할 수 있어요.

미리 보기 이렇게 만들어 보아요

불러올 파일 : 핫플지도.xlsx 완성된 파일 : 핫플지도_완성.xlsx

① **워드아트 삽입** : [삽입] 탭-[텍스트] 그룹 → [WordArt]를 클릭해요.

② **하이퍼링크 설정** : [삽입] 탭-[링크] → [하이퍼링크 삽입]에서 [연결 대상]을 선택해요.

호기심 챗 GPT

엑셀에서 시트(Sheet)는 문자나 숫자를 입력하고 계산할 수 있는 공간이에요.

엑셀 파일(통합 문서) 안에는 여러 개의 시트를 넣을 수 있고, 시트의 이름을 바꾸거나 위치를 옮길 수도 있으며 필요 없는 시트는 삭제할 수도 있어요. 시트를 사용하면 정보를 깔끔하게 정리할 수 있고, 여러 시트를 연결해서 계산할 수도 있어요. 이렇게 하면 복잡한 내용도 쉽게 정리하고 활용할 수 있어요!

1 WordArt로 제목을 입력해요.

❶ [핫플지도.xlsx] 파일을 실행한 후 제목을 입력하기 위해 [삽입] 탭-[텍스트] 그룹의 [WordArt()]를 클릭한 후 [그라데이션 채우기():황금색, 강조색 4, 윤곽선:황금색, 강조색 4]를 선택해요.

❷ 삽입한 WordArt 텍스트 상자에 "알고 보면 여기가 핫플~★" 내용을 입력해요. "★" 입력을 위해 자음(ㅁ)을 입력한 후 한자를 눌러 특수 문자를 입력해요.

❸ WordArt를 클릭한 후 [도형 서식] 탭-[WordArt 스타일] 그룹에서 [텍스트 효과(가)]의 [네온]-[네온:18pt, 황금색, 강조색 4]를 선택한 다음 [변환]-[물결:위로]를 선택해요.

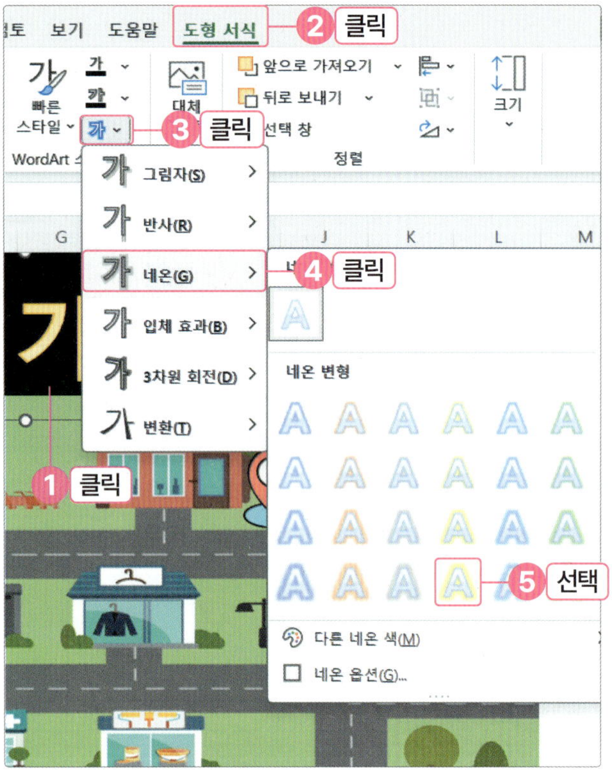

❹ [홈] 탭-[글꼴] 그룹에서 글꼴(휴먼매직체)을 선택한 후 셀 크기에 맞게 크기와 위치를 조절해요.

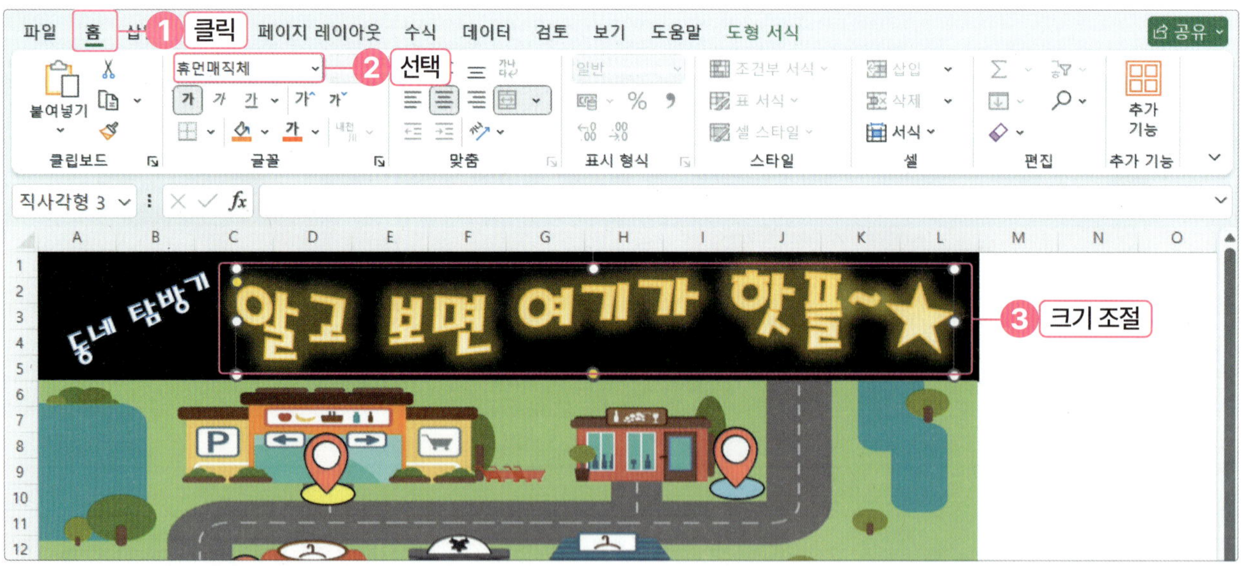

TIP

노란색 조절점을 드래그하여 WordArt의 기울기, 굴곡 등의 모양을 변형할 수 있어요.

2 새로운 시트를 추가하고 색을 변경해요.

① 시트 탭에서 [새 시트(+)]를 클릭하여 새로운 시트 4개를 더 추가해요.

② 추가한 시트를 클릭한 후 바로 가기 메뉴에서 [이름 바꾸기]를 클릭한 다음 시트 이름을 '대형마트', '레스토랑', '베이커리', '의류매장'으로 입력하고, 바로 가기 메뉴의 [탭 색]를 클릭하여 시트 색을 선택해요.

TIP

시트 탭을 더블클릭하여 시트 이름을 빠르게 수정 할 수 있어요.

③ 모든 시트의 이름과 색을 그림과 같이 변경해요.

3 추가한 시트에 그림을 삽입해요.

❶ '대형마트' 시트를 클릭한 후 [삽입] 탭-[일러스트레이션] 그룹에서 [그림()]-[이 디바이스]를 클릭해요. [그림 삽입] 대화상자가 나타나면 [8차시]-[불러올 파일]-[이미지] 폴더에서 [태블릿] 그림을 선택한 다음 [삽입]을 클릭해요.

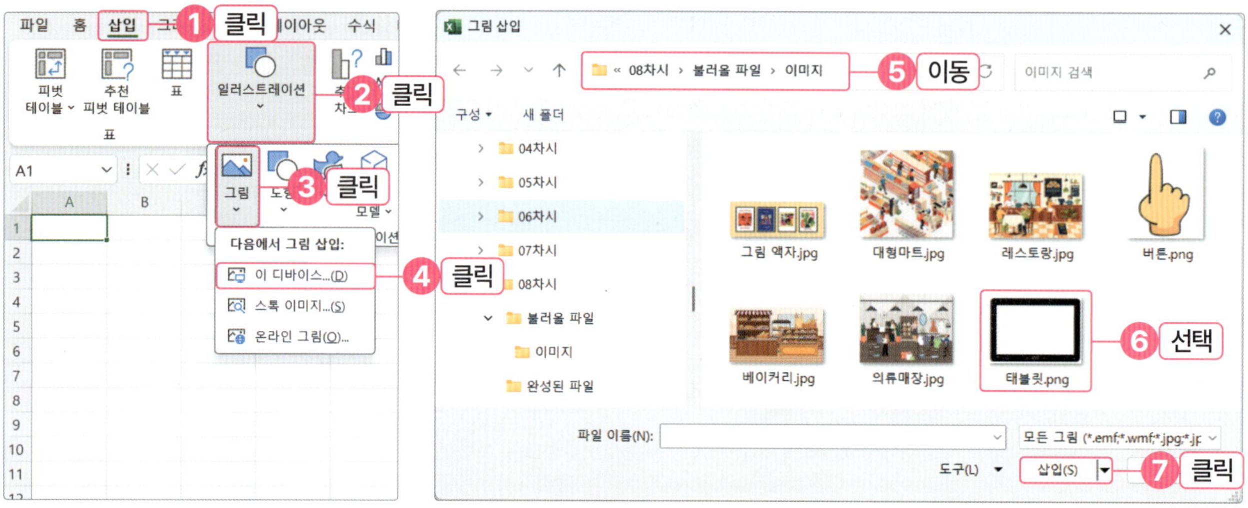

❷ 삽입한 그림을 클릭한 후 [그림 서식] 탭-[크기] 그룹에서 높이(14cm), 너비(23cm)를 입력해요.

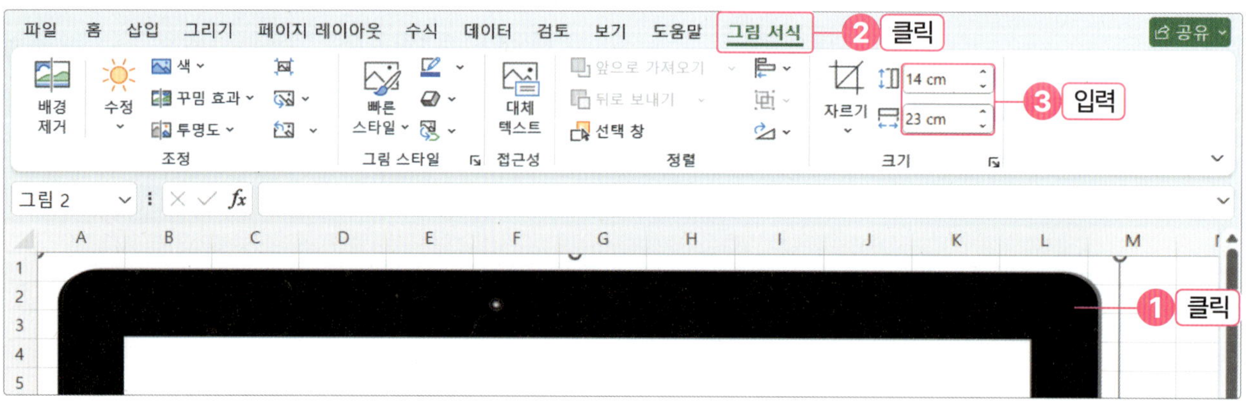

TIP

그림의 높이/너비 크기를 입력할 때 [크기 및 속성()] 버튼을 클릭한 후 [그림 서식] 창이 나타나면 [크기]-[가로 세로 비율 고정] 체크를 해제해야 원하는 크기로 조절할 수 있어요.

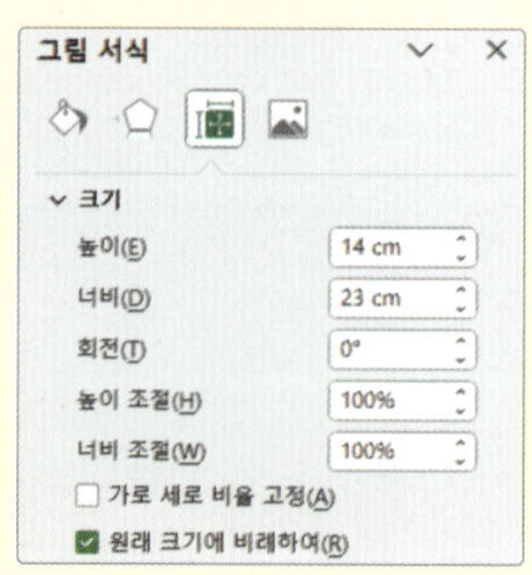

❸ [삽입] 탭의 [일러스트레이션] 그룹에서 [그림]-[이 디바이스]를 클릭한 후 [이미지] 폴더에서 [대형마트] 그림을 삽입한 다음 [그림 서식] 탭-[크기] 그룹에서 높이(10.5cm), 너비(19.3cm)를 입력하고 시트에 그림과 같이 위치를 이동해요.

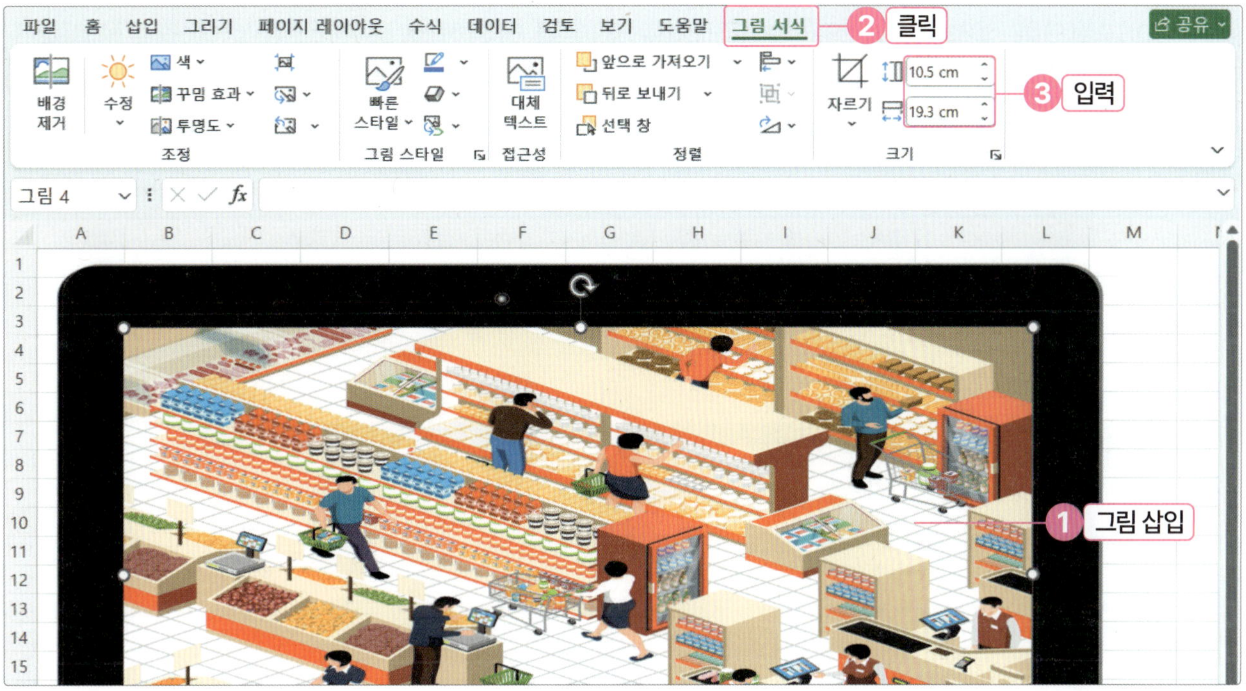

❹ 같은 방법으로 [버튼] 그림을 삽입한 후 크기를 높이/너비 (1cm)로 입력한 다음 위치를 이동해요.

❺ 레스토랑, 베이커리, 의류매장 시트에도 같은 방법으로 그림을 삽입한 후 크기와 위치를 조절해요.

TIP

태블릿과 버튼 그림은 복사(Ctrl+C), 붙여넣기(Ctrl+V)를 이용하면 편리해요.

4 그림에 하이퍼링크를 설정해요.

❶ 하이퍼링크를 설정하기 위해 [우리동네지도] 시트를 선택한 후 [노란색 표식]을 클릭한 다음 [삽입] 탭에서 [링크(🔗)]를 클릭해요. [하이퍼링크 삽입] 대화상자가 나타나면 연결 대상을 [현재 문서]로 클릭하고 셀 참조 목록에서 [대형마트]를 선택한 후 [확인]을 클릭해요.

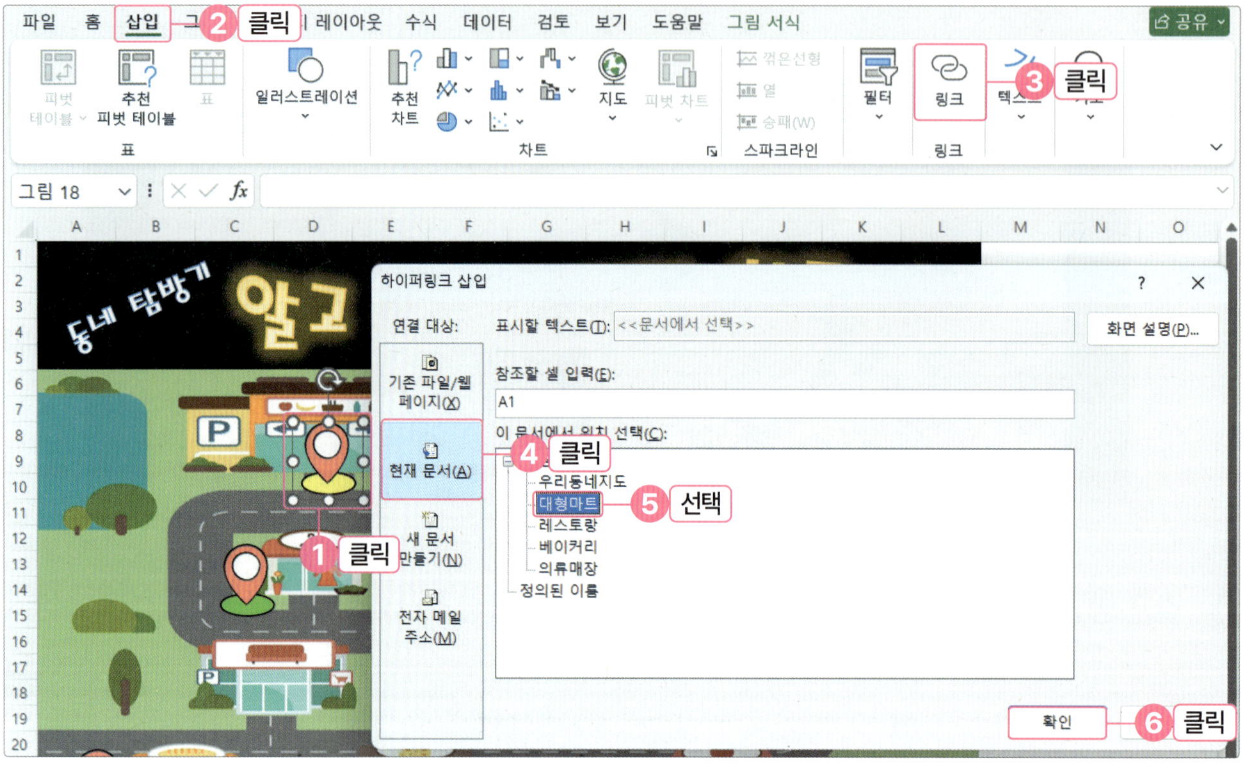

❷ [파란색 표식-레스토랑], [초록색 표식-베이커리], [주황색 표식-의류매장]에 같은 방법으로 하이퍼링크를 설정해요.

❸ 각 시트의 [버튼] 그림은 하이퍼링크의 연결 대상을 [현재 문서]의 셀 참조 목록에서 [우리동네지도]를 선택한 후 [확인]을 클릭해요.

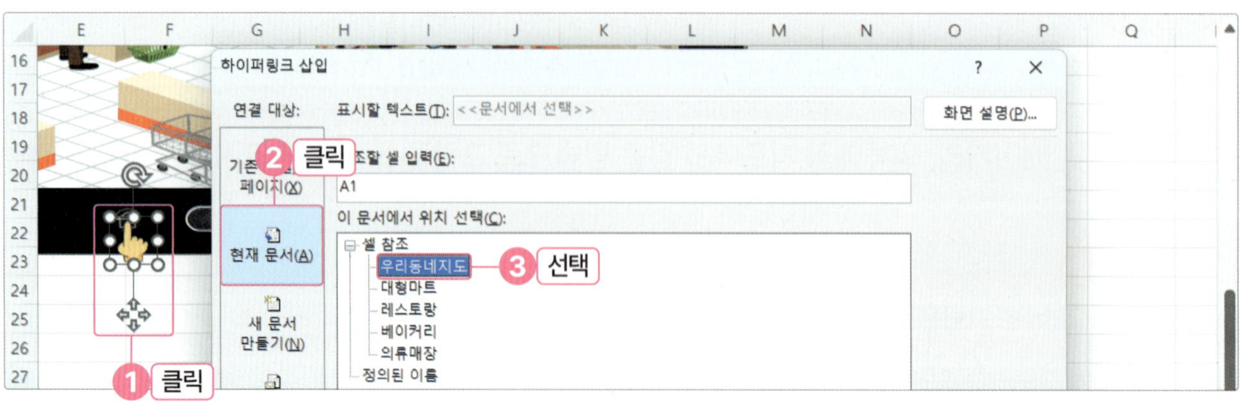

CHAPTER 08

톡톡 학습

계산 천재로 가는 길!

01 [박물관.xlsx] 파일을 실행한 후 다음과 같이 박물관 홈페이지를 만들어 보아요.

불러올 파일 : 박물관.xlsx　완성된 파일 : 박물관_완성.xlsx

[작성 조건]

① [B11:I11] 셀 범위를 선택한 후 채우기 색(회색)을 클릭한 다음 셀 내용을 입력해요.

② 블록 지정한 [B11:I11] 셀의 정렬(가운데 맞춤). 글꼴(HY그래픽M)을 선택해요.

③ [삽입] 탭의 [그림]을 클릭한 후 [불러올 파일]-[이미지] 폴더에서 [그림 액자] 그림을 삽입한 후 크기를 조절해요.

④ [K12] 셀의 국립중앙박물관 홈페이지의 문화행사 사이트 주소를 복사해요.

⑤ [E11] 셀을 클릭한 후 [삽입] 탭-[링크]를 클릭한 다음 [연결 대상]-[기존/웹페이지]의 [주소] 입력란에 홈페이지 주소를 붙여넣기하고 [확인]을 클릭해요.

⑥ [E11] 셀의 글자 색 변경을 위해 [홈] 탭의 글꼴 색(흰색), 채우기 색(검정)을 클릭해요.

CHAPTER 09

슬기로운 용돈 생활

학습 목표

- 셀 서식 대화상자에서 표시 형식을 설정할 수 있어요.
- 조건부 서식의 데이터 막대를 설정할 수 있어요.

미리 보기 이렇게 만들어 보아요

불러올 파일 : 용돈.xlsx 완성된 파일 : 용돈_완성.xlsx

① **표시 형식** : [홈] 탭-[표시 형식] 그룹 → [간단한 날짜], [회계] 등을 클릭해요.

		잔액	₩ 33,000
날짜	내용	수입 (받은 돈)	지출 (사용한 돈)
2025-05-03	할머니가 용돈 주심	₩ 50,000	
2025-05-03	학용품 구입		₩ 5,000
2025-05-05	어린이날 선물 용돈	₩ 20,000	
2025-05-05	친구들과 마라탕 먹음		₩ 10,500
2025-05-08	부모님 카네이션		₩ 8,000
2025-05-10	버블티		₩ 6,500
2025-05-20	심부름 용돈	₩ 5,000	
2025-05-20	친구 생일 선물		₩ 12,000
합계		₩ 75,000	₩ 42,000

② **데이터 막대** : [홈] 탭-[스타일] 그룹 → [조건부 서식]
-[데이터 막대]를 클릭해요.

호기심 챗 GPT

용돈 기입장은 돈의 흐름을 알 수 있게 도와주고 절약과 저축 습관을 기를 수 있어요.
엑셀로 만들면 자동 계산 기능이 있어 금액을 정확하게 관리할 수 있어요. 데이터를 쉽게 정리하고 월별 지출을 분석할 수 있어 계획적으로 돈을 사용할 수 있어요. 엑셀 파일을 언제든지 수정하고 업데이트할 수 있어 꾸준히 관리할 수 있어요.

1 데이터를 입력하고 표시 형식을 설정해요.

❶ [용돈.xlsx] 파일을 실행한 후 다음과 같이 데이터를 입력해요.

※ 엑셀에서 줄 바꿈은 Alt+Enter를 눌러 입력해요.

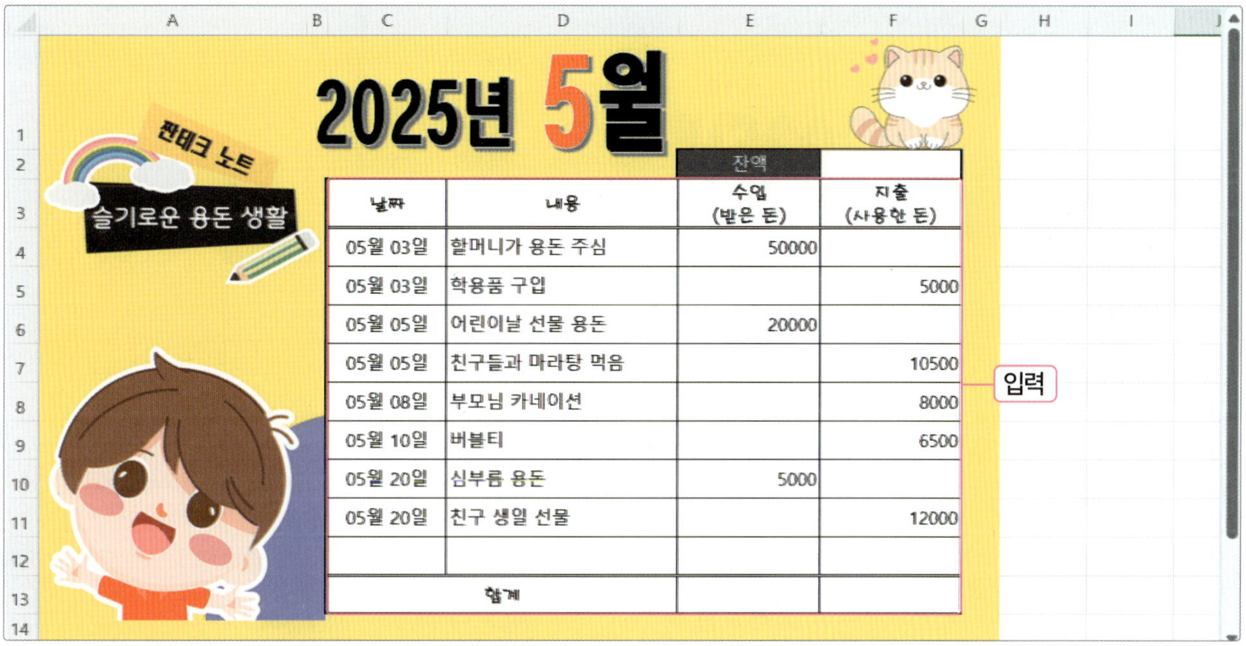

❷ [C3:F3], [C13] 셀 범위를 선택한 후 채우기 색(녹색, 강조6, 40% 더 밝게)과 글꼴(HY엽서M)을 선택해요.

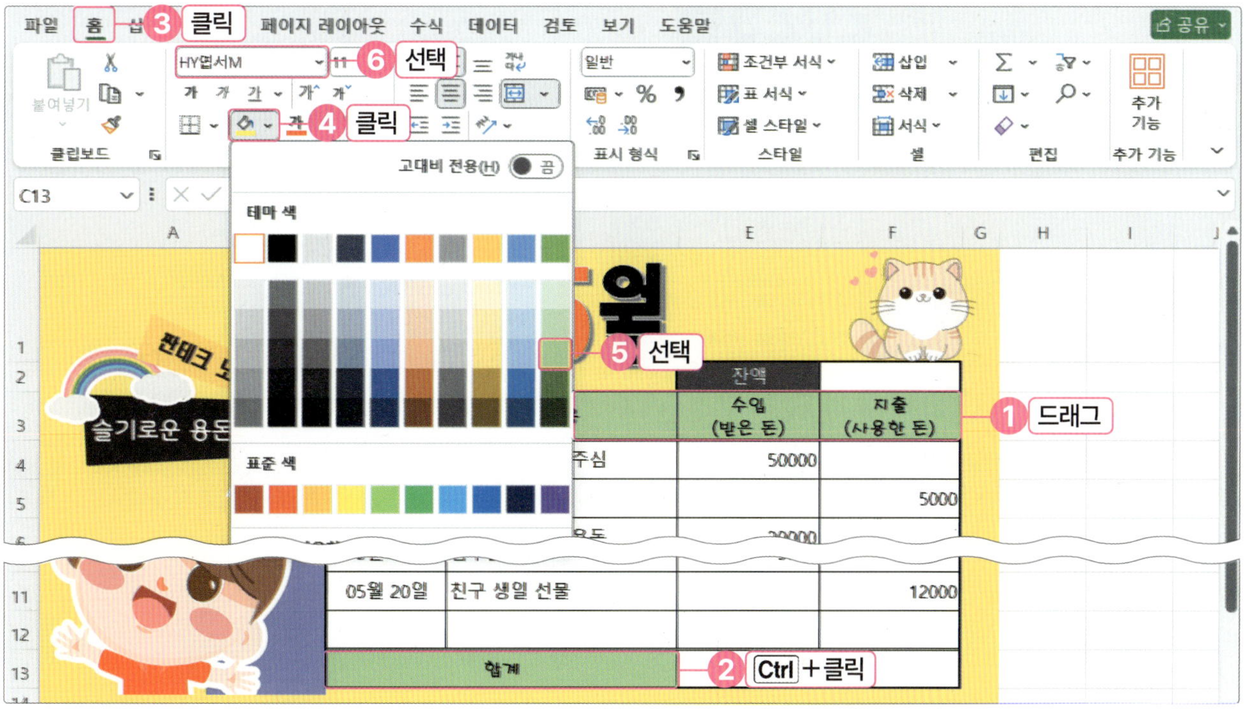

3 [C4:C11] 셀 범위를 선택한 후 [홈] 탭-[표시 형식] 그룹에서 표시 형식을 [간단한 날짜]로 선택해요.

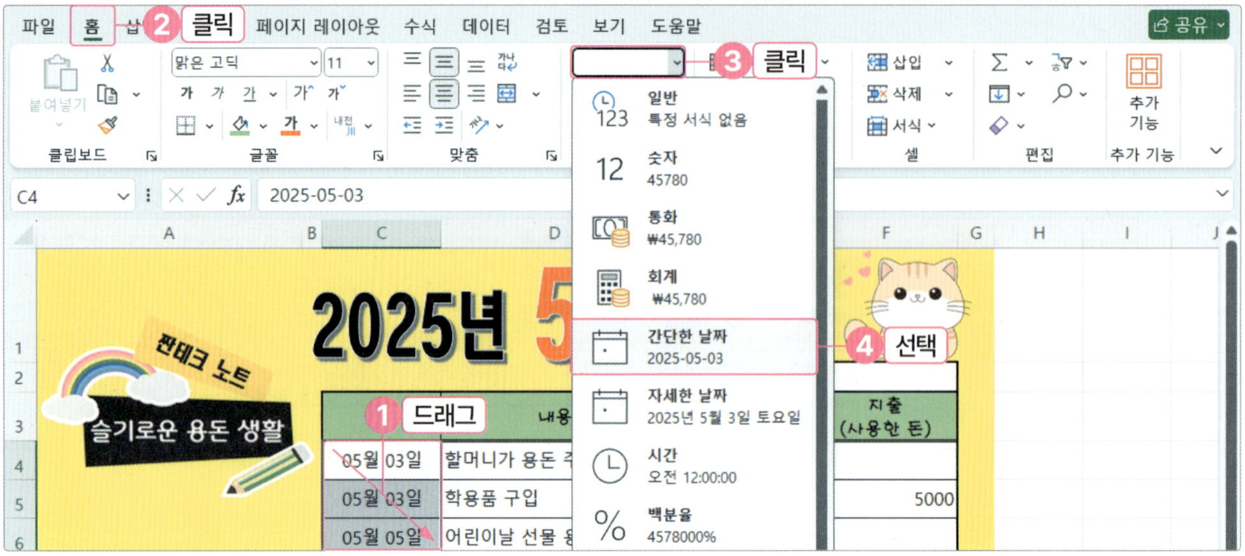

4 [F2], [E4:F13] 셀 범위를 선택한 후 [홈] 탭-[표시 형식] 그룹에서 표시 형식을 [회계]로 선택해요.

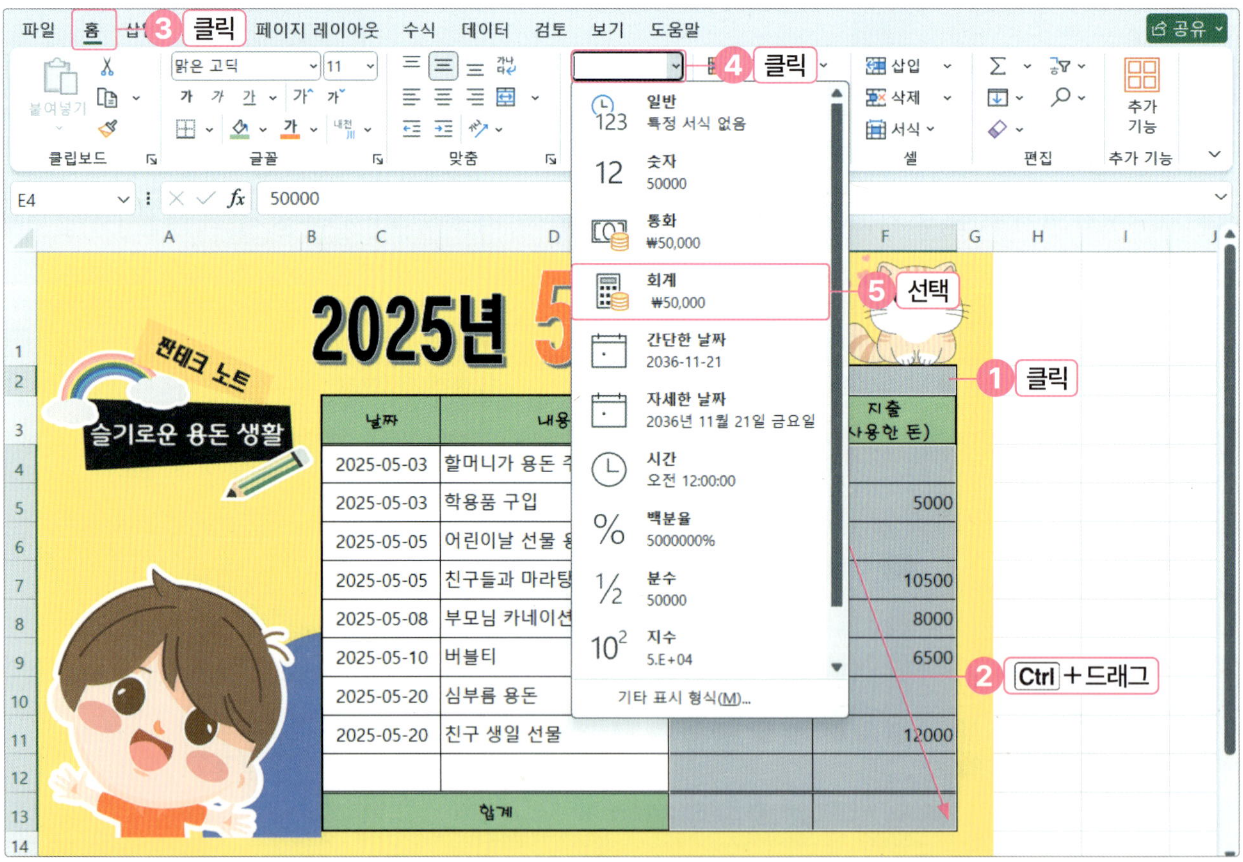

TIP

키보드의 Ctrl + 1 을 눌러 셀 서식 대화상자에서 다양한 표시 형식을 설정할 수 있어요.

2 수식을 입력하고 데이터 막대를 설정해요.

❶ 수입과 지출의 합계를 계산하기 위해 [E4:F13] 셀 범위를 선택한 후 [홈] 탭-[편집] 그룹에서 [자동 합계(Σ)]-[합계]를 선택해요.

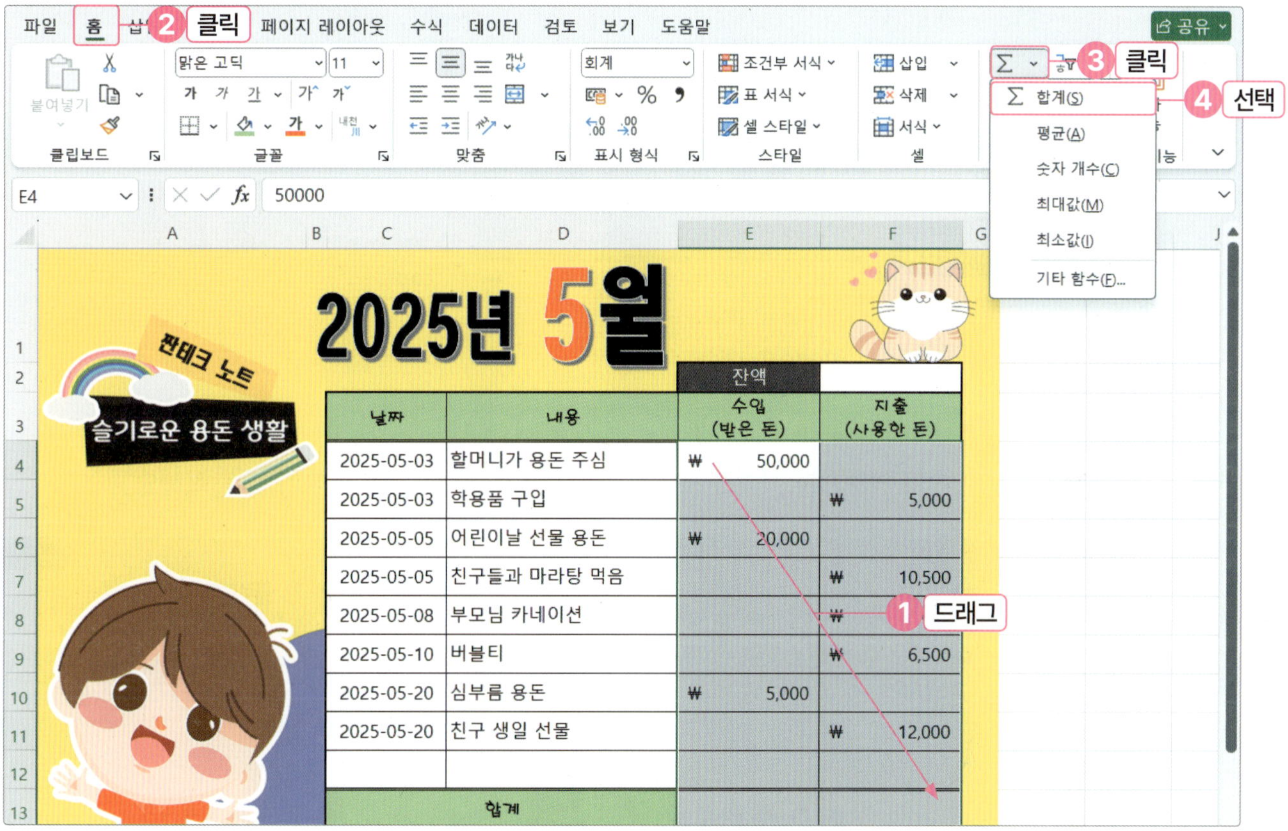

❷ 잔액 계산을 위해 [F2] 셀을 클릭한 후 '=E13-F13'을 입력한 다음 Enter 를 눌러요.

※ 수식을 입력하면 셀에는 결과 값, 수식 입력줄에는 수식이 표시돼요.

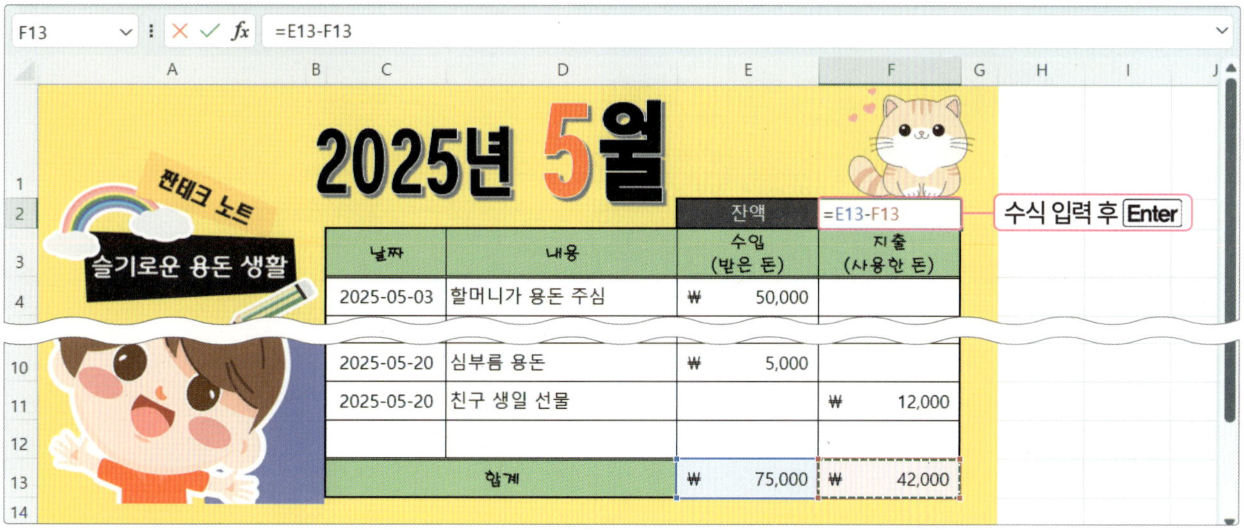

❸ [F4:F12] 셀 범위를 선택한 후 [홈] 탭-[스타일] 그룹에서 [조건부 서식]을 클릭한 다음 [데이터 막대]-[그라데이션 채우기]-[주황 데이터 막대]를 선택해요.

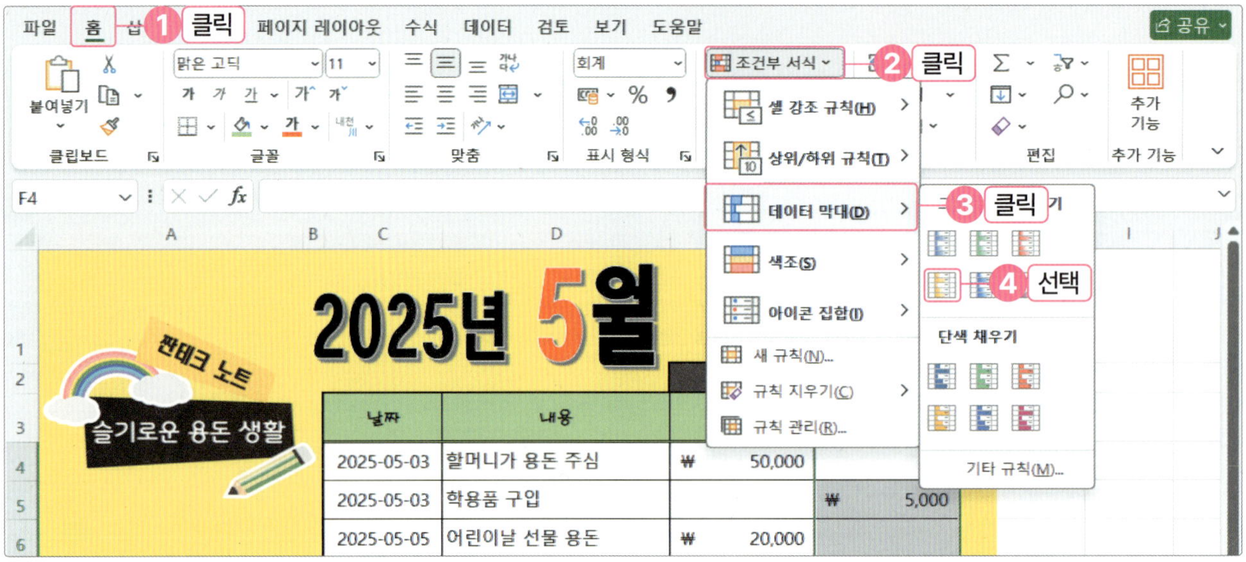

알고 넘어가요!

조건부 서식을 지우기 위해서는 범위를 선택한 후 [조건부 서식]-[규칙 지우기]를 클릭해요.

CHAPTER 09

톡톡 학습

계산 천재로 가는 길!

01 [용돈-2.xlsx] 파일을 실행한 후 다음과 같이 합계와 잔액을 계산하고, 셀 서식을 변경해 보아요.

불러올 파일 : 용돈-2.xlsx 완성된 파일 : 용돈-2_완성.xlsx

		잔액	₩33,000
날짜	내용	수입 (받은 돈)	지출 (사용한 돈)
5月 3日	할머니가 용돈 주심	₩50,000	
5月 3日	학용품 구입		₩5,000
5月 5日	어린이날 선물 용돈	₩20,000	
5月 5日	친구들과 마라탕 먹음		₩10,500
5月 8日	부모님 카네이션		₩8,000
5月 10日	버블티		₩6,500
5月 20日	심부름 용돈	₩5,000	
5月 20日	친구 생일 선물		₩12,000
합계		₩75,000	₩42,000

▶ 엑셀에서 회계 서식과 통화 서식은 둘 다 화폐(원) 단위를 표시할 때 쓰지만, 약간의 차이가 있어요.

서식 종류	숫자 입력	적용 후 표시	특징
회계 서식	1000	₩ 1,000	통화 기호가 왼쪽 정렬, 숫자와 약간 공백 있음
통화 서식	1000	₩1,000	통화 기호가 숫자 바로 앞에 붙음

- **회계 서식**은 보고서를 만들 때 깔끔하게 정리할 수 있어요.
- **통화 서식**은 실생활에서 쉽게 금액을 표시할 수 있어요.

CHAPTER

10 숫자로 만드는 비밀 그림

학습 목표

- 조건부 서식에서 새규칙을 만들 수 있어요.
- 셀 서식을 지정하여 픽셀아트를 만들 수 있어요.

미리 보기 이렇게 만들어 보아요

불러올 파일 : 아기 판다.xlsx 완성된 파일 : 아기 판다_완성.xlsx

① **조건부 서식** : [홈] 탭-[스타일] 그룹 → [조건부 서식]-[새 규칙]-[규칙 유형]을 클릭해요.

② **규칙 관리** : [홈] 탭-[조건부 서식] → [규칙 관리]에서 편집/삭제가 가능해요.

호기심 챗 GPT

픽셀아트는 한 칸, 한 칸 색이 모여서 멋진 그림이 완성돼요!

엑셀에서 셀에 숫자를 입력하면 셀 채우기 색이 변하면서 그림이 나타나는 특별한 방법이 있어요. 비밀은 바로 "조건부 서식"이에요. 조건부 서식을 활용하면 숫자에 따라 셀에 다른 색이 입혀져요. 숫자를 조합해 귀여운 동물, 재미있는 패턴, 멋진 픽셀아트를 만들 수 있어요!

1 조건부 서식으로 셀의 색을 변경해요.

❶ [아기 판다.xlsx] 파일을 실행한 후 [모두 선택( )]을 클릭해요.

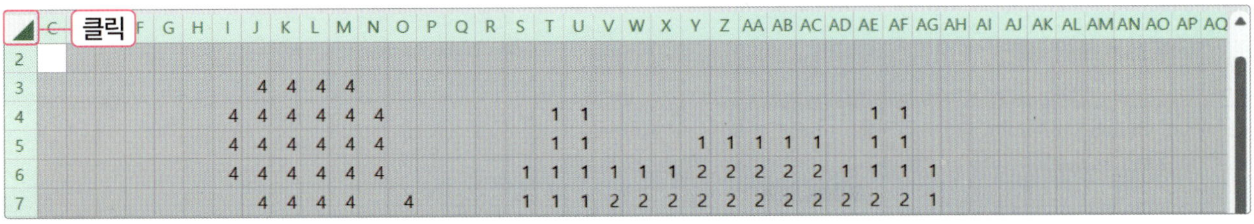

TIP

[모두 선택( )]을 클릭하면 워크시트 전체가 선택되어 한번에 서식을 변경하거나, 모든 데이터를 복사/삭제할 때 편리하게 사용할 수 있어요.

❷ [홈] 탭-[스타일] 그룹에서 [조건부 서식( )]-[새 규칙( )]을 클릭해요.

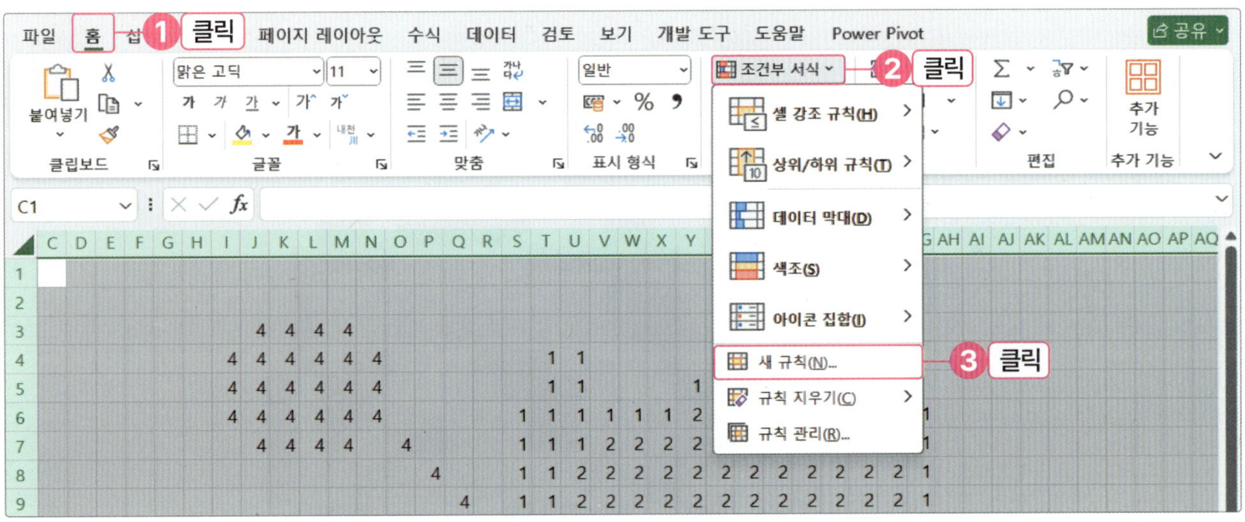

❸ [새 서식 규칙] 대화상자가 나타나면 [다음을 포함하는 셀만 서식 지정]을 선택한 후 [해당 범위]를 클릭한 다음 "="을 선택해요. 조건식 입력란에 숫자 "1"을 입력한 후 [서식]을 클릭해요.

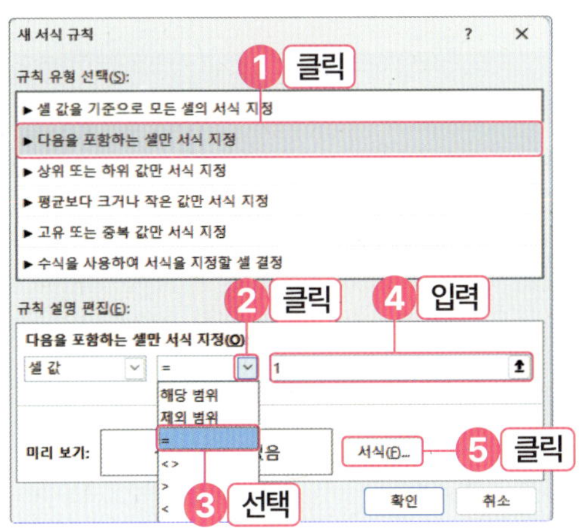

❹ [셀 서식] 대화상자가 나타나면 [글꼴] 탭과 [채우기] 탭에서 서식을 수정한 후 [확인]을 클릭한 다음 [새 서식 규칙] 대화상자의 [확인]을 클릭해요.

※ 셀 값(1) 일 때 [셀 서식]-[글꼴] 색(검정색), [채우기] 배경색(검정색)

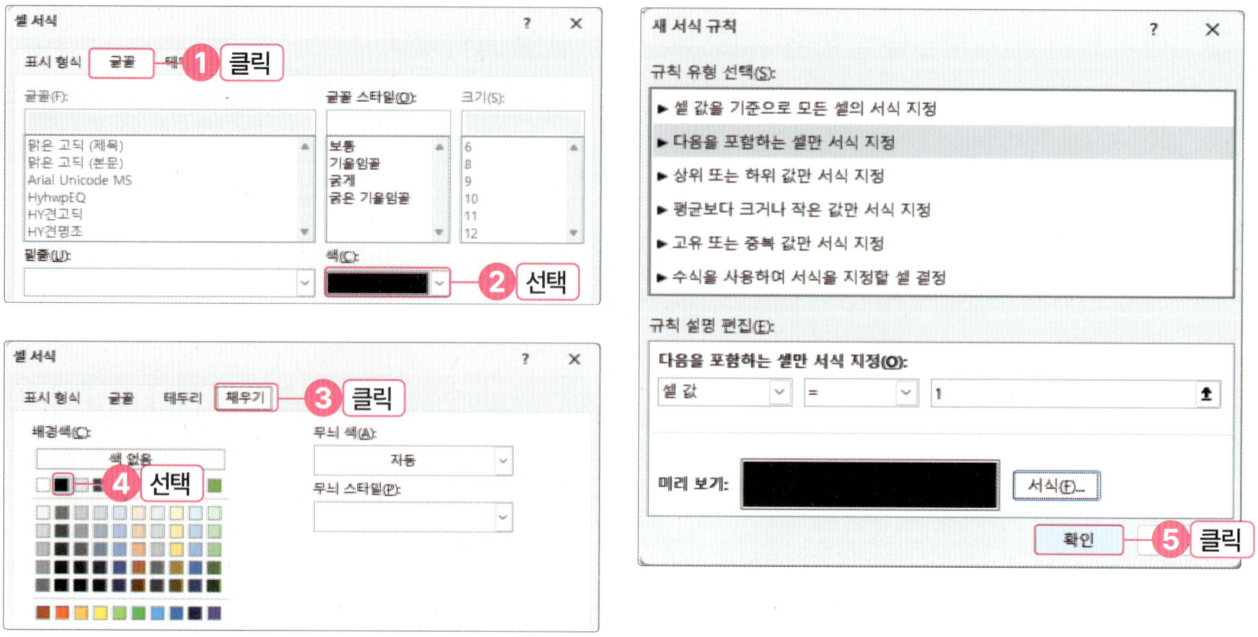

❺ 입력한 조건식에 따라 셀의 색이 변경된 것을 확인할 수 있어요.

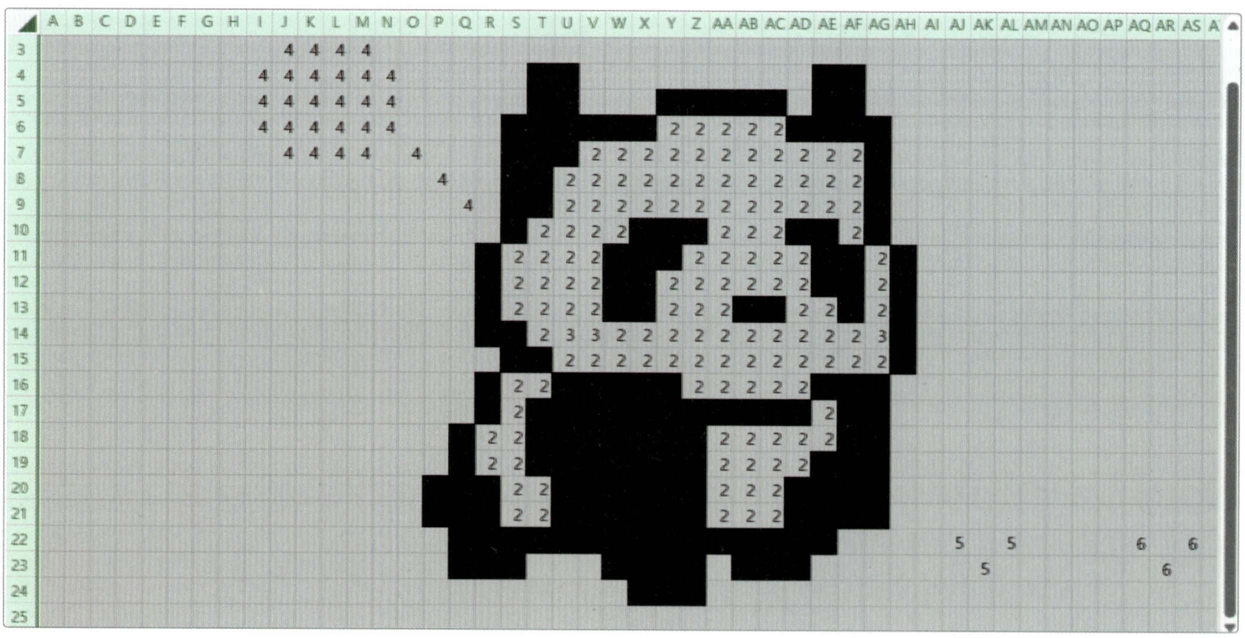

TIP

글꼴 색과 배경 색을 같게 설정하면, 입력한 글자가 보이지 않아 팬더 그림처럼 픽셀 아트 효과를 낼 수 있어요.

❻ 시트 전체를 선택한 후 [조건부 서식(▦)]의 [새 규칙(▦)]-[다음을 포함하는 셀만 서식 지정]을 선택한 다음 아래의 조건을 각각 입력해요.

※ 셀 값(2) 일 때 [셀 서식]-[글꼴] 색(흰색), [채우기] 배경색(흰색)
셀 값(3) 일 때 [셀 서식]-[글꼴] 색(분홍), [채우기] 배경색(분홍)
셀 값(4) 일 때 [셀 서식]-[글꼴] 색(주황), [채우기] 배경색(주황)
셀 값(5) 일 때 [셀 서식]-[글꼴] 색(녹색), [채우기] 배경색(녹색)
셀 값(6) 일 때 [셀 서식]-[글꼴] 색(연한 녹색), [채우기] 배경색(연한 녹색)

알고 넘어가요!

[홈] 탭-[조건부 서식(▦)]의 [규칙 관리]에서 규칙을 확인하고 편집/삭제할 수 있어요.

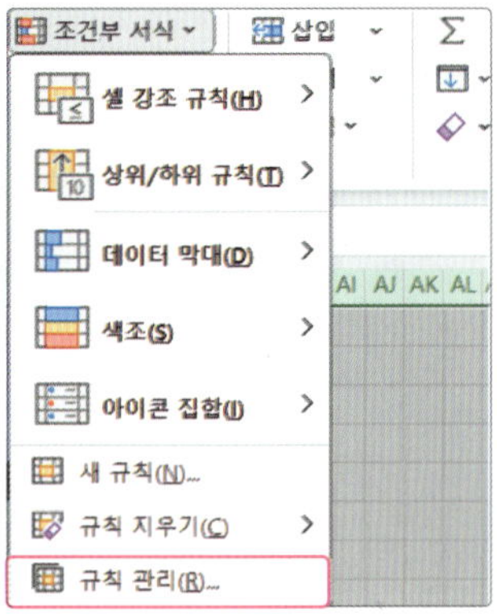

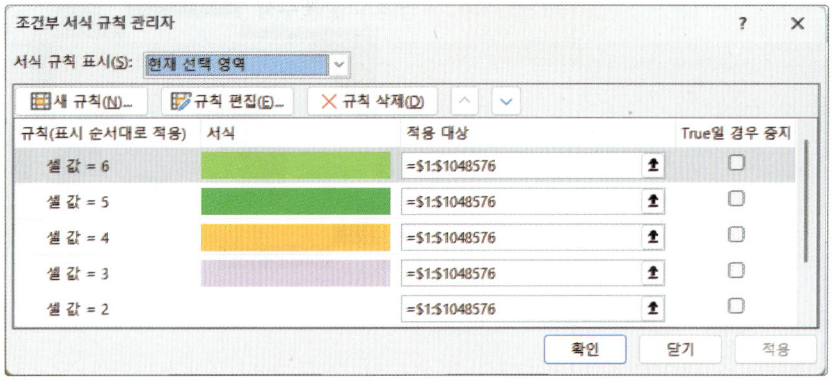

[완성]

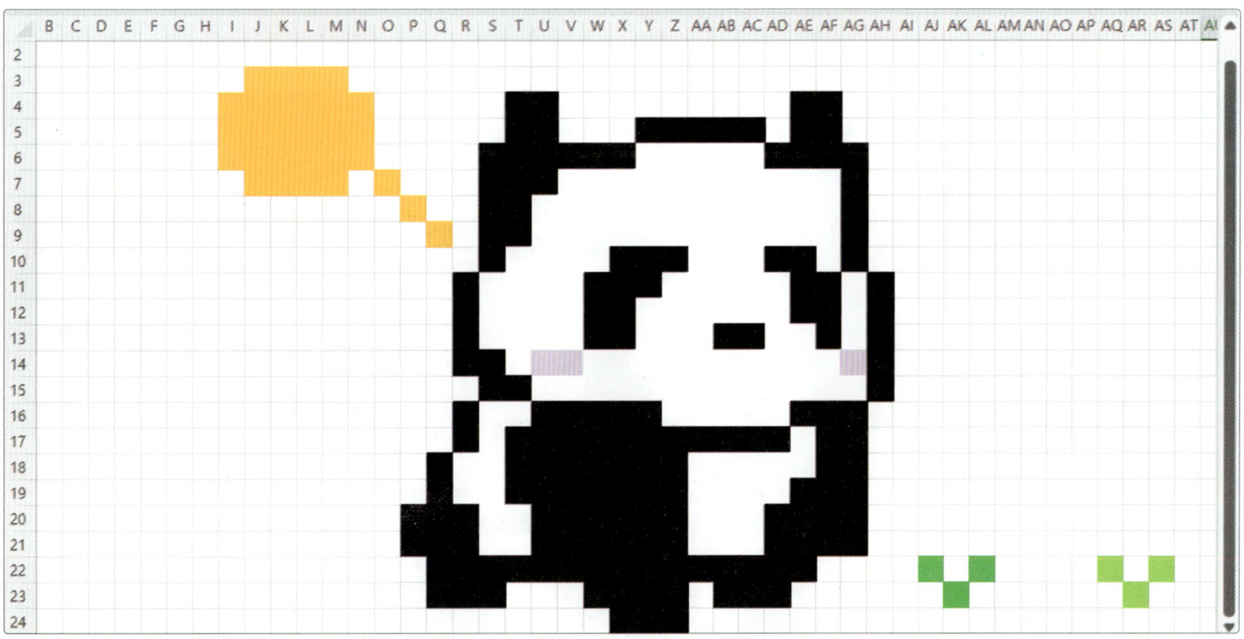

7 [삽입] 탭-[텍스트] 그룹에서 [WordArt( )]-[채우기:검정, 텍스트 색1, 그림자]를 선택한 후 "히힛"을 입력한 다음 글꼴(HY엽서M)과 글꼴 크기(24pt)를 수정해요.

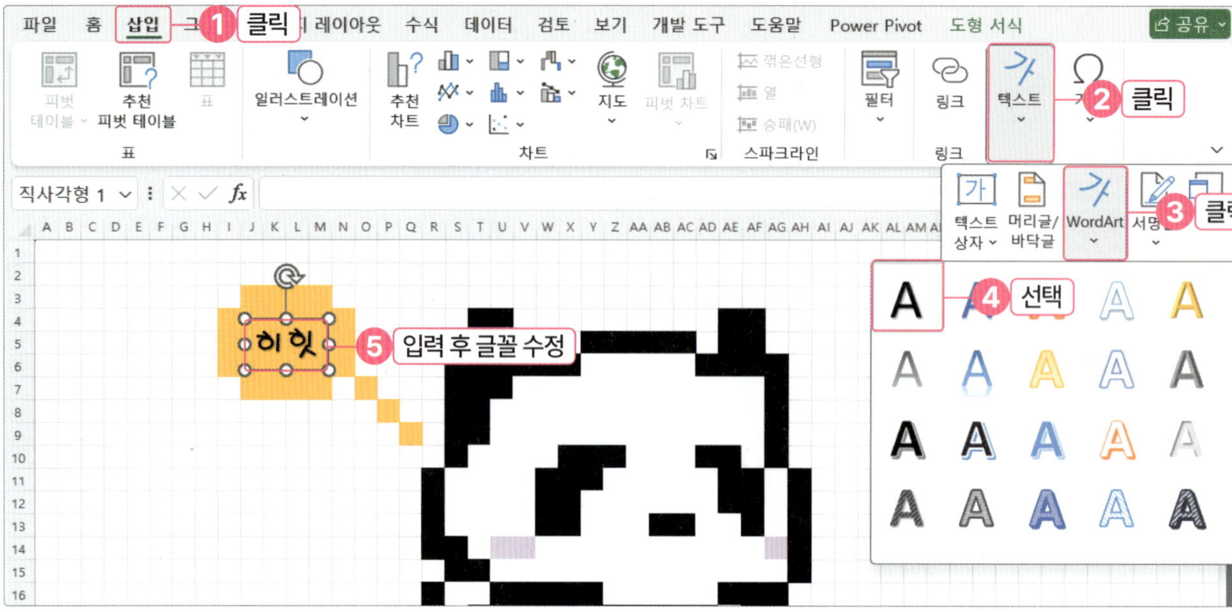

8 [페이지 레이아웃] 탭-[페이지 설정] 그룹에서 [배경( )]을 클릭한 후 [그림 삽입]-[파일에서]를 클릭한 다음 [판다 배경] 그림을 배경으로 삽입해요.

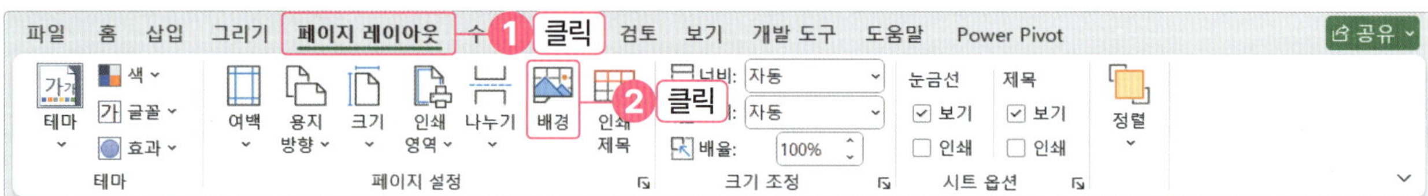

9 [보기] 탭-[표시] 그룹에서 [눈금선]을 클릭하여 체크 표시를 해제해요.

CHAPTER

토톡 학습

10 계산 천재로 가는 길!

01 [판다 얼굴.xlsx] 파일을 실행한 후 조건부 서식으로 그림을 완성해 보아요.

불러올 파일 : 판다 얼굴.xlsx 완성된 파일 : 판다 얼굴_완성.xlsxx

02 다음 중 엑셀의 조건부 서식 기능에 대한 설명으로 올바른 것은?

① 조건부 서식을 사용하면 데이터 값을 변경할 수 있다.

② 조건부 서식은 특정 조건을 만족하는 셀의 서식을 자동으로 변경해 준다.

③ 조건부 서식은 엑셀의 인쇄 설정과 관련된 기능이다.

④ 조건부 서식은 VBA 코드가 있어야만 사용할 수 있다.

CHAPTER 11

마법학교 필터 시험

학습 목표

- 데이터를 정렬하고 자동 필터로 원하는 데이터를 추출할 수 있어요.
- 표 서식을 지정할 수 있어요.

미리 보기 이렇게 만들어 보아요

불러올 파일 : 필터 시험.hwpx 완성된 파일 : 필터 시험_완성.hwpx

③ **데이터 정렬** : [데이터] 탭-[정렬 및 필터] 그룹 → [정렬]을 클릭해요.

② **표 서식** : [홈] 탭-[스타일] 그룹 → [표 서식]-[표 스타일]을 클릭해요.

① **자동 필터** : [데이터] 탭-[정렬 및 필터] 그룹 → [필터]를 클릭해요.

마법학교 학생 명단

이름	학년	마법 속성	애완동물	지팡이 재질	기숙사
루나	2학년	빛	토끼	버드아무	레이븐클로
네빌	3학년	흙	두꺼비	단풍나무	그리핀도르
론	3학년	물	쥐	전나무	그리핀도르
말포이	3학년	어둠	독수리	자작나무	슬리데린
초	3학년	물	올빼미	벚나무	레이븐클로
파킨슨	3학년	어둠	뱀	오크나무	슬리데린
해리	3학년	불	올빼미	호두나무	그리핀도르
헤르미온느	3학년	바람	고양이	포플러나무	그리핀도르
세드릭	4학년	바람	올빼미	밤나무	호플푸프

< 마법 쪽지 시험 >

[미션 1] 특정 학생을 찾아보아요.	정답
1. 불 속성 마법을 쓰는 학생은 누구일까요?	해리
2. 올빼미를 키우는 학생은 몇 명일까요?	3명

[미션 2] 다양한 조건을 동시에 적용해요.	정답
1. 3학년이면서 그리핀도르 학생은 누구일까요?	네빌, 론, 해리, 헤르미온느
2. 물 속성을 가진 학생 중에서 애완동물이 올빼미인 학생은 누구일까요?	초

호기심 챗 GPT

자동 필터는 엑셀에서 필요한 데이터만 쏙쏙 골라 보여주는 마법의 돋보기예요!
반 친구들의 시험 점수를 정리한 표에서 90점 이상인 친구들만 보고 싶을 때 자동 필터를 쓰면 돼요. 숫자, 글자, 색깔 등 원하는 조건을 골라 데이터를 쉽게 정리할 수 있는 똑똑한 도구예요!

1 데이터를 정렬해요.

❶ [필터 시험.xlsx] 파일을 실행한 후 [C4] 셀을 클릭한 다음 [데이터] 탭-[정렬 및 필터] 그룹에서 [텍스트 오름차순 정렬(ㄱ↓ㅎ)]을 클릭해요.

TIP

오름차순과 내림차순

오름차순	문자의 경우 "가,나,다" 순으로, 숫자의 경우 "1,2,3" 순으로 정렬
내림차순	문자의 경우 "다,나,가" 역순으로, 숫자의 경우 "3,2,1" 역순으로 정렬

❷ [C4] 셀을 클릭한 후 [데이터] 탭-[정렬 및 필터] 그룹에서 [정렬()]을 클릭해요. [정렬] 대화상자가 나타나면 [기준 추가]를 클릭한 다음 기준 목록에서 [이름]을 선택하고 [확인]을 클릭해요.

알고 넘어가요!

[내 데이터에 머리글 표시]를 체크하지 않으면 첫 번째 행을 일반 데이터로 인식하여 함께 정렬돼요.

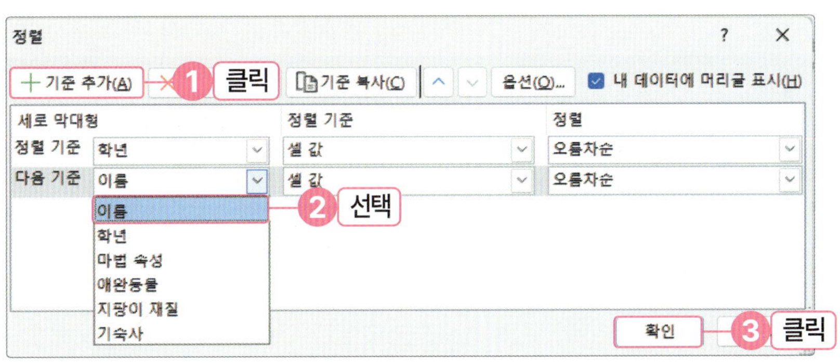

2 필터를 사용하여 원하는 데이터를 표시해요.

❶ 마법 쪽지 시험의 정답을 알아보기 위해 [B4] 셀을 클릭한 후 [데이터] 탭-[정렬 및 필터] 그룹에서 [필터(▽)]를 클릭해요.

❷ [마법 속성] 필드의 [필터 목록(▾)] 단추를 클릭한 후 [모두 선택]을 클릭하여 선택을 모두 해제한 다음 [불] 검색어를 선택하고 [확인]을 클릭해요.

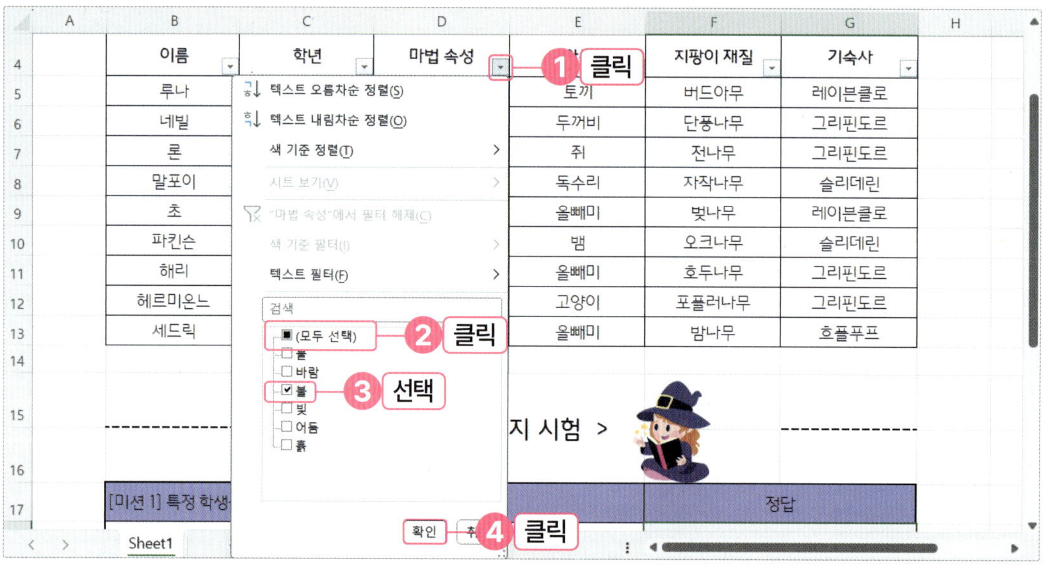

❸ 필터링된 결과 값을 확인한 후 [F18] 셀에 정답(해리)을 입력해요.

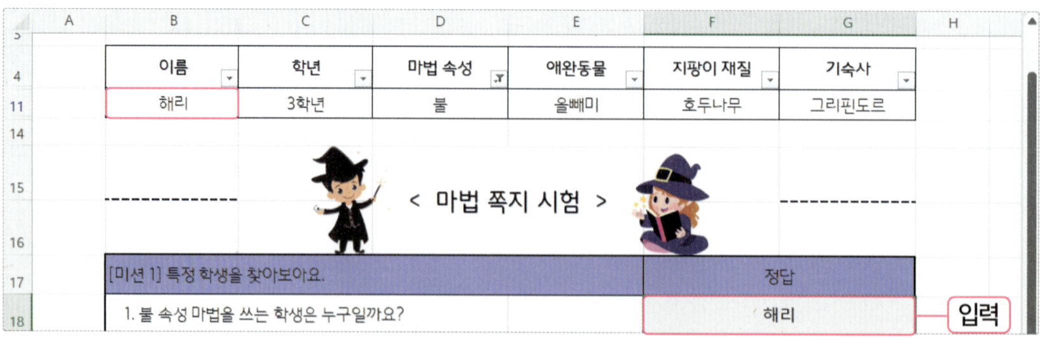

TIP

자동 필터가 설정되면 해당 필드의 [필터 목록 버튼]의 모양(▾)이 변경돼요.

4. 자동 필터된 데이터를 모두 표시하기 위해 [데이터] 탭-[정렬 및 필터] 그룹에서 [지우기]를 클릭해요.

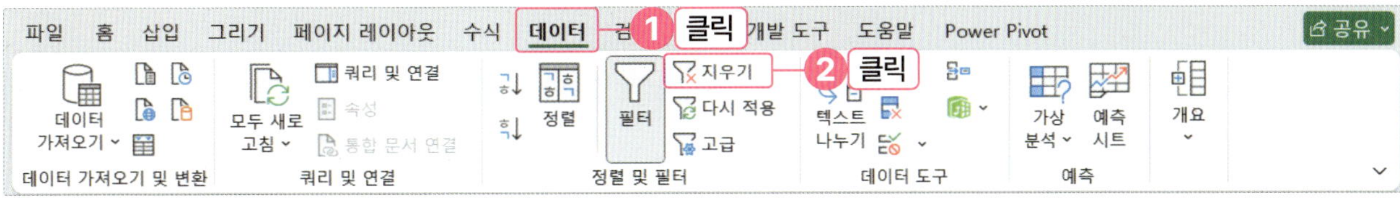

5. [애완동물] 필드에서 '올빼미'를 선택한 후 [F19] 셀에 정답(3명)을 입력해요.

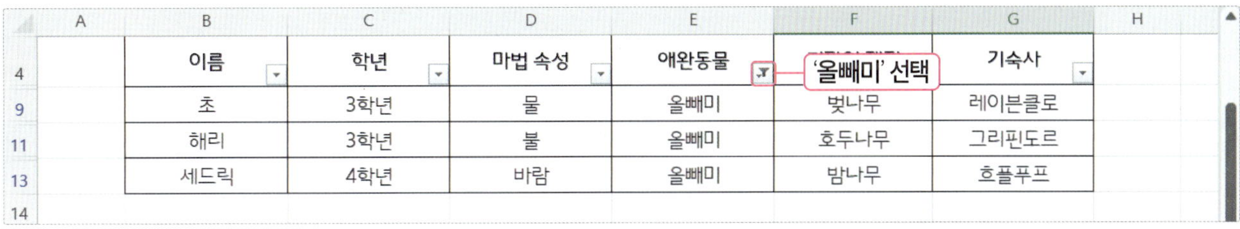

6. [데이터] 탭의 [지우기]를 클릭한 후 [학년] 필드의 '3학년', [기숙사] 필드에서 '그리핀도르'를 선택한 다음 [F22] 셀에 정답(네빌, 론, 해리, 헤르미온느)을 입력해요.

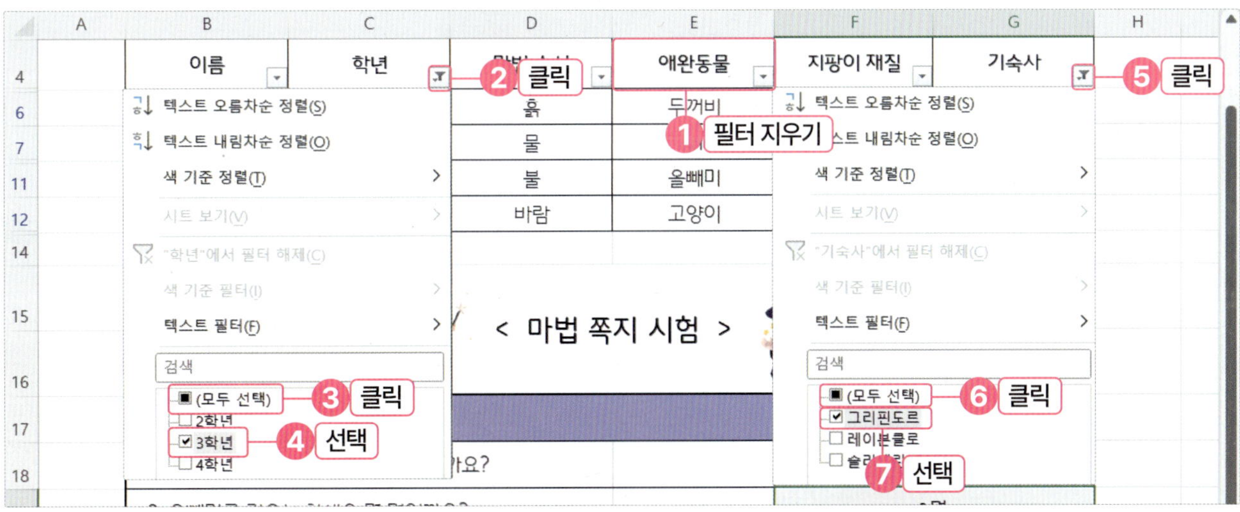

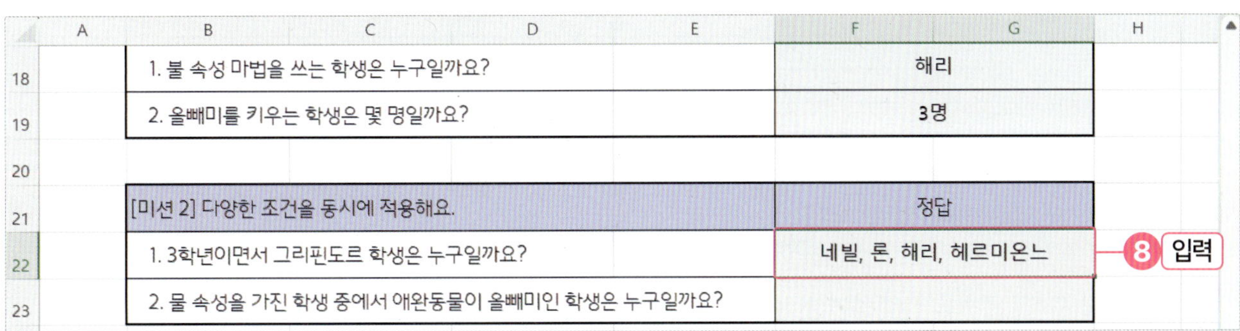

7. 같은 방법으로 [미션2]의 마지막 문제도 필터링 한 후 [F23] 셀에 정답(초)을 입력해요.

3 표 서식을 설정하여 셀을 꾸며요.

❶ 필터링 결과를 모두 해제한 후 [B4] 셀을 클릭한 다음 [홈] 탭-[스타일]그룹에서 [표 서식( )]을 클릭하고 [황금색, 표 스타일 보통5]를 선택해요.

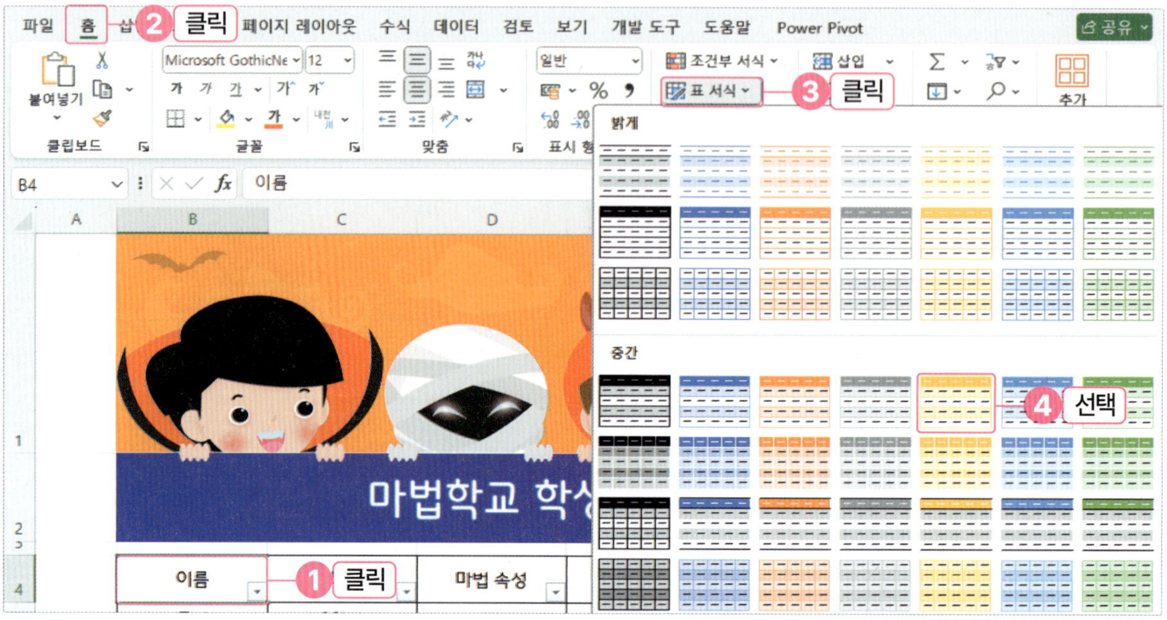

❷ [표 서식] 대화상자가 나타나면 [확인]을 클릭해요.

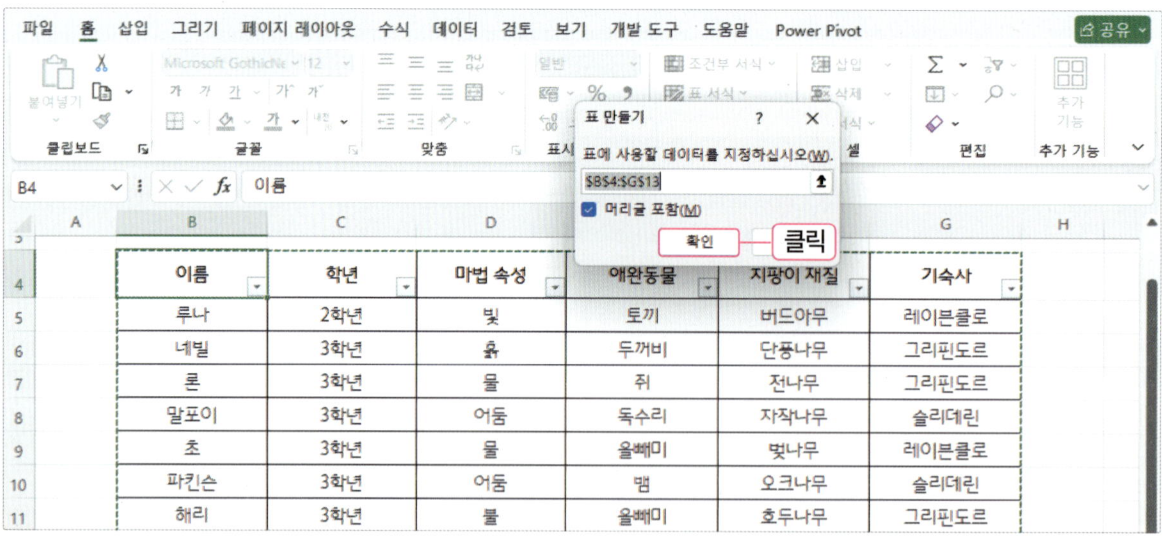

TIP

[머리글 포함] 옵션을 선택하면 첫 번째 행이 표의 머리글로 지정되어 해당 행이 고정돼요.

CHAPTER 11 톡톡 학습 계산 천재로 가는 길!

01 [마무리 학습.xlsx] 파일을 실행한 후 필터를 사용하여 미션의 정답을 입력해 보아요.

※ 표 서식 : 파랑, 표 스타일 보통 2

불러올 파일 : 동물 필터.xlsx 완성된 파일 : 동물 필터_완성.xlsx

이름	종	식성	서식지	몸무게(kg)	키(cm)
사자	포유류	육식	아프리카	190	120
기린	포유류	초식	아프리카	800	500
코끼리	포유류	초식	아시아	5000	300
펭귄	조류	육식	남극	30	70
판다	포유류	초식	중국	100	90
독수리	조류	육식	북아메리카	7	80
캥거루	포유류	초식	호주	85	160

미션1.	
- 이름을 오름차순으로 정렬해 보아요.	
- 아프리카에 사는 동물만 찾아보아요.	사자,기린
- 조류동물을 찾아보아요.	펭권,독수리
미션2.	
- 아프리카에서 사는 초식 동물을 찾아보아요.	기린
- 100kg 이상이고 육식인 동물을 찾아보아요.	사자

02 내림차순 정렬의 설명으로 맞는 것은 무엇일까요?

① 숫자가 가장 작은 값부터 큰 값으로 정렬

② 알파벳 순으로 A부터 Z로 정렬

③ 가장 큰 값 또는 가나다 순의 반대로 정렬

④ 날짜가 가장 오래된 것부터 최신 순으로 정렬

CHAPTER 12

우리동네 미세먼지 변화

학습 목표

- 차트를 삽입하고 차트 디자인을 변경할 수 있어요.

미리 보기 이렇게 만들어 보아요

불러올 파일 : 미세먼지 변화.xlsx 완성된 파일 : 미세먼지 변화_완성.xlsx

① **차트 삽입** : [삽입] 탭-[차트] 그룹 → 차트 종류를 클릭해요.

날짜	미세먼지 농도(㎍/㎥)	초미세먼지 농도(㎍/㎥)	평균 기온(℃)
월요일	57	32	12
화요일	41	29	14
수요일	54	34	15
목요일	76	44	13
금요일	75	58	11
토요일	81	19	10
일요일	93	16	9

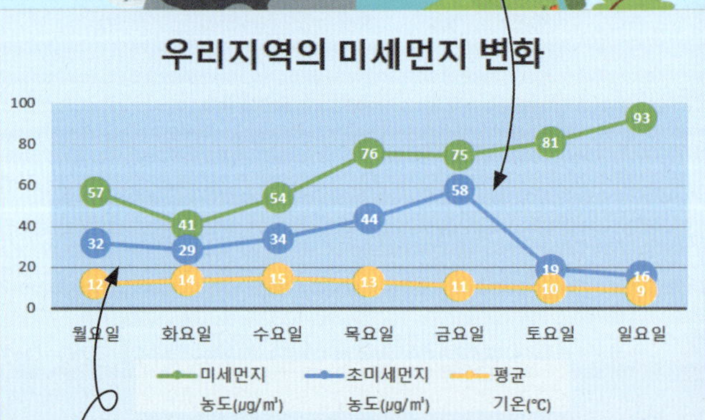

② **차트 디자인** : [차트 디자인] 탭-[차트 스타일] 그룹 → [색 변경]을 클릭해요.

호기심 챗 GPT

미세먼지와 기온, 어떤 관계가 있을까요?

아침과 낮의 기온이 다르듯이 미세먼지도 하루 동안 계속 변해요. 특히 추운 겨울에는 미세먼지가 공기 중에 머물러 있어 농도가 높아질 수 있어요. 반대로 따뜻한 날에는 공기가 위로 움직이며 미세먼지가 퍼지면서 줄어들 수 있어요.

1 데이터를 입력하고 표 스타일을 적용해요.

❶ [미세먼지 변화.xlsx] 파일을 실행한 후 [B4] 셀에 “월요일”을 입력한 다음 [B10] 셀까지 채우기 핸들(+)로 드래그하여 “월요일...일요일”까지 입력해요.

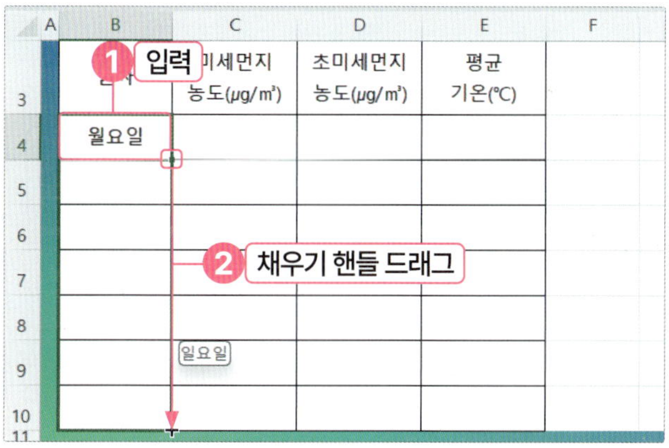

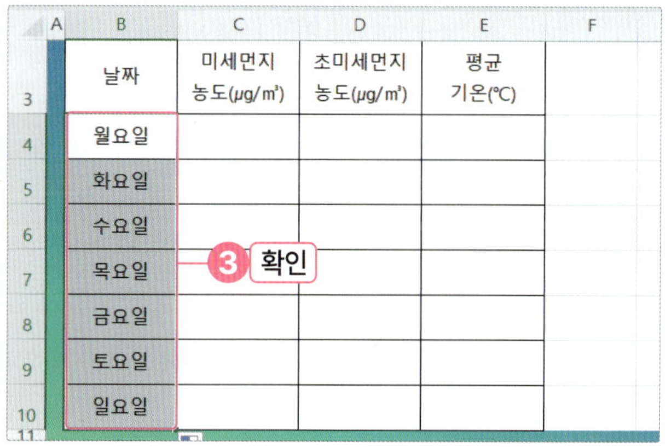

❷ 다음 표를 보고 미세먼지 농도와 초미세먼지 농도, 평균 기온 데이터를 입력해요.

날짜	미세먼지 농도(μg/㎥)	초미세먼지 농도(μg/㎥)	평균 기온(℃)
월요일	57	32	12
화요일	41	29	14
수요일	54	34	15
목요일	76	44	13
금요일	75	58	11
토요일	81	19	10
일요일	93	16	9

입력

❸ [B3:E10] 셀 범위를 선택한 후 [홈] 탭-[스타일] 그룹에서 [표 서식( )]을 클릭한 다음 [흰색, 표 스타일 밝게 18]을 선택해요. [표 만들기] 대화상자가 나타나면 [확인]을 클릭해요.

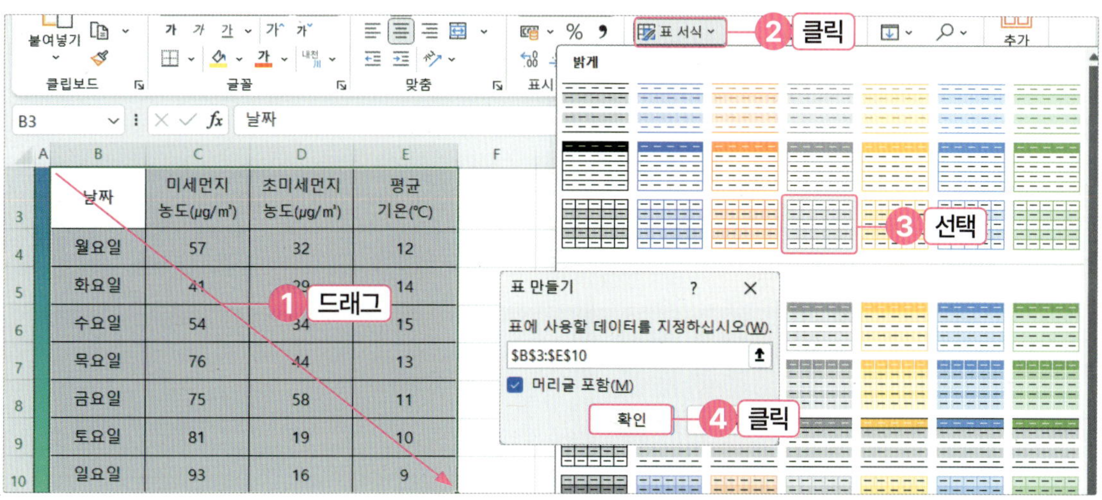

2 차트를 삽입하고 서식을 변경해요.

❶ [B3:E10] 셀 범위를 선택한 후 [삽입] 탭-[차트] 그룹에서 [꺾은선형 또는 영역형 차트 삽입()]을 클릭한 다음 [표식이 있는 꺾은선형]을 선택해요.

TIP

[삽입] 탭-[차트] 그룹-[추천 차트()]를 클릭하면 엑셀이 자동으로 데이터에 적합한 차트 유형을 분석하여 추천해 주는 '추천 차트' 기능으로 빠르게 삽입할 수 있어요.

❷ 차트가 삽입되면 차트 위치와 크기를 조절한 후 [차트 제목]을 클릭한 다음 "우리 지역의 미세먼지 변화"를 입력해요.

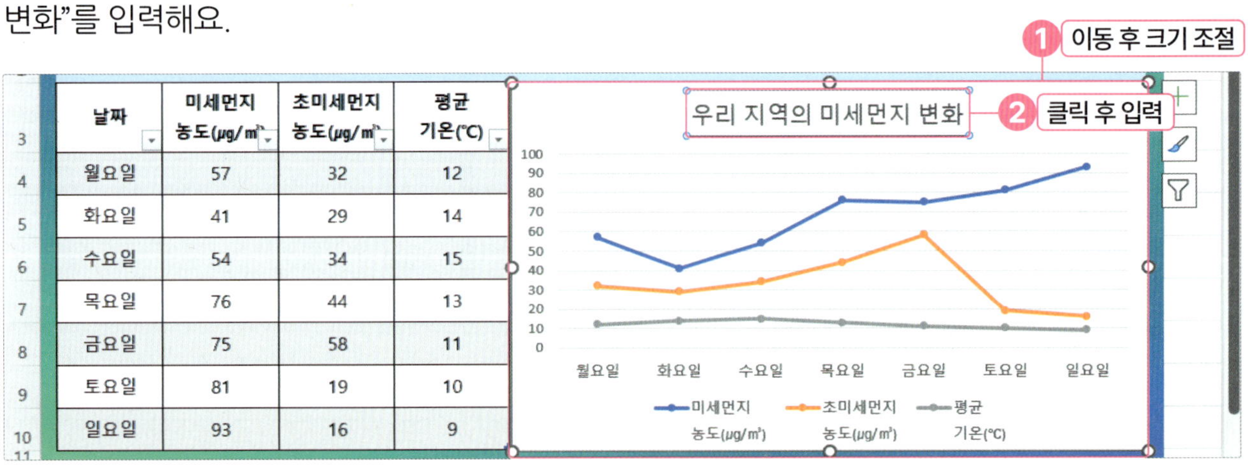

날짜	미세먼지 농도(μg/m³)	초미세먼지 농도(μg/m³)	평균 기온(℃)
월요일	57	32	12
화요일	41	29	14
수요일	54	34	15
목요일	76	44	13
금요일	75	58	11
토요일	81	19	10
일요일	93	16	9

❸ 차트 영역을 클릭한 후 [차트 디자인] 탭-[차트 스타일] 그룹에서 [색 변경()]을 클릭한 다음 [다양한 색상표 4]를 선택해요.

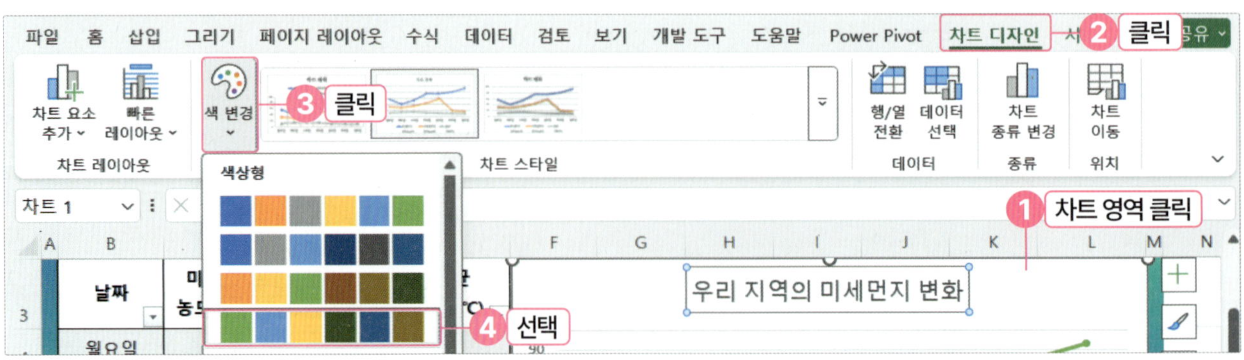

4 차트 스타일을 지정하기 위해 [차트 디자인] 탭-[차트 스타일] 그룹에서 [빠른 스타일()] 버튼을 클릭한 후 [스타일 2]를 선택해요.

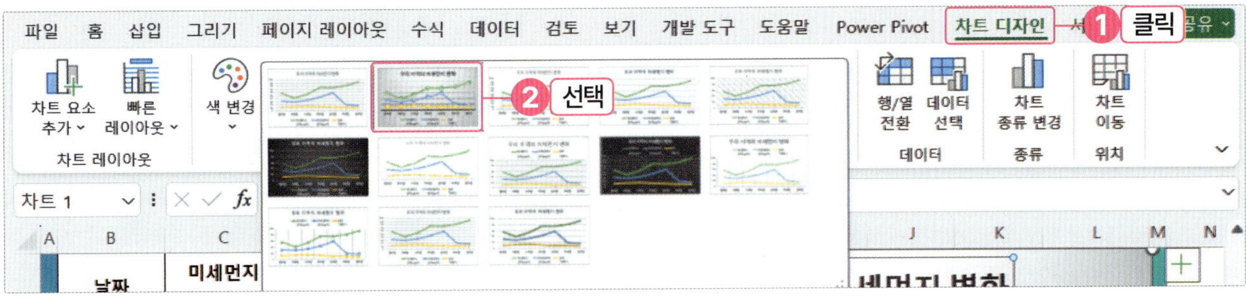

5 [차트 디자인] 탭-[차트 레이아웃] 그룹-[차트 요소 추가()]를 클릭한 후 [축]-[기본 세로]를 선택해요.

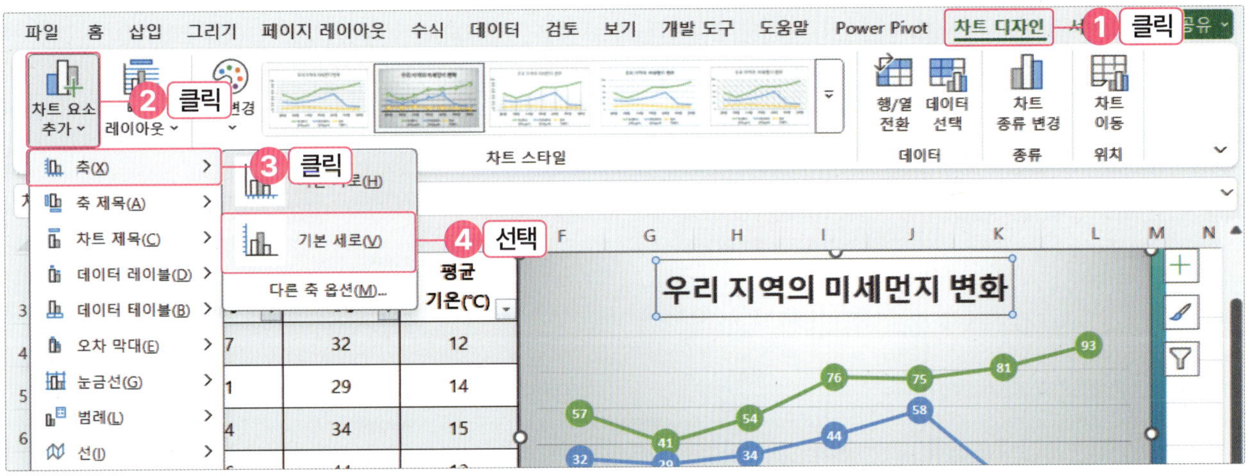

6 [서식] 탭-[도형 스타일] 그룹-[도형 채우기()]를 클릭한 후 [파랑, 강조5, 80% 더 밝게]를 선택해요.

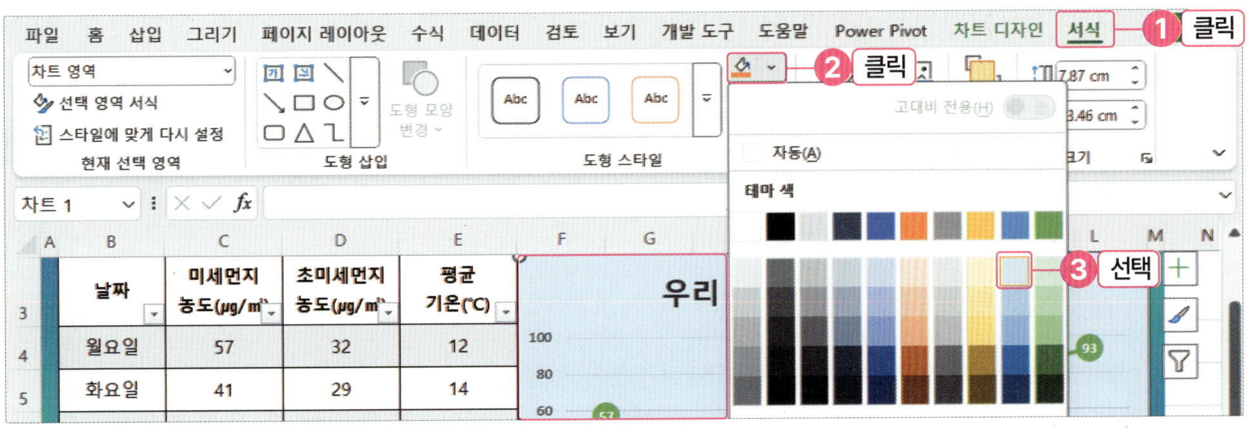

❼ 차트 그림 영역을 클릭한 후 [서식] 탭-[도형 스타일] 그룹-[도형 채우기( )]를 클릭한 다음 [파랑, 강조5, 60% 더 밝게]를 선택해요.

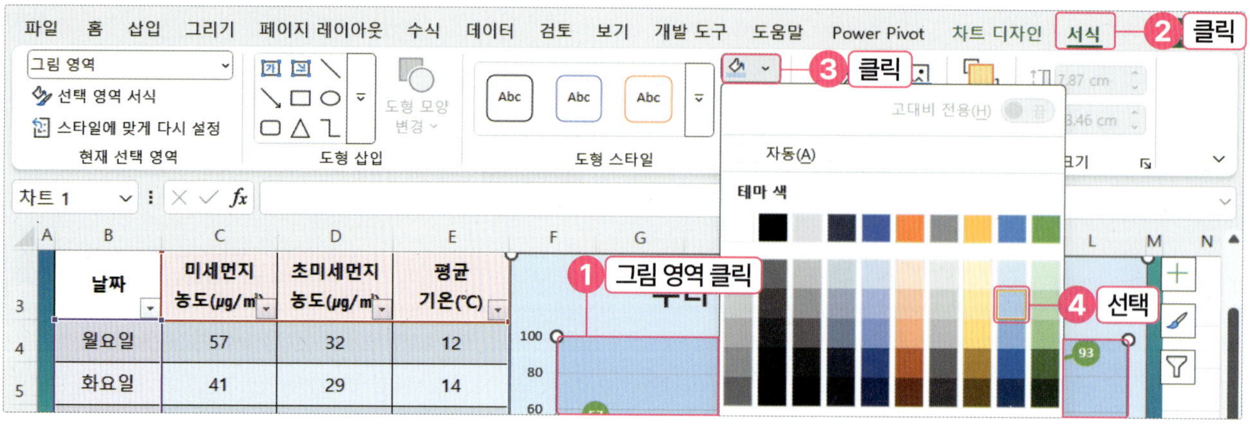

❽ [B2] 셀을 클릭한 후 [삽입] 탭-[일러스트레이션] 그룹에서 [그림( )]-[이 디바이스]를 선택한 다음 [불러올 파일] 폴더에서 [검색 창]과 [지구] 그림을 삽입하고 크기와 위치를 조절해요.

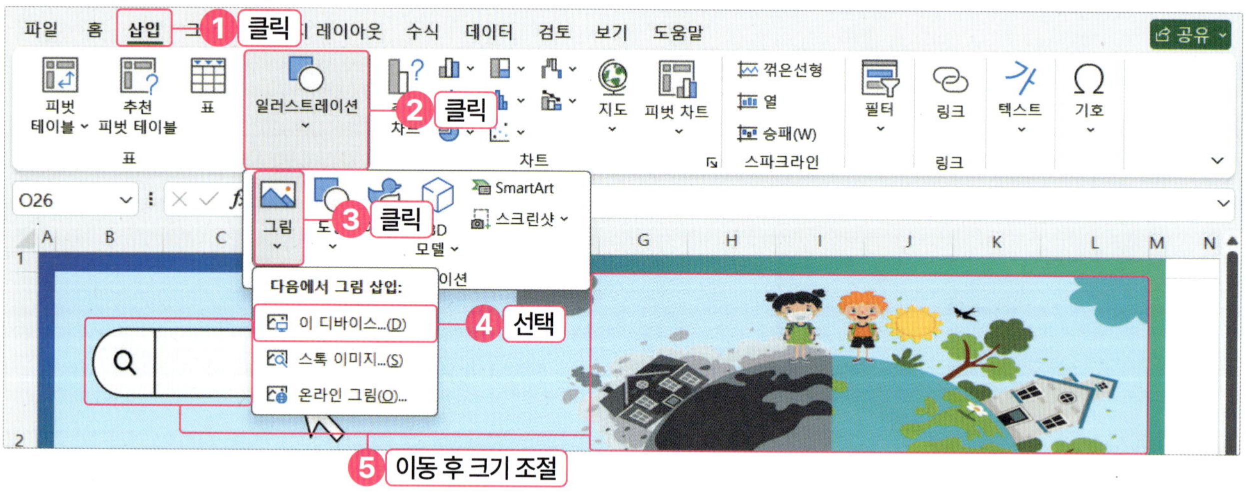

❾ [삽입] 탭-[텍스트]에서 [WordArt( )-채우기: 검정, 텍스트 색 1, 그림자]를 선택한 후 "미세먼지 농도 차트"를 입력한 다음 글꼴 크기(11pt)를 수정하고 위치를 이동해요.

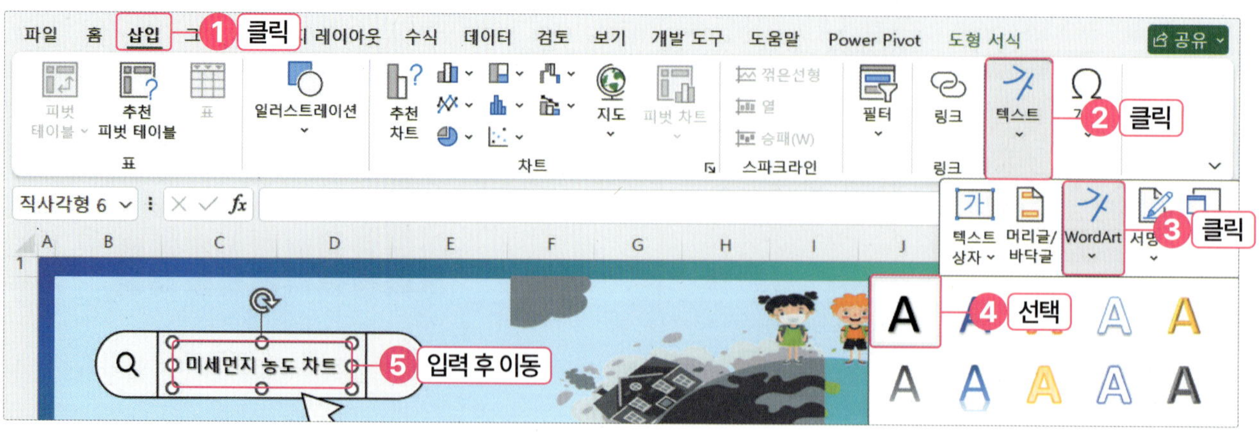

CHAPTER 12 톡톡 학습

계산 천재로 가는 길!

01 [MBTI.xlsx] 파일을 실행한 후 다음과 같이 완성해 보아요.

불러올 파일 : MBTI.xlsx 완성된 파일 : MBTI_완성.xlsx

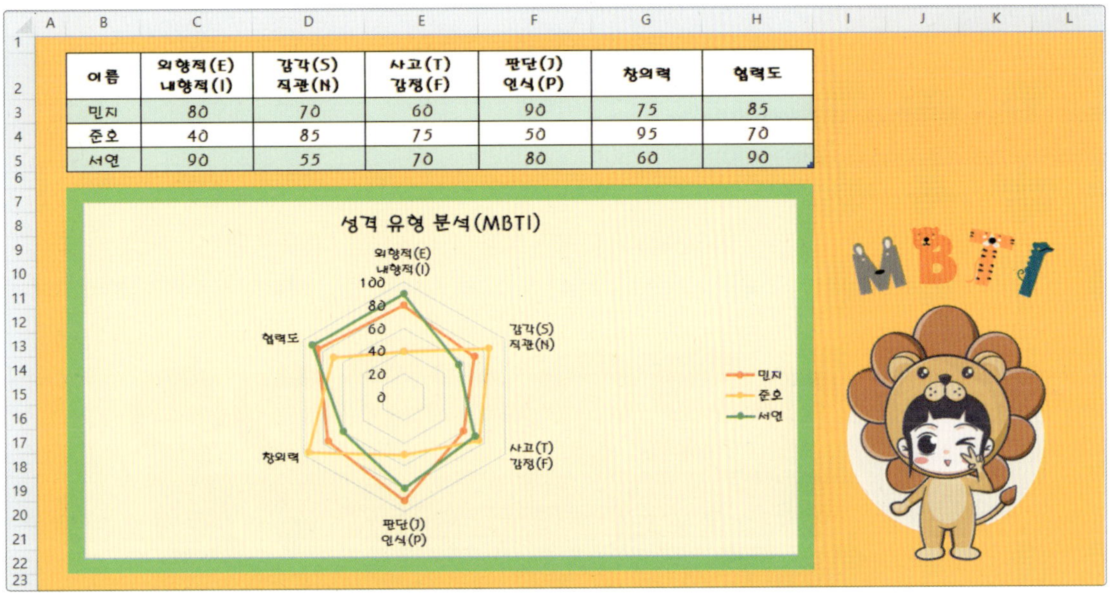

[작성 조건]

① [B2:H5] 셀 범위를 선택한 후 [표 서식( )]에서 [표 스타일]을 선택해요.
- 연한 녹색, 표 스타일 밝게 21

② [B2:H5] 셀 범위를 선택한 후 [삽입] 탭에서 [추천 차트]를 클릭한 다음 [모든 차트] 탭을 클릭해요.

③ [방사형]-[표식이 있는 방사형( )]을 선택해요.

④ [차트 디자인] 탭의 [차트 스타일] 그룹에서 [색 변경( )]을 클릭한 후 [차트 추가 요소( )]-[범례]를 [오른쪽]으로 변경해요.
- 다양한 색상표 3

⑤ 글꼴, 채우기 색, 글꼴 색을 변경해요.
- 글꼴(HY엽서M), 채우기 색(황금색, 강조4, 80% 더 밝게), 글꼴 색(검정, 텍스트1)

CHAPTER 13

우리반 최애 간식 최강전

학습 목표

- SmartArt를 삽입하고 도형을 추가할 수 있어요.
- SmartArt 스타일을 변경할 수 있어요.

미리 보기 이렇게 만들어 보아요

불러올 파일 : 간식 최강전.xlsx　완성된 파일 : 간식 최강전_완성.xlsx

② **SmartArt 디자인 설정** : [SmartArt 디자인] 탭-[SmartArt 스타일] 그룹 → [색 변경], [SmartArt 스타일]을 변경해요.

① **SmartArt 삽입** : [삽입] 탭-[일러스트레이션] 그룹 → [SmartArt]를 클릭해요.

호기심 챗 GPT

스마트 아트는 글자나 숫자를 멋진 그림이나 도형으로 변환해주는 특별한 도구예요.
다양한 스타일과 색상을 제공하여 별도의 디지안 없이 깔끔한 그래픽을 만들 수 있고, 간단한 클릭으로 레이아웃 변경이 가능해요. 표나 텍스트보다 스마트 아트를 활용하면 복잡한 내용도 한눈에 이해하기 쉽고, 재미있는 그림처럼 보일 수 있어요.

1 SmartArt를 삽입하고 도형을 추가해요.

❶ [간식 최강전.xlsx] 파일을 실행한 후 [삽입] 탭-[일러스트레이션] 그룹에서 [SmartArt( )]를 클릭해요. [SmartArt 그래픽 선택] 대화상자가 나타나면 [그림]-[원형 그림 계층 구조형]을 선택한 후 [확인]을 클릭해요.

❷ 도형을 추가하기 위해 마지막 도형을 클릭한 후 [SmartArt 디자인] 탭-[그래픽 만들기] 그룹에서 [도형 추가( )]를 클릭해요.

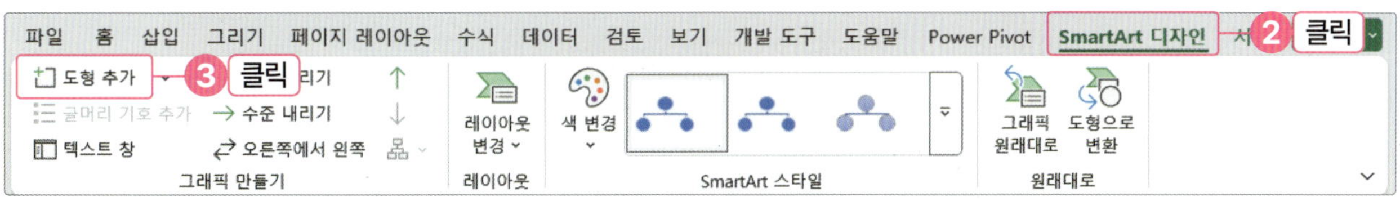

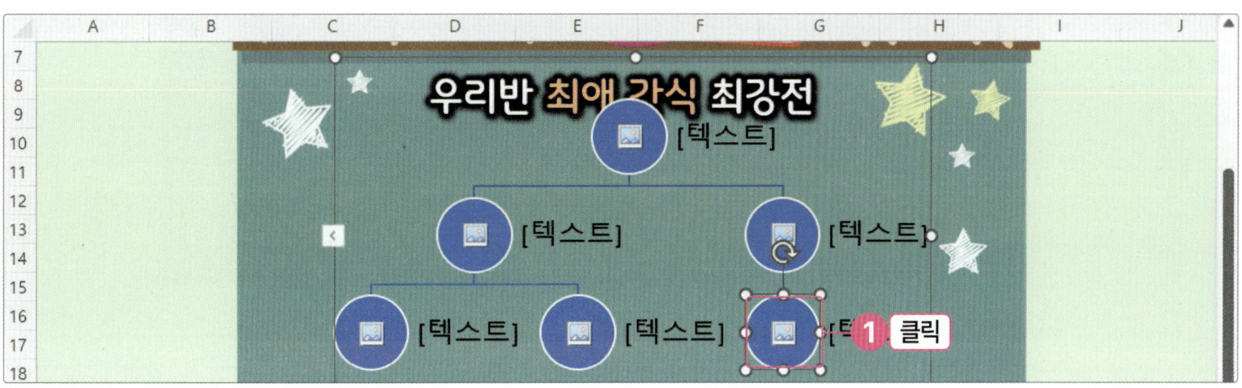

3. SmartArt 크기와 위치를 조절한 후 다음과 같이 텍스트를 입력해요.

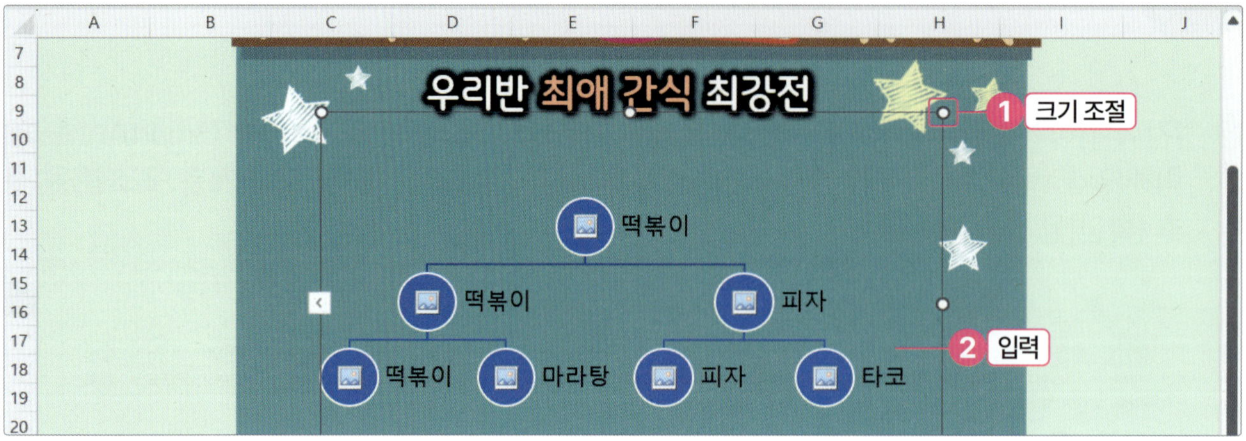

알고 넘어가요!

텍스트 상자가 보이지 않을 때

SmartArt 왼쪽의 [텍스트 창(<)]을 클릭하거나 [SmartArt 디자인] 탭-[그래픽 만들기] 그룹에서 [텍스트 창]을 클릭한 후 텍스트를 입력 또는 수정할 수 있어요.

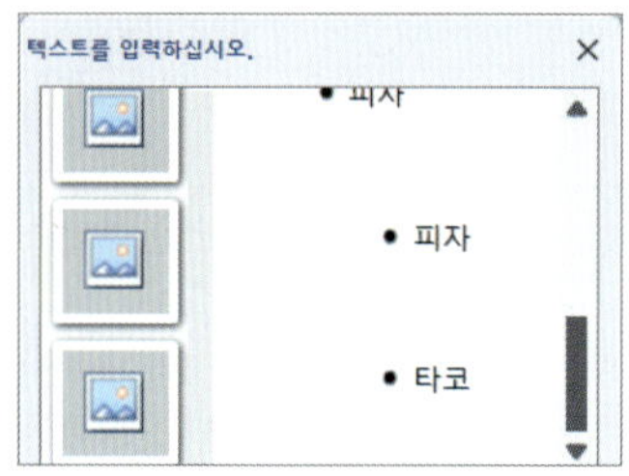

4. SmartArt 테두리를 클릭한 후 글꼴(한컴 말랑말랑 Bold)과 글꼴 크기(12pt)를 수정해요.

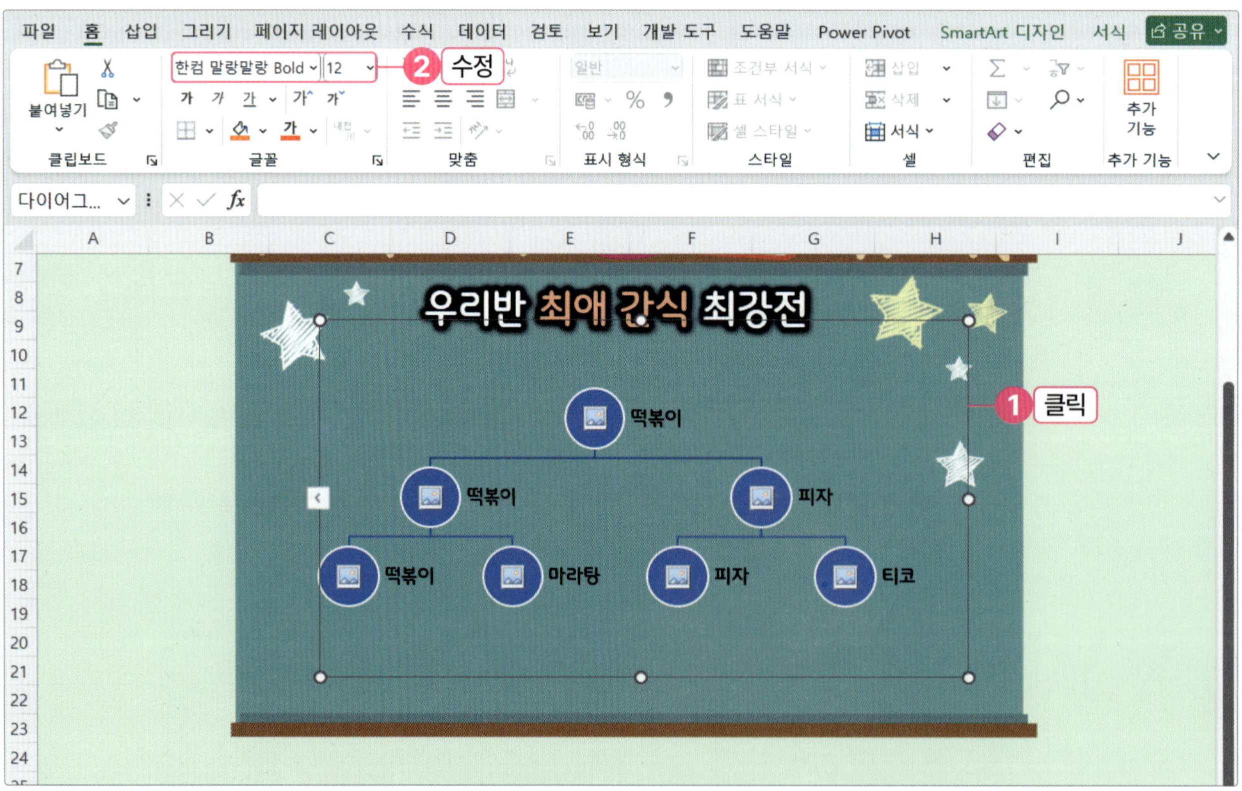

2 SmartArt 스타일을 변경하고 그림을 삽입해요.

❶ [SmartArt 디자인] 탭-[SmartArt 스타일] 그룹-[색 변경( )]-[기본 테마 색-어두운 색 1 윤곽선]을 클릭해요.

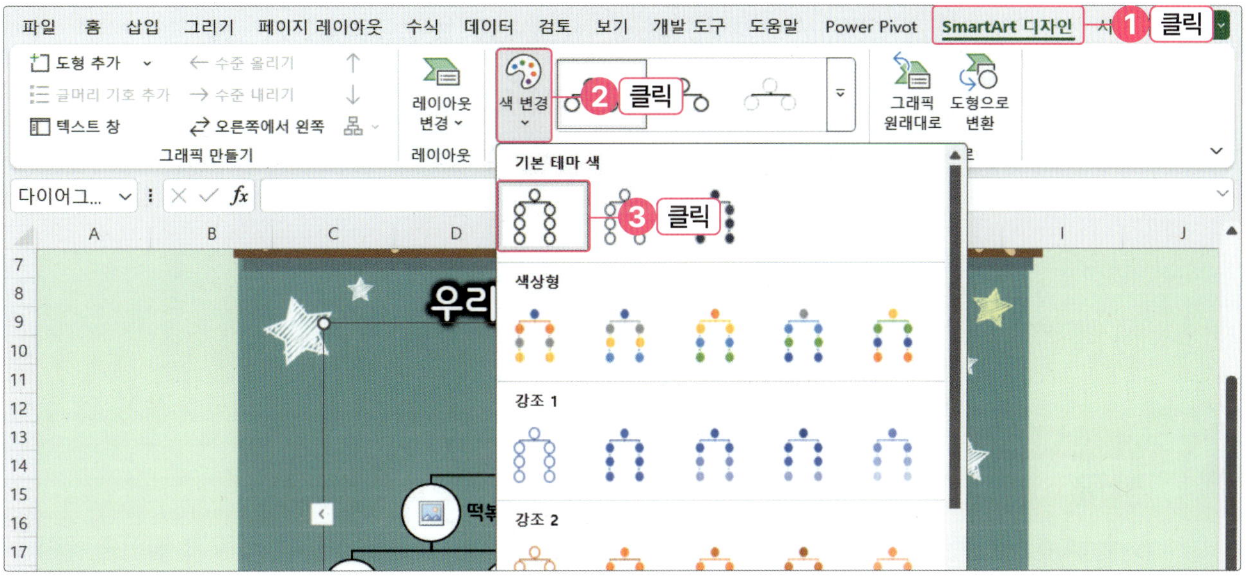

❷ SmartArt 도형에 그림을 삽입하기 위해 첫 번째 도형의 그림 아이콘( )을 클릭한 후 [그림 삽입] 대화상자가 나타나면 [파일에서]-[13차시]-[불러올 파일]-[이미지] 폴더에서 [떡볶이-1] 그림을 선택한 다음 [삽입]을 클릭해요.

③ 같은 방법으로 그림과 같이 SmartArt 도형에 그림을 삽입해요.

알고 넘어가요!

그림 바꾸기

SmartArt에 삽입된 그림을 변경하기 위해 [그림 서식] 탭-[조정] 그룹에서 [그림 바꾸기()]를 클릭하여 수정할 수 있어요.

④ [삽입] 탭-[일러스트레이션] 그룹에서 [그림()]-[이 디바이스]를 클릭한 후 [13차시]-[불러올 파일]-[이미지] 폴더에서 [왕관], [VS], [별] 그림을 삽입한 다음 크기와 위치를 수정해요.

CHAPTER 13

톡톡 학습

계산 천재로 가는 길!

01 [음식 피라미드.xlsx] 파일을 실행한 후 SmartArt를 삽입한 다음 조건에 따라 문서를 완성해 보아요.

- SmartArt 종류 : [피라미드형]-[기본 피라미드 형]
- SmartArt 색 변경 : [색상형 범위]-[강조색 5 또는 6]
- SmartArt 스타일 효과 : [3차원]-[경사]

불러올 파일 : 음식 피라미드.xlsx　완성된 파일 : 음식 피라미드_완성.xlsx

02 SmartArt 메뉴와 기능에 대해 O, X 퀴즈로 확인해 보아요.

① SmartArt에는 다양한 도형과 아이콘이 포함되어 있다. (O / X)

② [디자인] 탭에서는 SmartArt의 색상을 변경할 수 있다. (O / X)

③ SmartArt의 레이아웃을 쉽게 변경할 수 있다. (O / X)

④ SmartArt에서 텍스트를 추가하기 위해서는 [삽입] 탭을 다시 클릭해야 한다. (O / X)

CHAPTER 14

배달 영수증 속 수식 찾기

학습 목표

- 수식으로 금액을 계산할 수 있어요.
- WordArt를 삽입하고 변환할 수 있어요.

미리 보기 이렇게 만들어 보아요

불러올 파일 : 수식 찾기.xlsx 완성된 파일 : 수식 찾기_완성.xlsx

② **WordArt 변환** : [도형 서식] 탭-[WordArt 스타일] 그룹 → [텍스트 효과]-[변환]을 클릭해요.

『피자의 달인』 배달주문이 완료되었습니다.

주문 내역

메뉴	단가	주문 개수	총 가격
콤비네이션피자®	18,000	1	18,000
리뷰 서비스(+토핑 듬뿍)	-	1	0
고구마 무스(+엣지 추가)	4,000	1	4,000
치즈 듬뿍 치즈볼(6개)	6,000	2	12,000
갈릭디핑소스(15g)	400	2	800
피클	900	3	2,700
코카콜라(제로)1.25L	2,500	1	2,500
총 주문금액			40,000
첫 주문 할인(10%)			-4,000
배달팁			2,000
깜짝 할인쿠폰			-3,000
결제예정금액			₩ 35,000

① **자동 계산** : 계산할 셀 범위 선택 → [홈] 탭-[편집] 그룹 → [자동 합계] 클릭 후 원하는 수식을 선택해요.

호기심 챗 GPT

엑셀에서는 숫자를 직접 계산하지 않고, 수식을 이용해 빠르고 정확하게 계산할 수 있어요.
엑셀 수식의 가장 큰 장점 중 하나는 숫자가 바뀌어도 자동으로 계산이 업데이트 된다는 점이에요! 수식과 연결된 셀의 값이 바뀌면 즉시 새로운 결과를 보여줘요!

1 수식으로 금액을 계산해요.

❶ [수식 찾기.xlsx] 파일을 실행한 후 [단가]와 [주문 개수]를 다음과 같이 입력해요.

❷ [C7:E18] 셀 범위를 선택한 후 [홈] 탭-[표시 형식] 그룹에서 [쉼표 스타일(,)]을 클릭한 다음 글꼴(Microsoft 고딕Neo)을 선택해요.

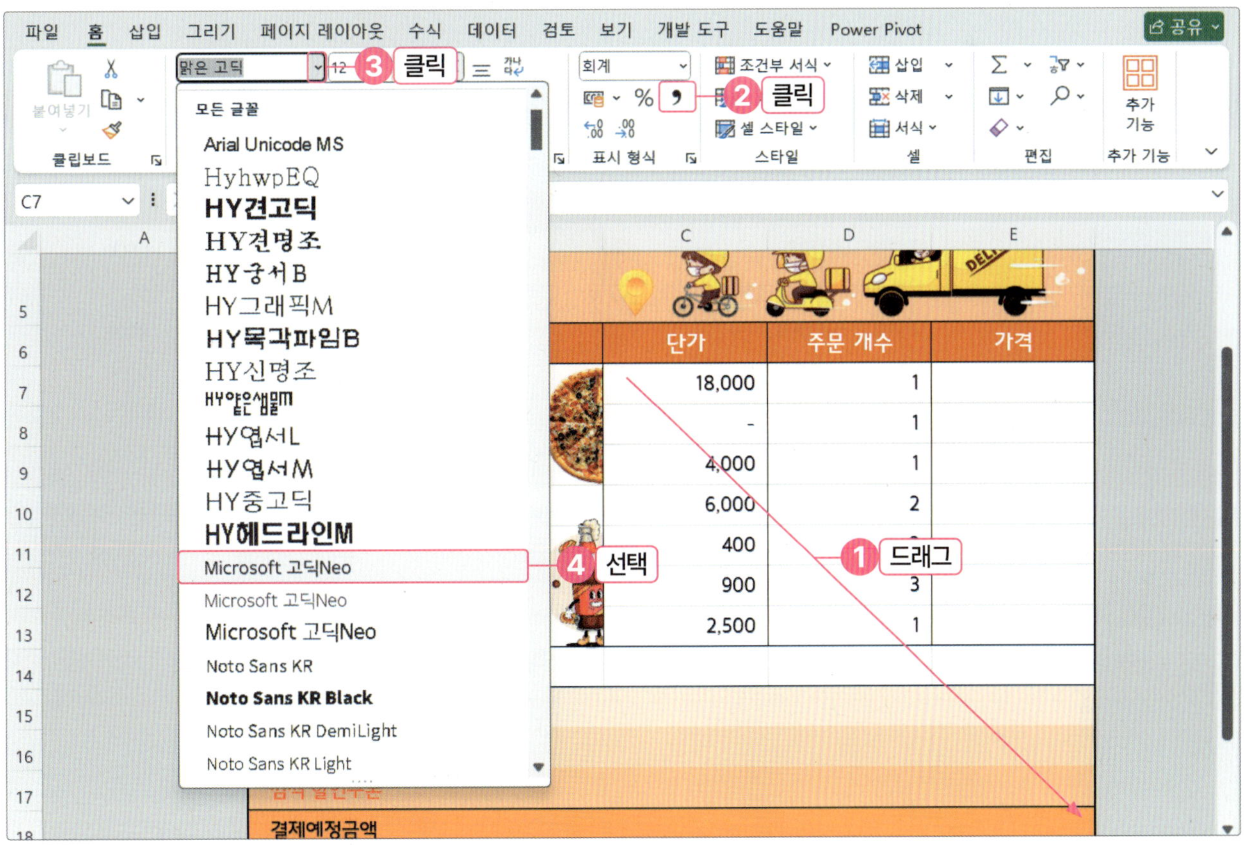

③ [가격]을 구하기 위해 [E7] 셀에 "=C7*D7"을 입력한 후 Enter를 눌러요.

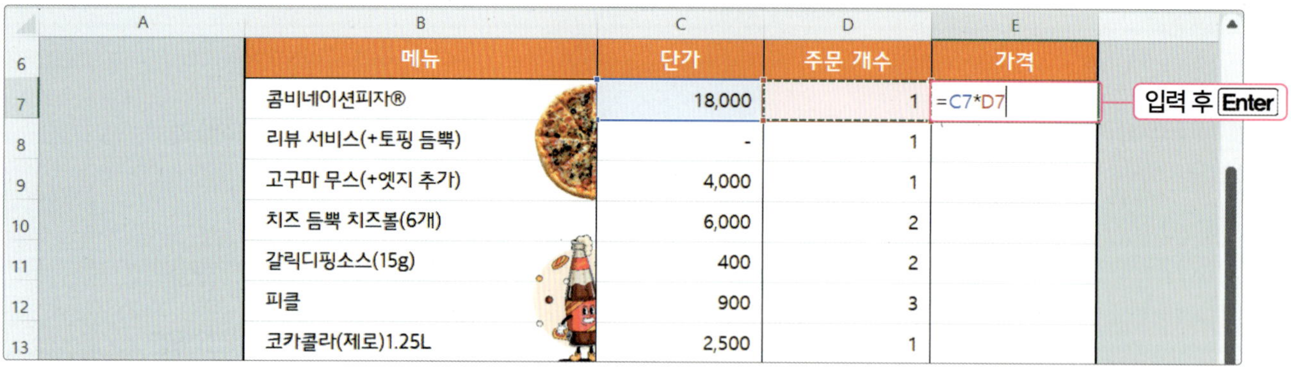

TIP

엑셀에서 수식을 만들 때 셀 주소를 직접 입력하거나, 원하는 셀을 클릭하여 값을 계산할 수 있어요.

알고 넘어가요!

산술 연산자

엑셀 2021의 수식 연산자 중 산술 연산자는 기본적인 수학 연산을 수행하는 기호예요.

연산자	+	-	*	/	^	( )
기능	더하기 (덧셈)	빼기 (뺄셈)	곱하기 (곱셈)	나누기 (나눗셈)	거듭제곱 (제곱)	괄호
예제	=5+3	=10-4	=7*2	=9/3	=2^3	=(2+3)*4

④ 수식이 입력된 [E7] 셀을 클릭한 후 채우기 핸들(+)로 [E13] 셀까지 드래그하여 수식을 복사해요.

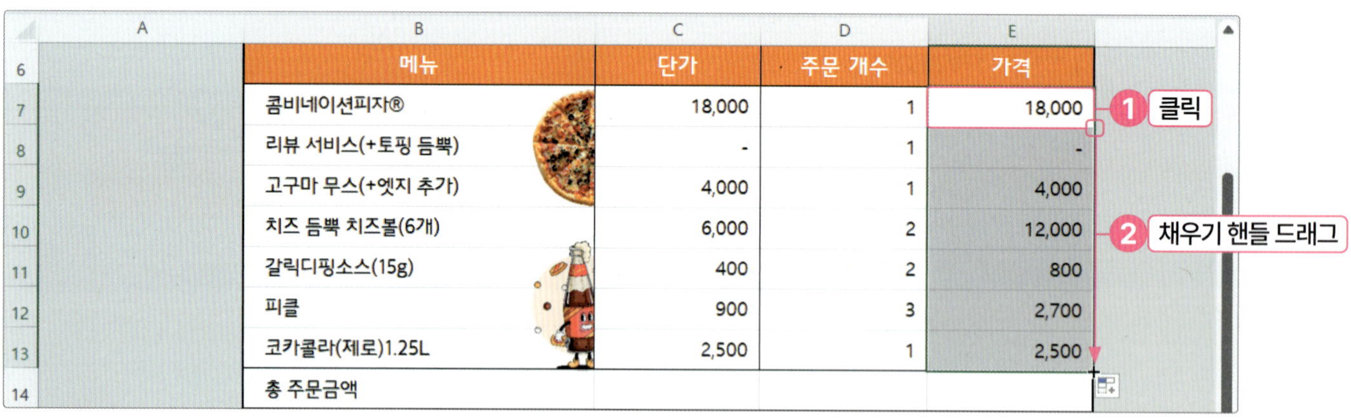

TIP

수식을 입력하면 셀에는 계산된 값이 표시되고, 수식 입력줄에는 입력한 수식이 나타나요.

❺ [E7:E13] 셀 범위를 선택한 후 [홈] 탭-[편집] 그룹에서 [자동 합계(Σ)]를 클릭해요.

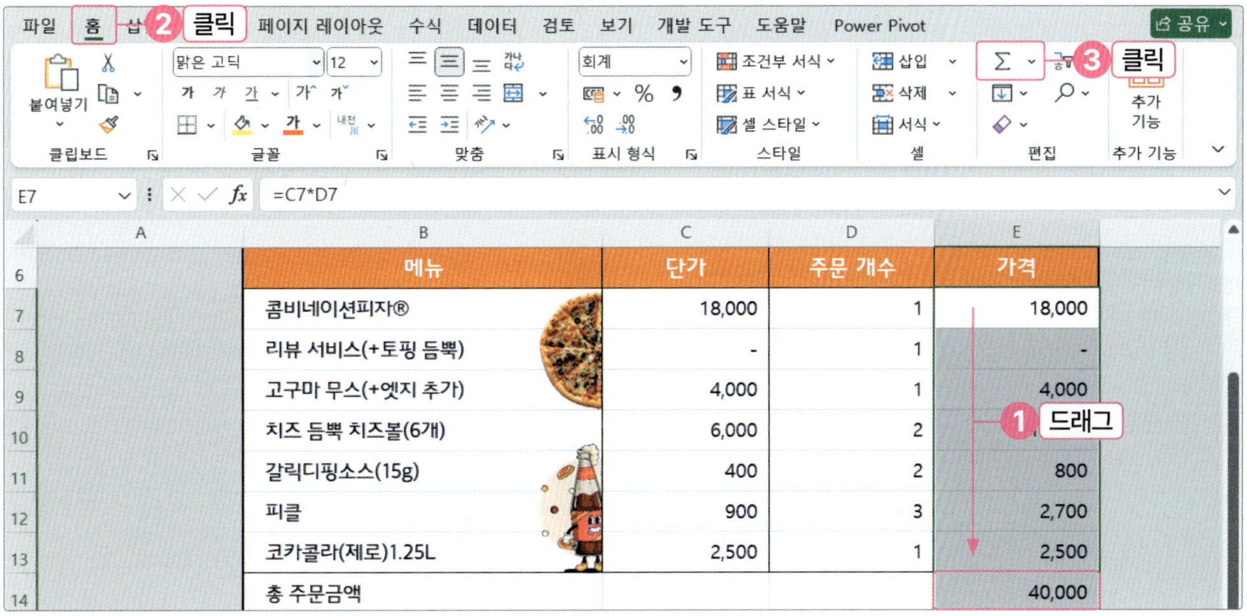

❻ [첫 주문 할인] 금액을 구하기 위해 [E15] 셀에 "=E14*-10%"를 입력한 후 Enter를 눌러요.

❼ [E16] 셀에 "2000", [E17] 셀에 "-3000"을 입력한 후 [E14:E17] 셀 범위를 선택한 다음 [홈] 탭 -[편집] 그룹에서 [자동 합계(Σ)]를 클릭하여 [결제예정금액]을 구해요.

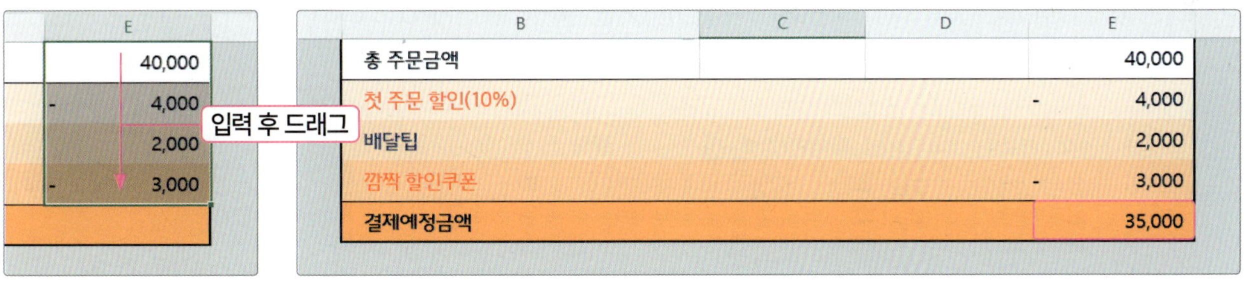

❽ [E18] 셀을 클릭한 후 [홈] 탭-[표시 형식] 그룹에서 [회계 표시 형식()]을 클릭해요.

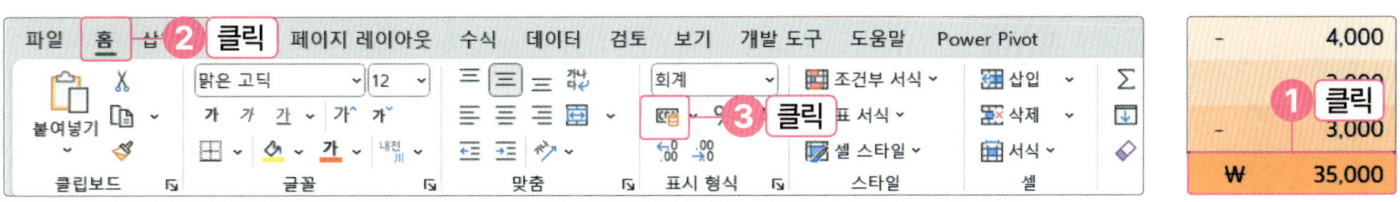

2 WordArt를 삽입하고 변환해요.

❶ [삽입] 탭-[일러스트레이션] 그룹에서 [그림( )]-[이 디바이스]를 클릭한 후 [14차시]-[불러올 파일] 폴더에서 [배달] 그림을 삽입한 다음 [F13:F18] 영역에 맞게 크기와 위치를 수정해요.

❷ [삽입] 탭-[텍스트] 그룹에서 [WordArt( )]를 클릭한 후 [채우기: 검정, 텍스트 색 1, 그림자]를 선택한 다음 "열심히 달려 가겠습니다!"를 입력하고 글꼴(휴먼매직체)을 수정해요.

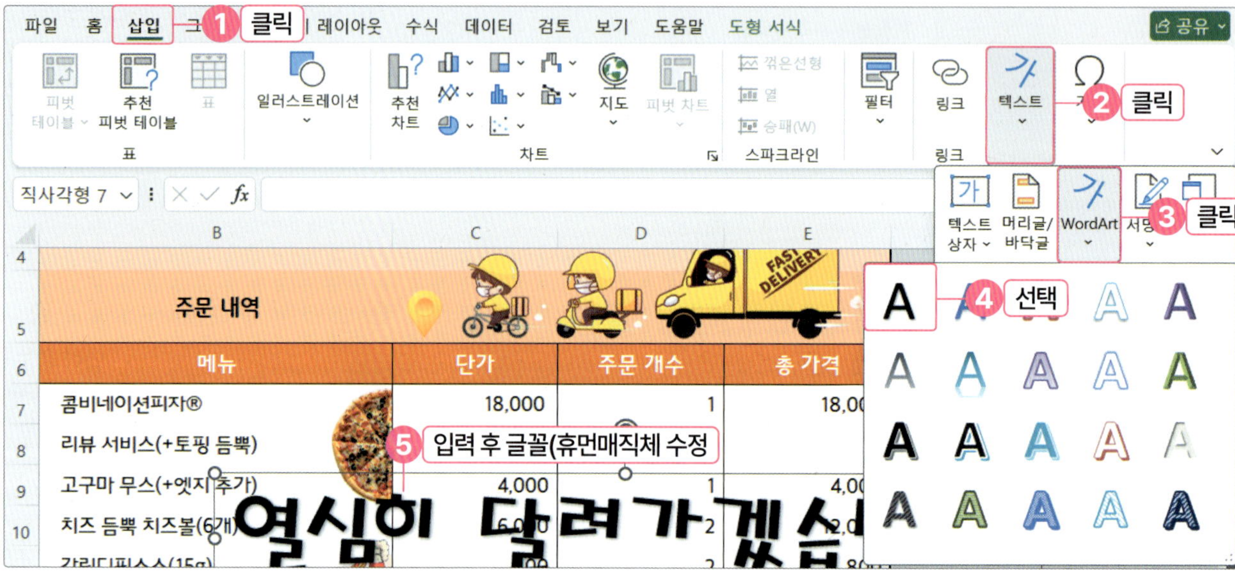

❸ [도형 서식] 탭-[WordArt 스타일] 그룹-[텍스트 효과( )]에서 [변환]-[원호]를 클릭한 다음 크기와 위치를 수정해요.

CHAPTER 14

톡톡 학습

계산 천재로 가는 길!

01 [정산하기.xlsx] 파일을 실행한 후 수식을 이용해 합계와 개인별 정산 금액을 계산해 보아요.

- 1인당 사용한 금액 : =합계 / 3 (인원 수)

불러올 파일 : 정산하기.hwpx　완성된 파일 : 정산하기_완성.hwpx

친구들과 정산하기			
목록	단가	수량	금액
박물관 입장료	9,000	3	27,000
햄버거	7,200	3	21,600
인생샷(기념사진)	5,000	3	15,000
기념품 구입	3,300	3	9,900
아이스크림	1,800	3	5,400
PC방	1,000	3	3,000
합계			81,900

1인당 사용한 금액	₩	27,300

02 다음 문제의 빈 칸에 들어갈 알맞은 정답을 적어보아요.

① 엑셀에서 나누기 연산자는 (　　　) 기호를 사용해요.

② [쉼표 스타일(,)]은 [홈] 탭-[　　　　　] 그룹에서 설정 할 수 있어요.

③ [WordArt 스타일] 그룹에서 글자의 모양을 곡선이나 원형, 기울임 등으로 바꾸는 메뉴는 [　　　] 이에요.

CHAPTER

15 게임 점수를 한눈에! 엑셀 부분합 마법

학습 목표

- 데이터를 원하는 기준으로 정렬할 수 있어요.
- 정렬한 데이터로 부분합을 구할 수 있어요.

미리 보기 이렇게 만들어 보아요

불러올 파일 : 게임대회.xlsx 완성된 파일 : 게임대회_완성.xlsx

② **개요 지우기** : [데이터] 탭-[개요] 그룹 → [그룹 해제]-[개요 지우기]를 클릭해요.

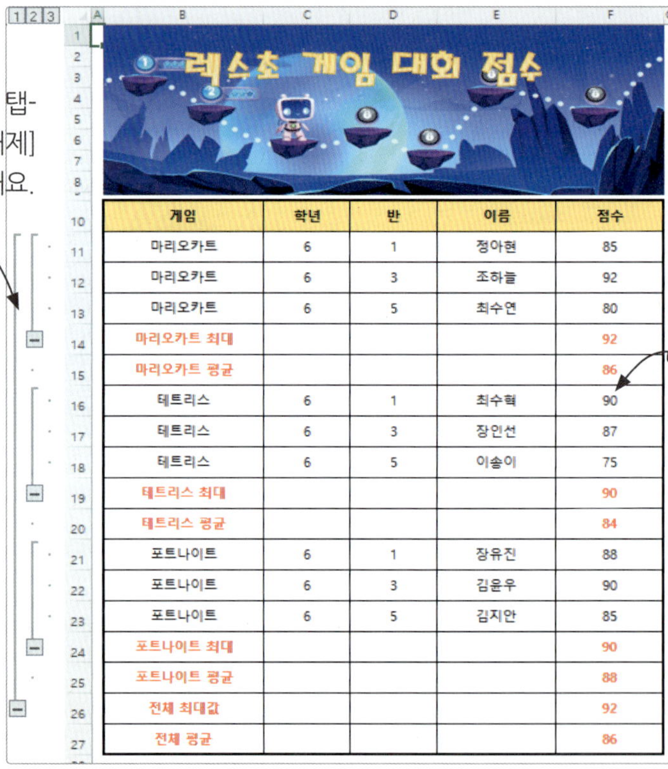

게임	학년	반	이름	점수
마리오카트	6	1	정아현	85
마리오카트	6	3	조하늘	92
마리오카트	6	5	최수연	80
마리오카트 최대				92
마리오카트 평균				86
테트리스	6	1	최수혁	90
테트리스	6	3	장인선	87
테트리스	6	5	이솔이	75
테트리스 최대				90
테트리스 평균				84
포트나이트	6	1	장유진	88
포트나이트	6	3	김윤우	90
포트나이트	6	5	김지안	85
포트나이트 최대				90
포트나이트 평균				88
전체 최대값				92
전체 평균				86

① **부분합** : 데이터 정렬 후 [데이터] 탭-[개요] 그룹 → [부분합]을 클릭해요.

호기심 챗 GPT

부분합은 엑셀에서 같은 그룹끼리 모아서 계산해주는 기능이에요.
예를 들어, 게임 대회 점수가 있을 때, 1반, 2반, 3반 점수를 따로따로 모아서 각 반의 총점이나 평균을 쉽게 구할 수 있어요. 먼저 '반'처럼 기준이 될 칸을 정렬한 다음, 부분합 기능을 누르면 자동으로 계산돼요. 직접 계산하지 않아도 엑셀이 알아서 반마다 합계, 평균, 최대값 등을 보여줘요. 이렇게 하면 누가 1등인지도 쉽게 알 수 있고, 표도 깔끔하게 정리할 수 있어요.

1 데이터를 정렬해요.

❶ [게임대회.xlsx] 파일을 실행한 후 [B10:F19] 셀 범위를 선택한 다음 [데이터] 탭-[정렬 및 필터] 그룹에서 [정렬( )]을 클릭해요.

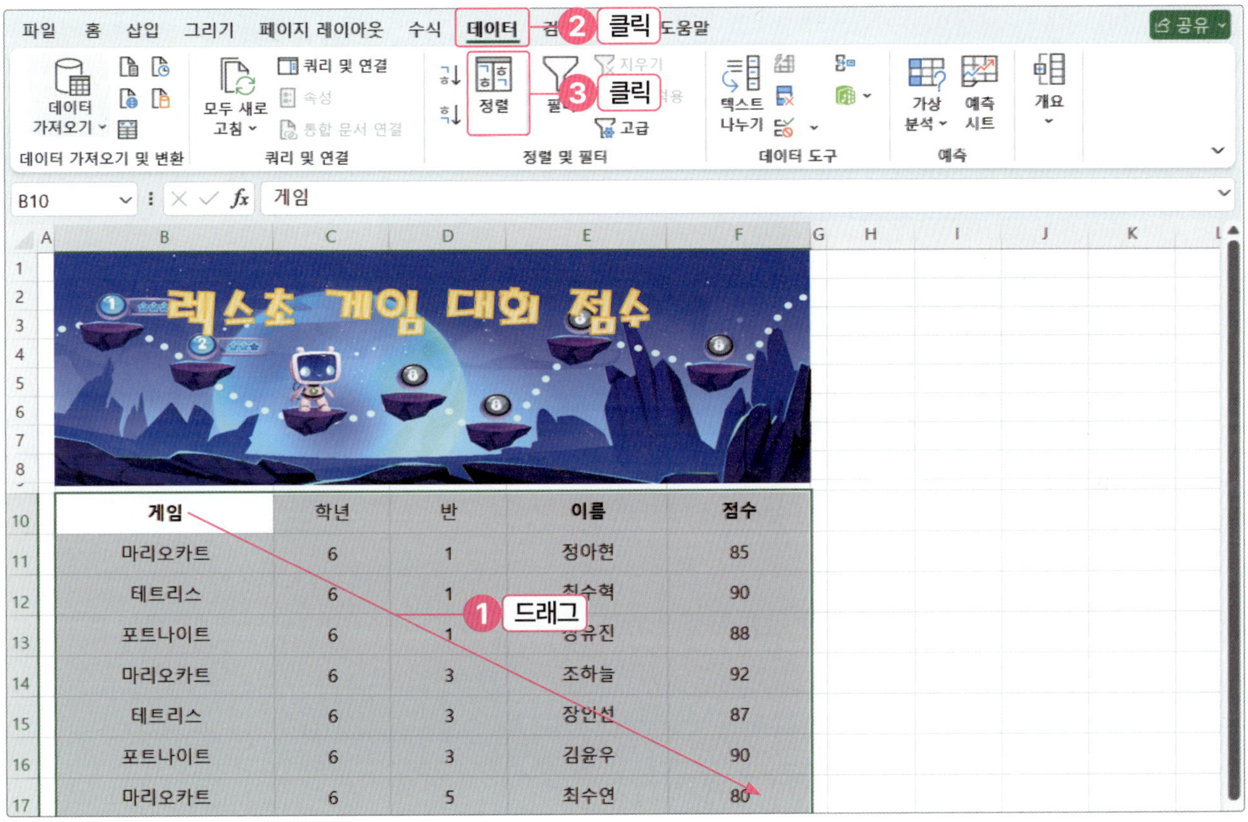

❷ [정렬] 대화상자가 나타나면 [정렬 기준]-[게임]으로 선택한 후 [확인]을 클릭해요.

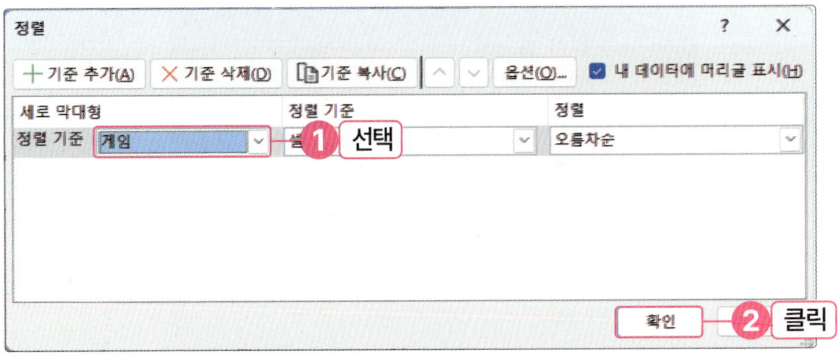

TIP

부분합을 실행하기 전 반드시 그룹화할 항목을 기준으로 데이터를 정렬해야 해요.

2 부분합으로 평균과 최고 점수를 표시해요.

① 평균을 구하기 위해 [B10] 셀을 클릭한 후 [데이터] 탭-[개요] 그룹에서 [부분합]을 클릭해요.

② [부분합] 대화상자가 나타나면 그룹화할 항목(게임), 사용할 함수(평균), 부분합 계산 항목(점수)을 선택한 후 [확인]을 클릭해요.

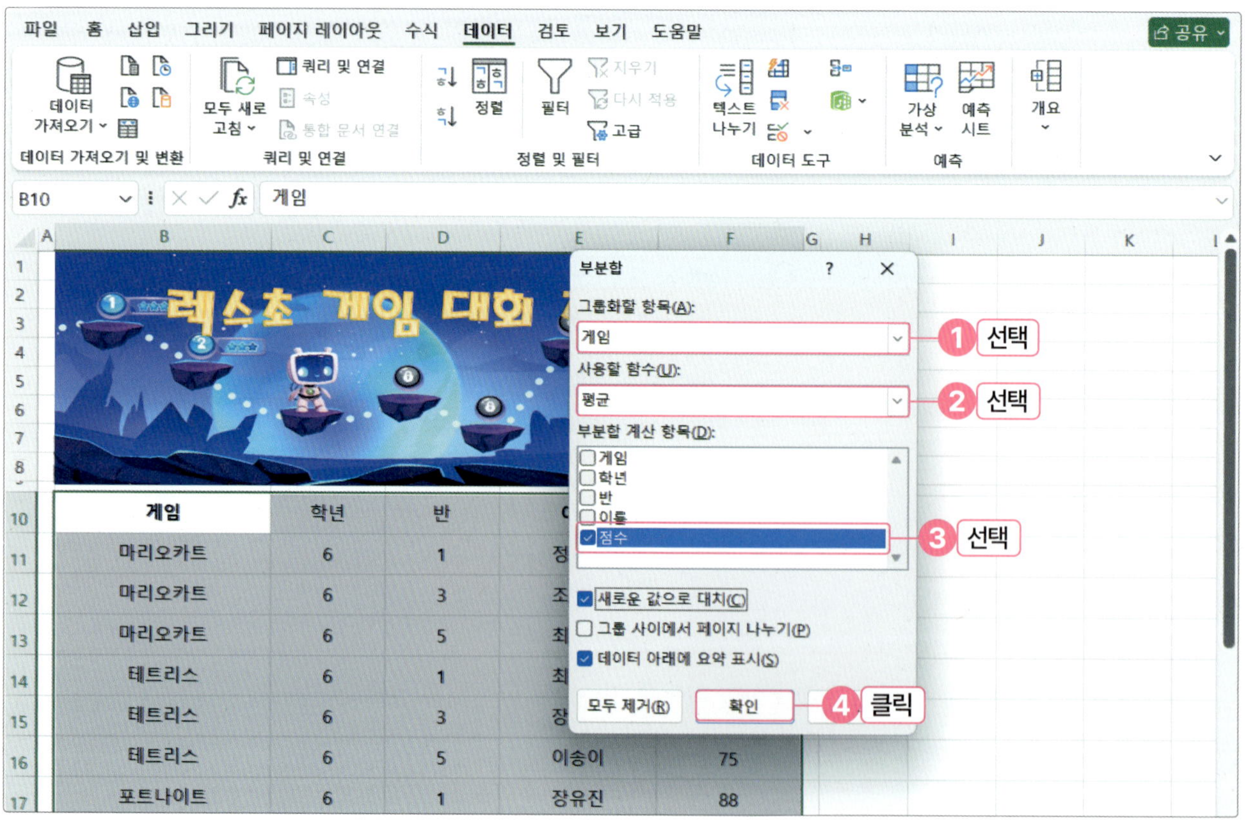

③ 최고 점수를 구하기 위해 [B10] 셀을 클릭한 후 [데이터] 탭-[개요] 그룹에서 [부분합]을 클릭해요. 그룹화할 항목(게임), 사용할 함수(최대), 부분합 계산 항목(점수)을 선택한 후 [새로운 값으로 대치] 체크를 해제한 다음 [확인]을 클릭해요.

TIP

두 번째 부분합부터는 [새로운 값으로 대치]를 체크를 해제해야 이전 값과 함께 표시할 수 있어요.

④ 부분합으로 평균과 점수를 구하면 왼쪽에 [자동 개요]가 표시돼요.

게임	학년	반	이름	점수
마리오카트	6	1	정아현	85
마리오카트	6	3	조하늘	92
마리오카트	6	5	최수연	80
마리오카트 최대				92
마리오카트 평균				85.66666667
테트리스	6	1	최수혁	90
테트리스	6	3	장인선	87
테트리스	6	5	이송이	75
테트리스 최대				90
테트리스 평균				84

⑤ 개요 기호(2)를 클릭한 후 [B10:F27] 셀 범위를 선택한 다음 [홈] 탭-[표시 형식] 그룹에서 표시 형식 [숫자]를 선택하여 정수로 표시해요.

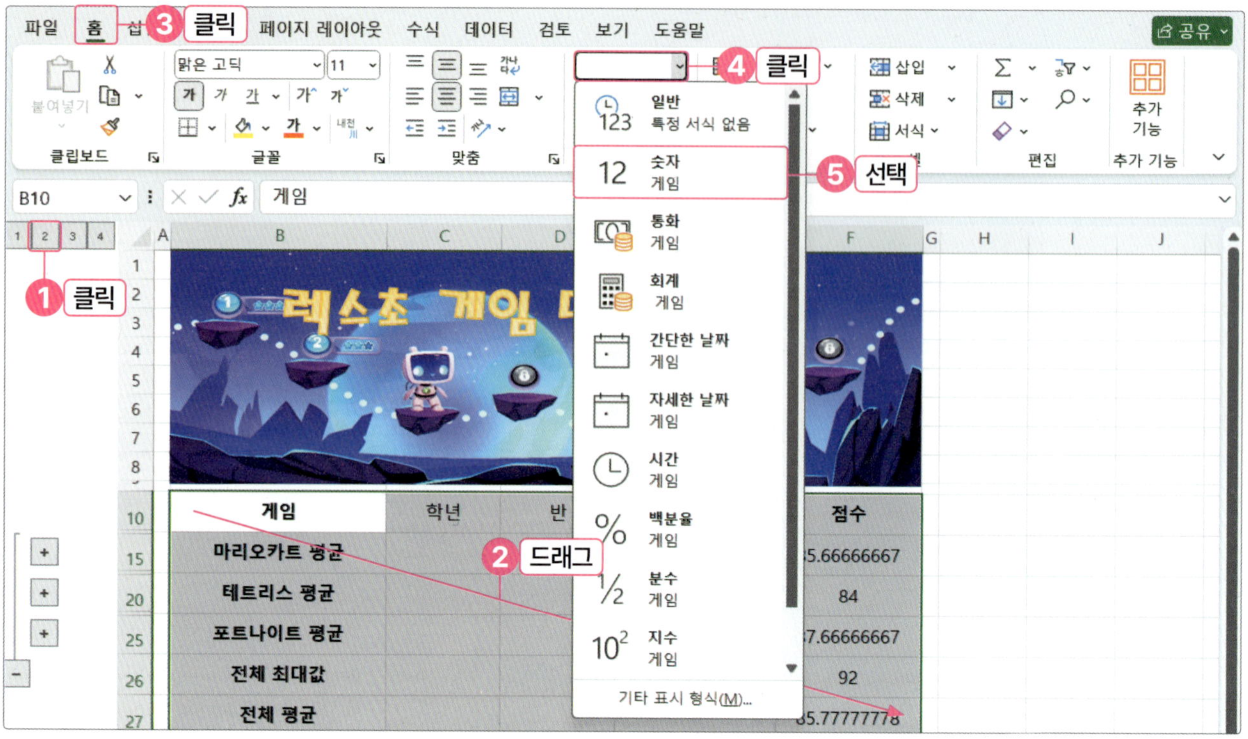

TIP

개요 기호(1 2 3 4) 3과 4를 순서대로 클릭하거나, 기호(+)를 클릭하면 숨겨진 데이터를 다시 표시할 수 있어요.

⑥ [홈] 탭-[글꼴] 그룹에서 [테두리]-[모든 테두리(⊞)]를 클릭해요. 같은 범위에 [테두리]-[굵은 바깥쪽 테두리(⊞)]를 클릭해요.

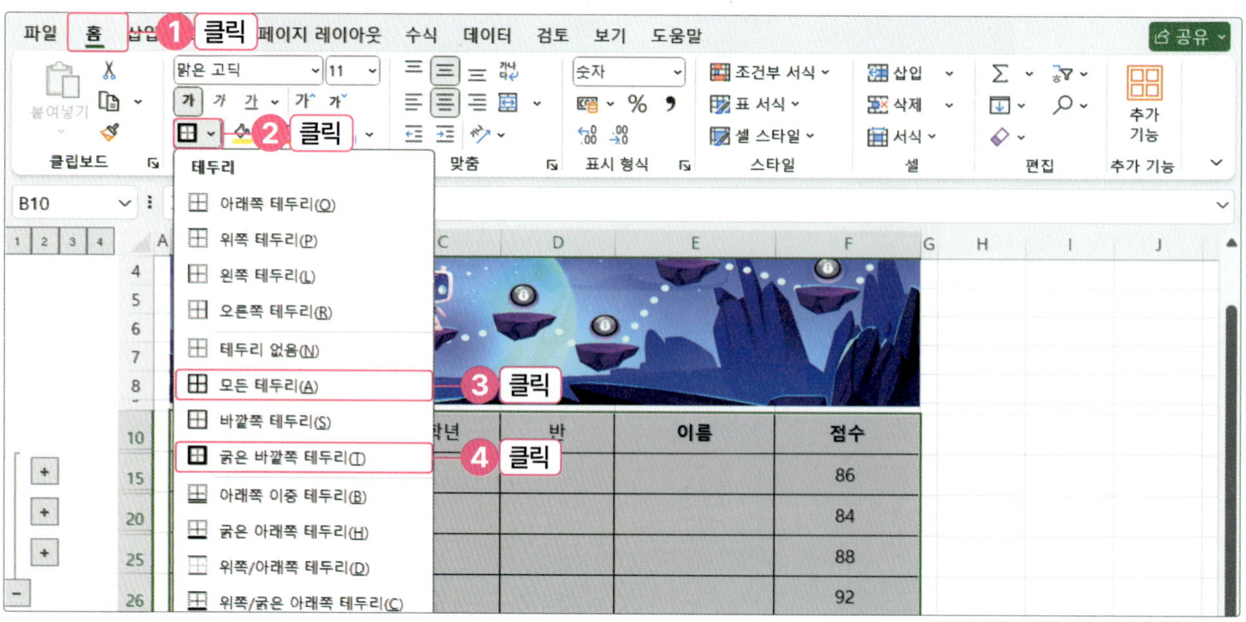

❼ [B10:F10] 셀 범위를 선택한 후 [홈] 탭-[글꼴] 그룹에서 [채우기 색]을 클릭한 다음 [주황]을 선택해요.

❽ 개요 기호(3 4)를 순서대로 눌러 데이터를 모두 표시한 후 부분합으로 구한 항목을 Ctrl을 누른 상태에서 함께 선택한 다음 [홈] 탭-[글꼴] 그룹에서 [글꼴 색]-[빨강]을 선택해요.

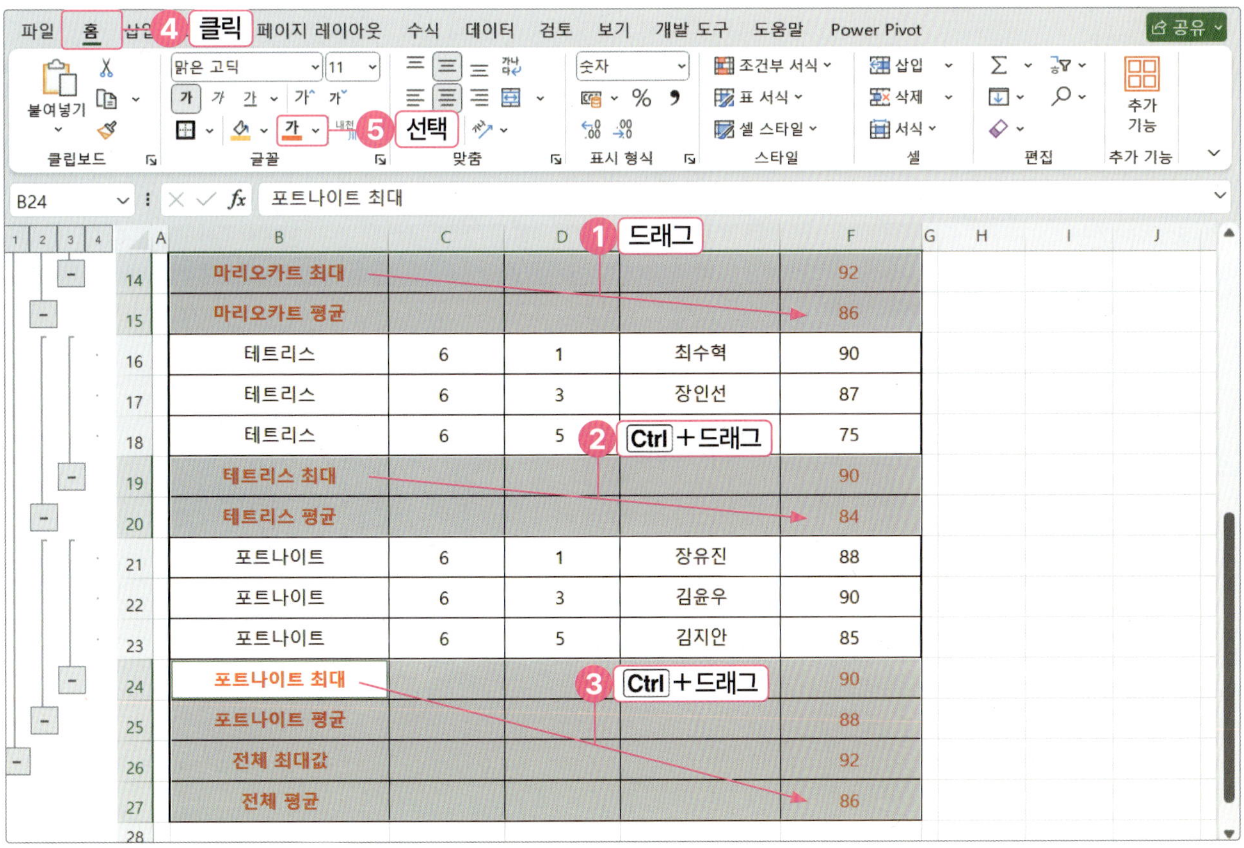

알고 넘어가요!

▶ [데이터] 탭-[개요] 그룹에서 [그룹 해제]-[개요 지우기]를 선택하면 개요 버튼을 삭제할 수 있어요.

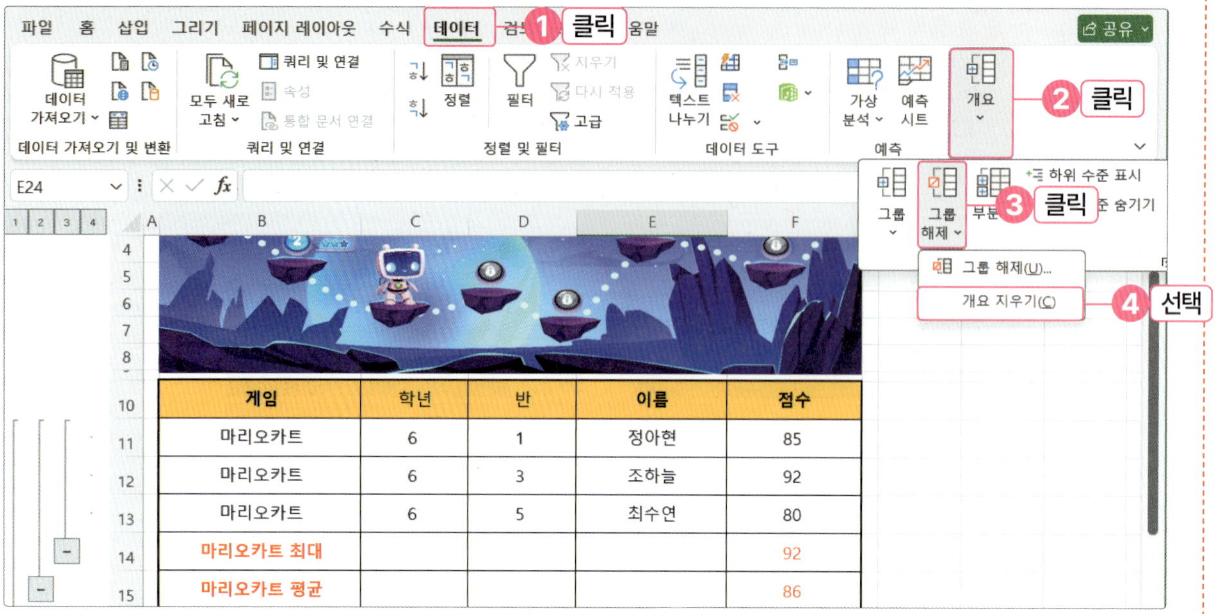

▶ [부분합] 대화상자에서 [모두 제거]를 클릭하면 설정된 부분합을 삭제할 수 있어요.

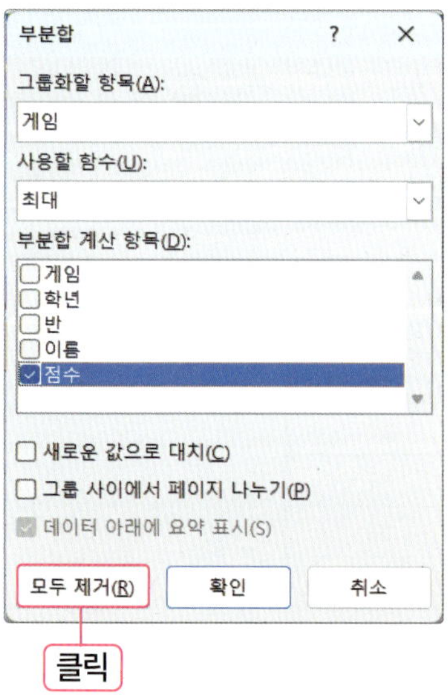

CHAPTER 15

톡톡 학습

계산 천재로 가는 길!

01 [독서왕.xlsx] 파일을 실행한 후 부분합으로 독서왕을 찾아 보아요.

불러올 파일 : 독서왕.xlsx 완성된 파일 : 독서왕_완성.xlsx

학년	반	이름	책 종류	도서관 이용여부	읽은 책 수
4	3	조윤서	과학	o	3
			과학 요약		3
2	2	김윤하	만화	X	1
4	1	유선율	만화	o	3
			만화 요약		4
3	4	변재은	소설	o	4
3	5	주지윤	소설	o	2
5	2	송지민	소설	X	3
			소설 요약		9
			총합계		16

[작성 조건]

① 데이터 정렬 기준 : 책 종류

② 그룹화할 항목(책 종류), 사용할 함수(합계), 부분합 계산 항목(읽은 책 수)

③ 표 서식 [중간]-[주황, 표 스타일 보통 17] 적용

02 다음 중 부분합을 올바르게 사용하기 위해 꼭 먼저 해야 하는 일은 무엇일까요?

① 표에 색을 칠한다.

② 데이터를 복사해서 새 시트에 붙여넣는다.

③ 부분합을 넣을 열을 숨긴다.

④ 부분합 기준이 될 열을 정렬한다.

CHAPTER

16 피벗탐험대! 전국 편의점 비밀 찾기!

학습 목표

- 피벗 테이블로 매출을 정리하고 비교할 수 있어요.
- 표 서식으로 데이터를 보기 좋게 꾸밀 수 있어요.

미리 보기 이렇게 만들어 보아요

불러올 파일 : 매출.xlsx　완성된 파일 : 매출_완성.xlsx

판매일	지점	상품	카테고리	수량	매출
2025-04-01	서울점	콜라	음료	5	5,000
2025-04-01	서울점	초코우유	음료	3	3,600
2025-04-01	서울점	샌드위치	식사류	2	6,000
2025-04-01	부산점	콜라	음료	4	4,000
2025-04-01	대전점	김밥	식사류	3	4,500
2025-04-02	서울점	콜라	음료	2	2,000
2025-04-02	서울점	김밥	식사류	1	1,500
2025-04-02	대전점	샌드위치	식사류	2	6,000
2025-04-02	부산점	콜라	음료	3	3,000
2025-04-02	부산점	초코우유	음료	1	1,200
2025-04-03	서울점	김밥	식사류	4	6,000
2025-04-03	부산점	샌드위치	식사류	5	30,000

	카테고리		
지점	식사류	음료	총합계
대전점			
합계 : 매출	10,500	**	10,500
합계 : 수량	5	**	5
부산점			
합계 : 매출	**	8,200	8,200
합계 : 수량	**	8	8
서울점			
합계 : 매출	7,500	10,600	18,100
합계 : 수량	3	10	13
전체 합계 : 매출	18,000	18,800	36,800
전체 합계 : 수량	8	18	26

② **피벗 테이블 서식 설정** : [홈] 탭-[스타일] 그룹 → [표 서식]을 클릭해요.

① **피벗 테이블** : [삽입] 탭-[표] 그룹 → [피벗 테이블]을 클릭해요.

호기심 챗 GPT

피벗 테이블은 많은 데이터를 쉽고 빠르게 정리해 주는 엑셀의 특별한 기능이에요.
예를 들어, 친구들의 성적을 과목별이나 반별로 나누어 합계나 평균을 계산할 수 있어요. 원하는 정보만 골라서 볼 수 있어서 표를 깔끔하게 만들고, 비교도 쉽게 할 수 있어요. 복잡한 계산 없이 엑셀이 자동으로 정리해 주기 때문에 아주 편리해요. 피벗테이블을 사용하면, 데이터 정리도 쉽고 재미있게 할 수 있어요!

1 반별 성적을 피벗 테이블로 만들어요.

❶ [매출.xlsx] 파일을 실행한 후 [I3] 셀을 클릭한 다음 [삽입] 탭-[표] 그룹에서 [피벗 테이블( )]을 클릭해요.

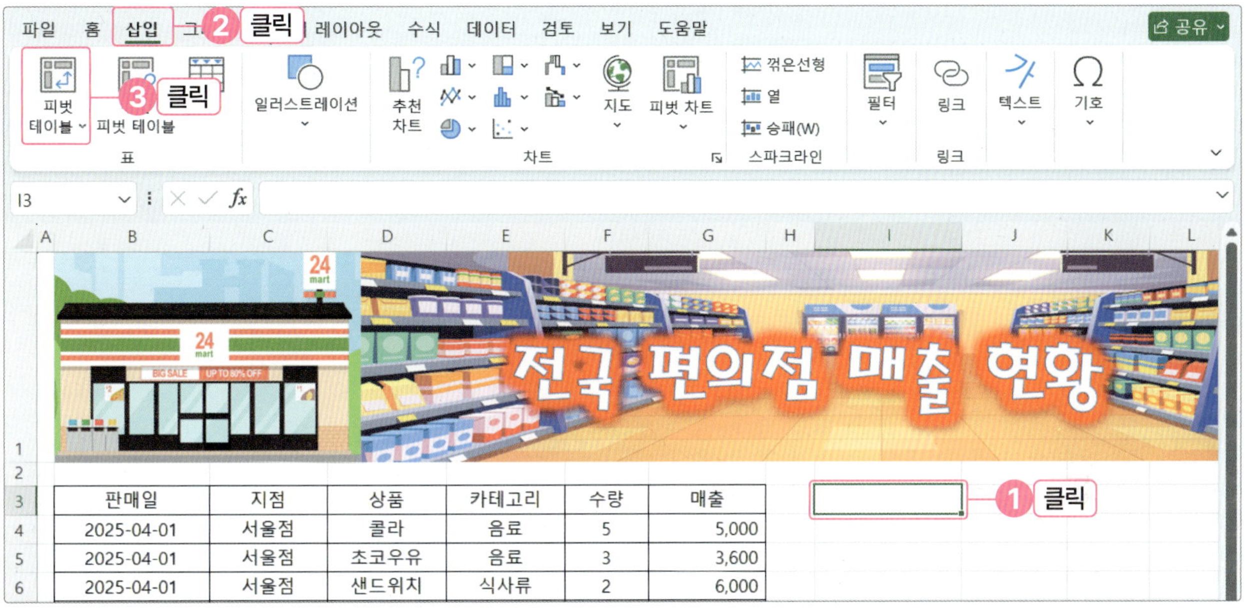

❷ [표 또는 범위의 피벗 테이블] 대화상자가 나타나면 [테이블 또는 범위 선택]-[표/범위] 입력란을 클릭한 후 [B3:G15] 셀 범위를 선택한 다음 [확인]을 클릭해요.

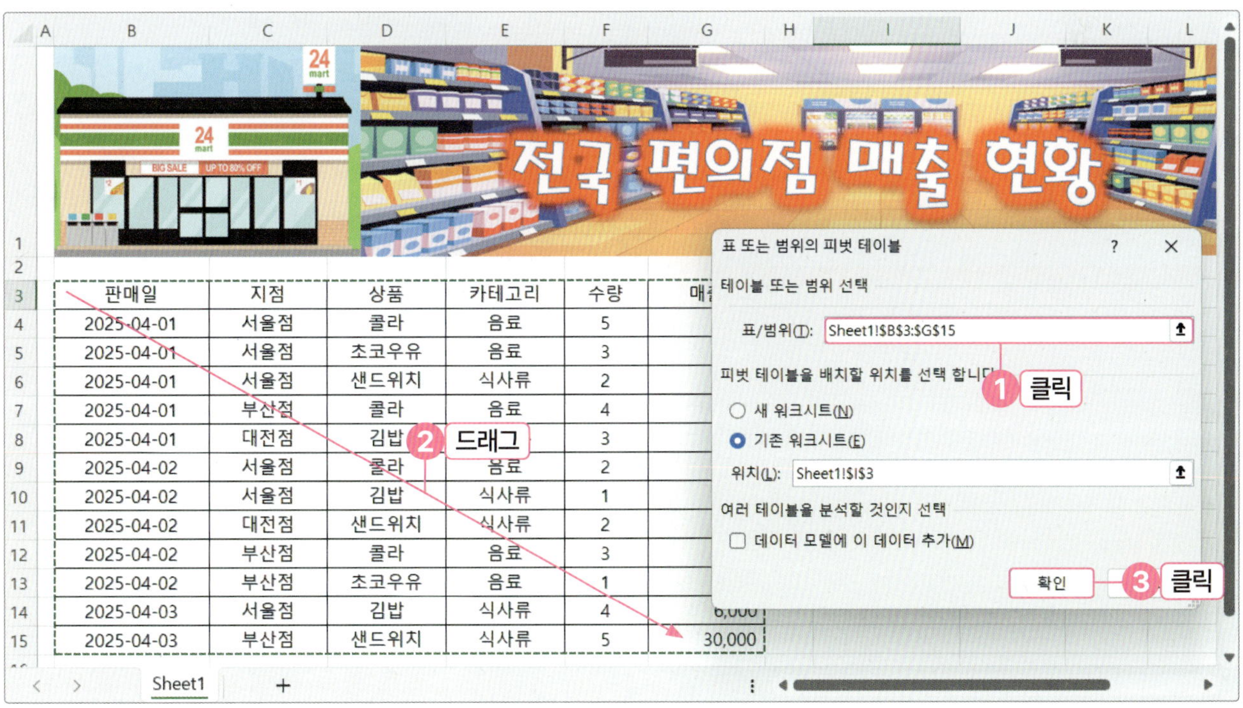

3 [피벗 테이블 필드] 작업창이 오른쪽에 나타나면 카테고리(열), 지점(행), 매출(값), 수량(값) 항목으로 필드를 이동해요. 값(Σ 값)을 지점(행)으로 이동한 후 피벗 테이블의 보기 형식을 변경해요.

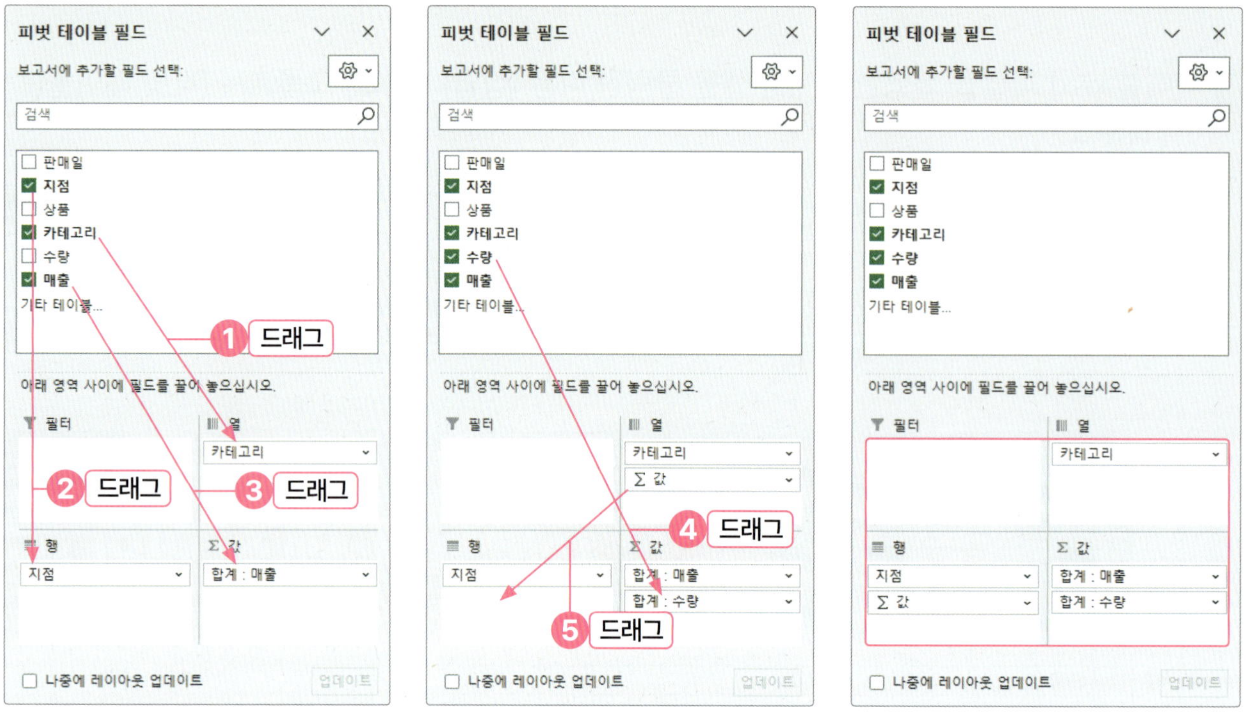

알고 넘어가요!

[피벗 테이블 필드] 작업창에서 [값] 필드의 항목의 목록 버튼(⌄) 을 클릭한 후 [값 필드 설정]을 클릭하면 [선택한 필드의 데이터] 계산 유형 등을 변경할 수 있어요.

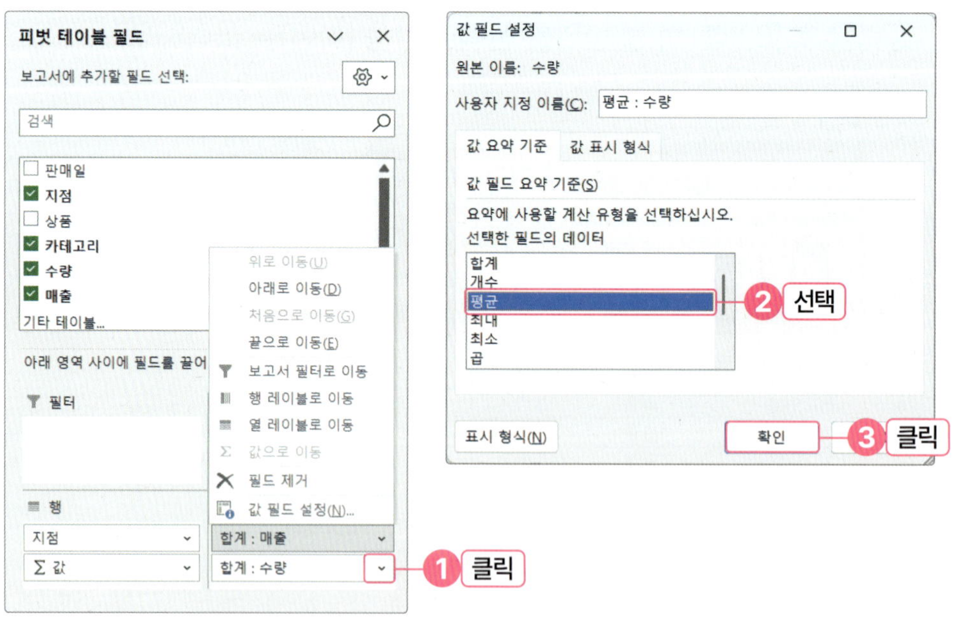

❹ 피벗 테이블의 행 레이블(지점)과 열 레이블(카테고리)의 항목을 입력한 후 [J5:L15] 셀 범위를 선택한 다음 [홈] 탭-[표시형식] 그룹에서 [쉼표 스타일(❟)]을 클릭해요.

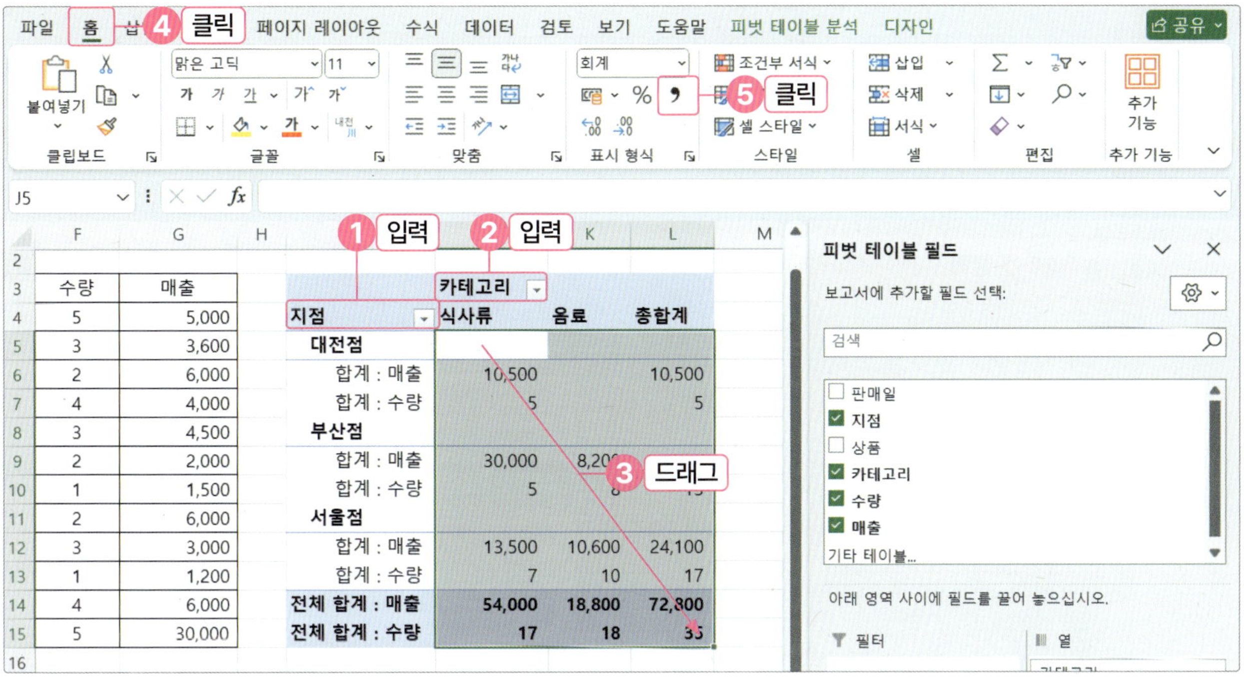

❺ 피벗 테이블의 셀을 클릭한 후 [피벗 테이블 분석] 탭-[피벗 테이블] 그룹에서 [옵션(▤)]을 클릭해요. [피벗 테이블 옵션] 대화상자가 나타나면 [레이아웃 및 서식] 탭-[서식]-[빈 셀 표시]에 "**"을 입력한 다음 [확인]을 클릭해요.

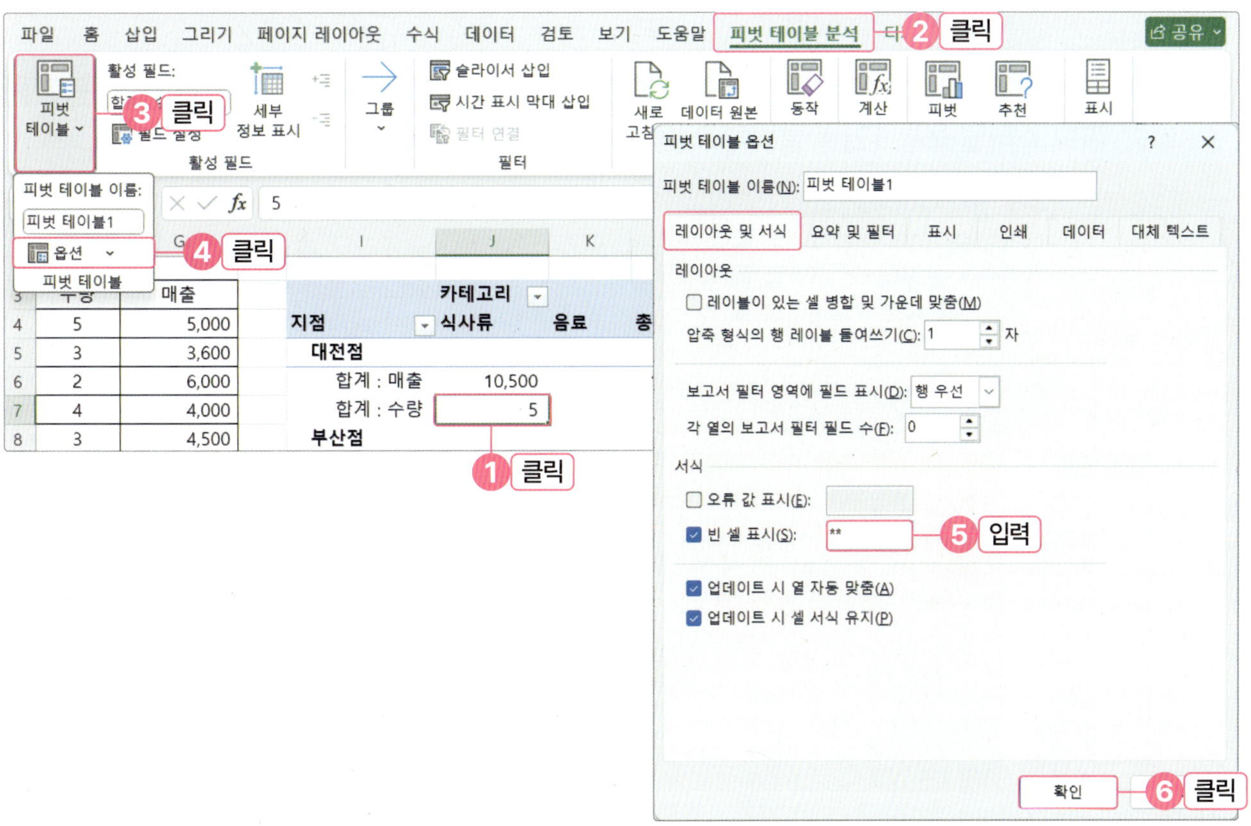

2 표 서식으로 데이터를 꾸며요.

❶ [B3:G15] 셀 범위를 선택한 후 [홈] 탭-[스타일] 그룹에서 [표 서식( )]을 클릭한 다음 [중간]-[녹색, 표 스타일 보통 21]을 선택하고 [표 만들기] 대화상자의 [확인]을 클릭해요.

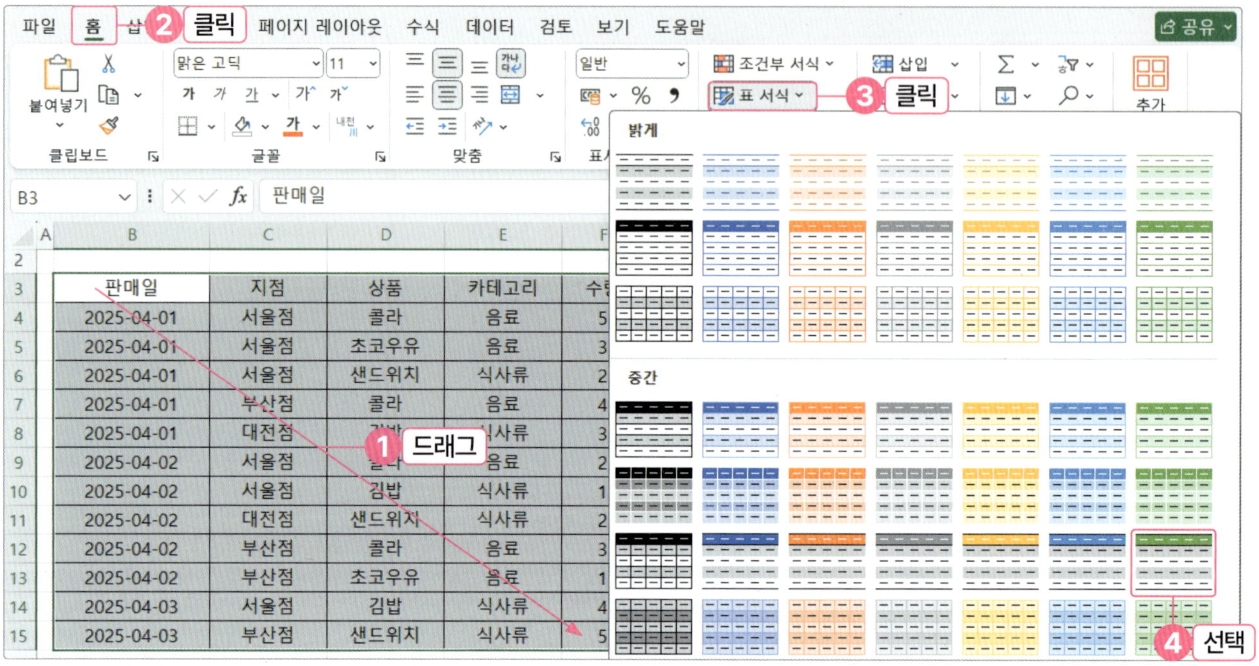

❷ [I3:L15] 셀 범위를 선택한 후 [홈] 탭-[스타일] 그룹에서 [표 서식( )]을 클릭한 다음 [중간]-[연한 노랑, 피벗 스타일 보통 12]를 클릭하고 [맞춤] 그룹에서 [가운데 맞춤( )]을 클릭해요.

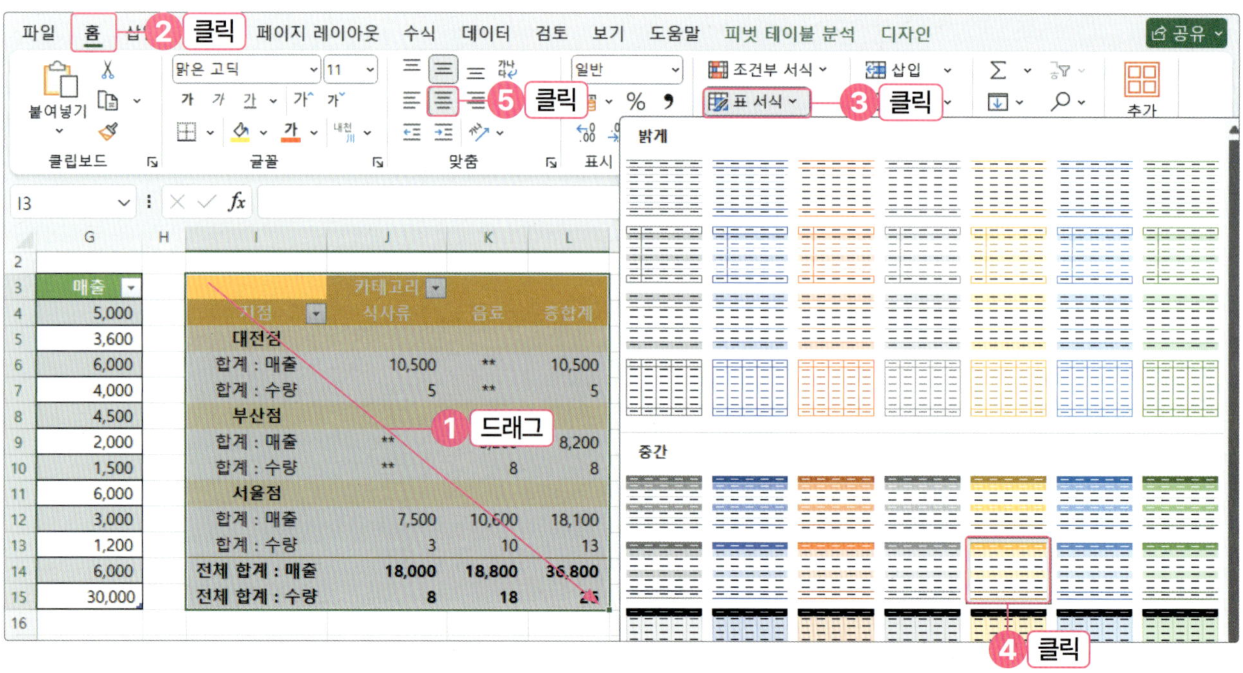

CHAPTER 16

토톡 학습

계산 천재로 가는 길!

01

[성적.xlsx] 파일을 실행한 후 학년과 반별로 국어, 수학, 영어 점수의 평균을 구하는 피벗 테이블을 완성해 보아요.

불러올 파일 : 성적.xlsx　완성된 파일 : 성적_완성.xlsx

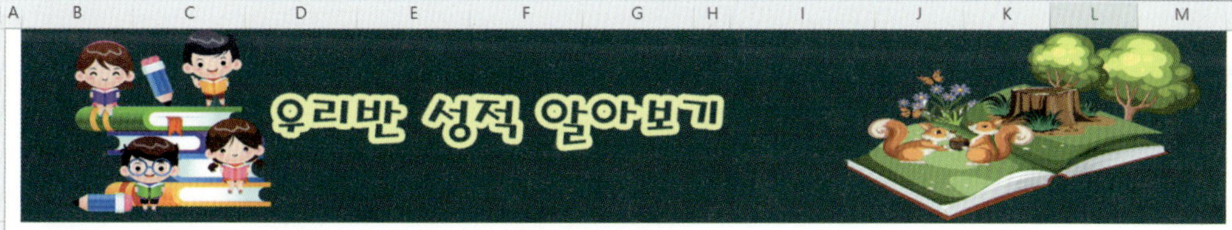

학년	반	이름	국어	수학	영어
5학년	1반	철수	85	90	78
5학년	1반	영희	92	88	95
5학년	1반	민수	76	85	80
6학년	3반	은혜	80	88	65
5학년	3반	경수	90	75	80
5학년	2반	지수	89	92	88
5학년	2반	현우	95	96	93
5학년	2반	미나	80	82	85
6학년	1반	태호	88	87	91
6학년	2반	수진	94	99	97
6학년	1반	경호	90	92	89
5학년	1반	혜원	55	80	65

	반			
학년	1반	2반	3반	총합계
5학년				
평균 : 국어	84	88	90	87
평균 : 수학	88	90	75	87
평균 : 영어	84	89	80	86
6학년				
평균 : 국어	89	94	80	88
평균 : 수학	90	99	88	92
평균 : 영어	90	97	65	86
전체 평균 : 국어	**86**	**90**	**85**	**87**
전체 평균 : 수학	**88**	**92**	**82**	**89**
전체 평균 : 영어	**87**	**91**	**73**	**86**

02

엑셀에서 피벗테이블을 만들면 어떤 일을 할 수 있을까요?

① 그림을 그릴 수 있다.

② 데이터를 쉽게 정리하고 분석할 수 있다.

③ 음악을 들을 수 있다.

④ 인터넷 검색을 할 수 있다.

CHAPTER 17

초특급 타자 배틀~★ 어벤져스 총 출동!

학습 목표

- MAX, MIN, RANK 함수를 사용할 수 있어요.
- 조건부 서식으로 아이콘 표시와 메모를 삽입할 수 있어요.

미리 보기 이렇게 만들어 보아요

불러올 파일 : 타자 배틀.xlsx　완성된 파일 : 타자 배틀_완성.xlsx

NO.	이름	한글 타자속도					타자 평균	최고 타자	최저 타자	순위
		1회	2회	3회	4회	5회				
1	유반짝	102	110	116	125	132	117	132	102	4위
2	오깜찍	99	105	110	101	106	104	110	99	5위
3	이요정	50	56	70	77	85	68	85	50	7위
4	허당맨	231	256	270	273	280	266	280	251	1위
5	최번개	221	215	220	225	232	223	232	215	2위
6	뽀작몬	198	187	201	208	205	200	208	187	3위
7	번뜩이	78	75	80	83	94	82	94	75	6위

우리반 타자왕!

② **메모 삽입** : [검토] 탭-[메모] 그룹 → [새 메모]

① **조건부 서식(아이콘 표시)** : [홈] 탭-[스타일] 그룹 → [조건부 서식]-[아이콘 집합]을 클릭해요.

호기심 챗 GPT

엑셀 함수는 계산을 도와주는 똑똑한 요술 친구예요!

예를 들어 =MAX(C2:C6)이라고 쓰면 [C2]부터 [C6]까지 중에서 가장 큰 숫자를 찾아줘요. 이건 마치 "누가 제일 점수가 높지?" 하고 물어보면 최고 점수를 딱! 알려주는 거예요. 우리가 함수를 쓰면 엑셀은 마법처럼 계산해줘서 정말 편리해요. 그래서 엑셀 함수는 숫자 속에 숨어 있는 비밀을 찾아주는 마법사예요!

1 다양한 방법으로 MAX, MIN, RANK 함수를 사용해요.

❶ [타자 배틀.xlsx] 파일을 실행해요.

❷ [I5] 셀을 클릭한 후 [수식] 탭-[함수 라이브러리] 그룹에서 [자동 합계(Σ)] 목록 버튼을 클릭한 다음 [평균]을 선택해요. [I5] 셀에 '=AVERAGE(D5:H5)'가 나타나면 Enter를 눌러요.

TIP

[자동 합계] 메뉴는 합계, 평균, 최대값, 최소값, 개수 등을 빠르고 쉽게 구할 수 있는 기능이에요. 숫자가 입력된 셀을 블록으로 지정한 후 [자동 합계] 목록 버튼을 클릭하면 선택한 값에 따라 자동으로 계산 값을 구해요.

❸ [I5] 셀을 클릭한 후 [채우기 핸들(+)]을 [I11] 셀까지 드래그한 다음 [채우기 옵션]에서 [서식 없이 채우기]를 선택해요.

❹ [J5] 셀을 클릭한 후 [수식] 탭-[함수 라이브러리] 그룹에서 [함수 삽입(fx)]을 클릭해요. [함수 마법사] 대화상자가 나타나면 [함수 검색]에 "MAX"를 입력한 후 [검색]을 눌러 [함수 선택] 목록에서 MAX 함수를 선택한 다음 [확인]을 클릭해요.

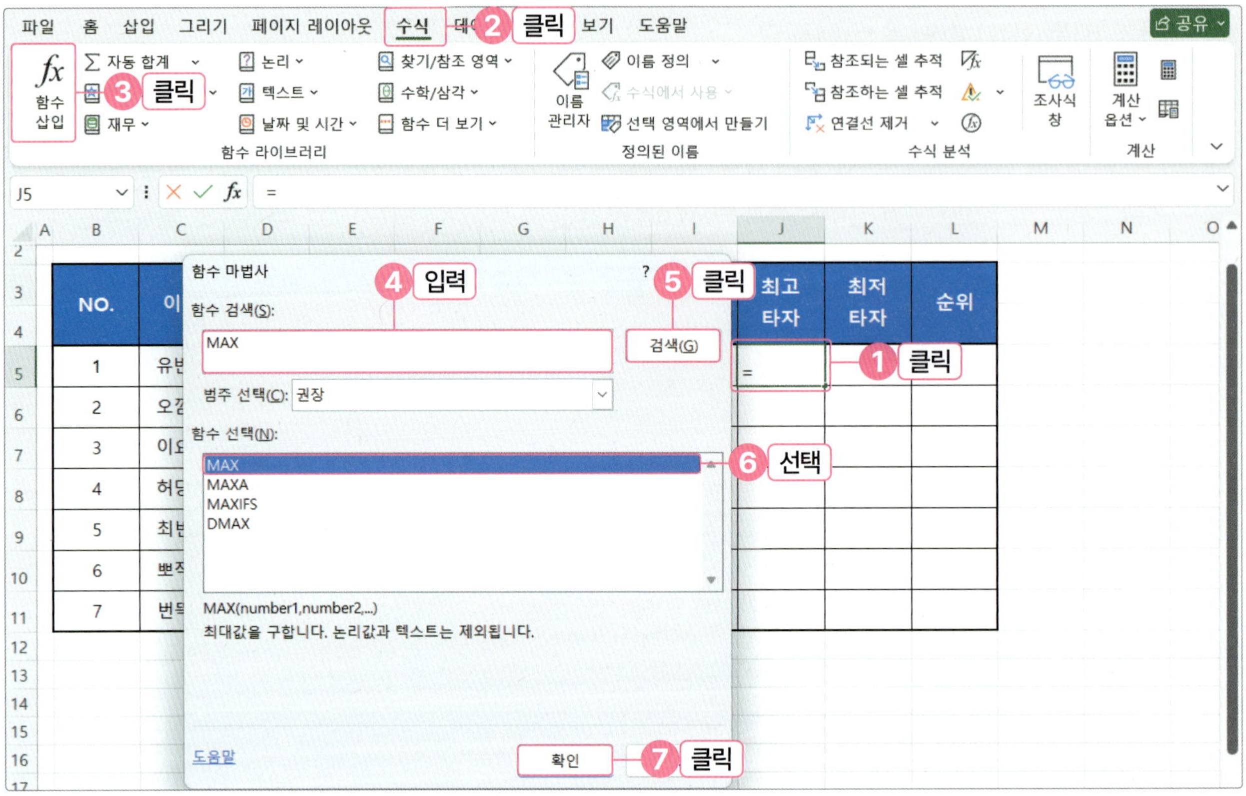

❺ MAX 함수의 [함수 인수] 대화상자가 나타나면 Number1 인수로 [D5:H5] 셀 범위를 드래그한 다음 [확인]을 클릭해요.

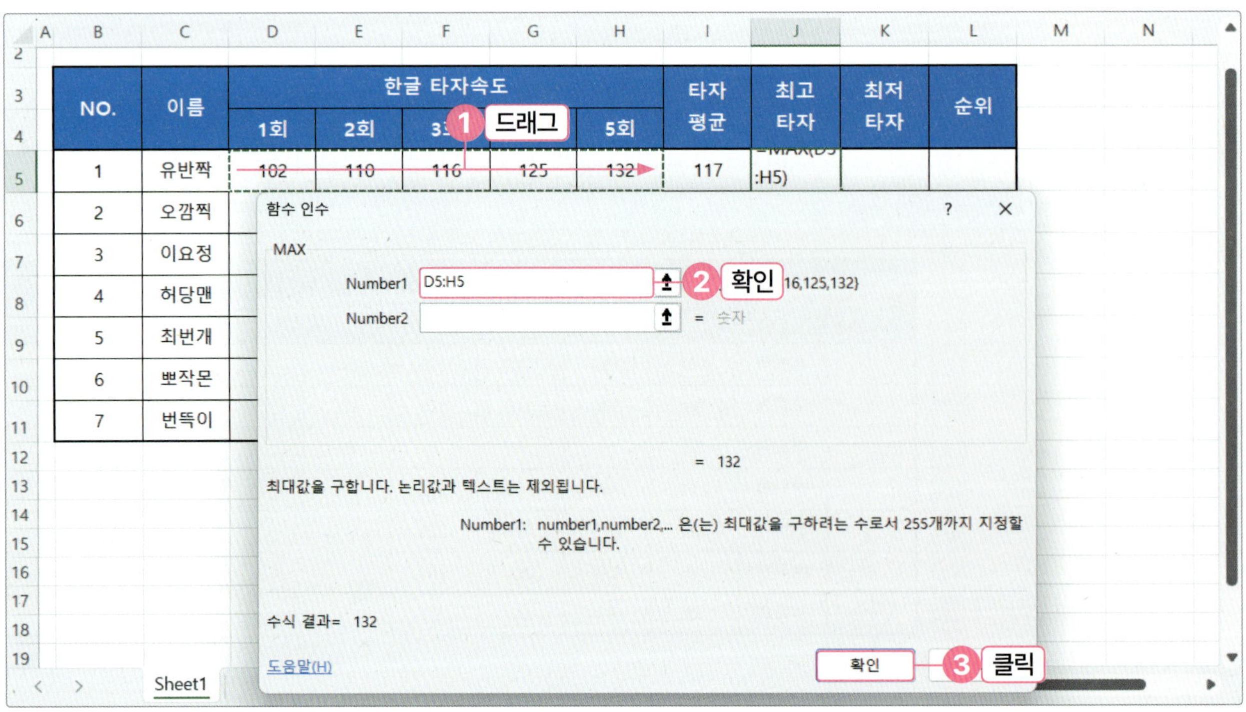

❻ [J5] 셀을 클릭한 후 [채우기 핸들(+)]을 [J11] 셀까지 드래그한 다음 [채우기 옵션( )]에서 [서식 없이 채우기]를 선택해요.

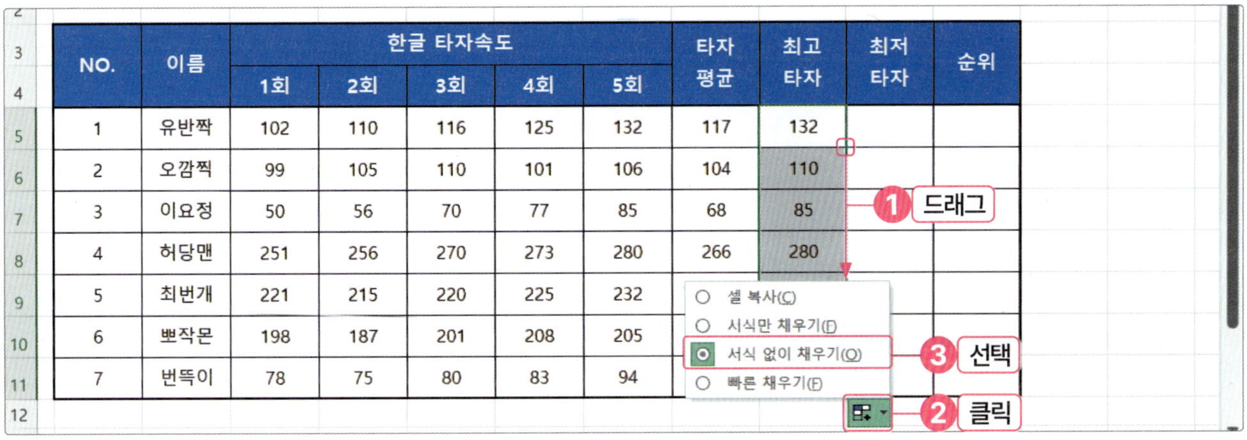

❼ [K5] 셀을 클릭한 후 "=MIN"을 입력한 다음 함수 목록에서 함수를 더블클릭하고 수식 입력줄의 [함수 삽입(fx)]을 클릭해요.

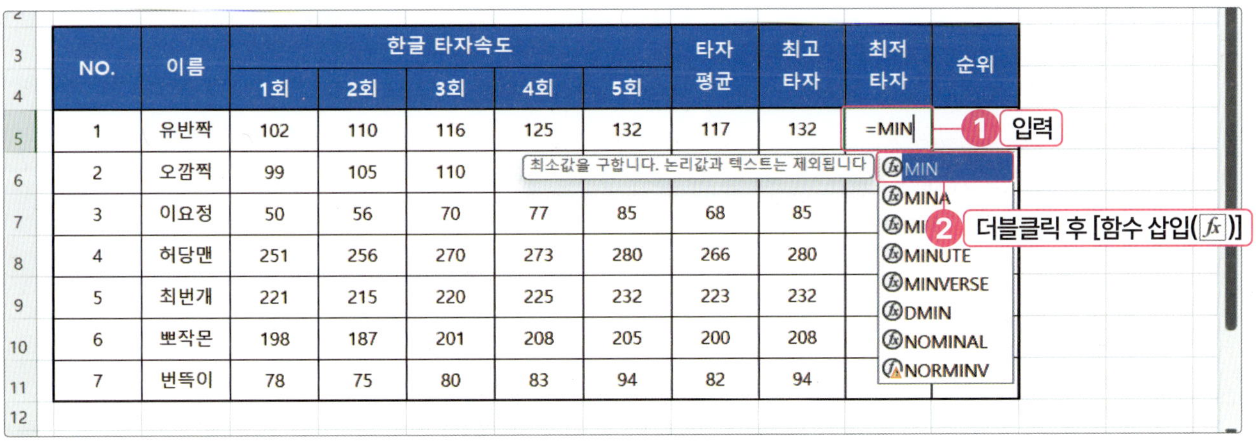

❽ [함수 인수] 대화상자가 나타나면 Number1 인수로 [D5:H5] 셀 범위를 드래그한 후 [확인]을 클릭한 다음 [K11] 셀까지 채우기 핸들로 드래그해요.

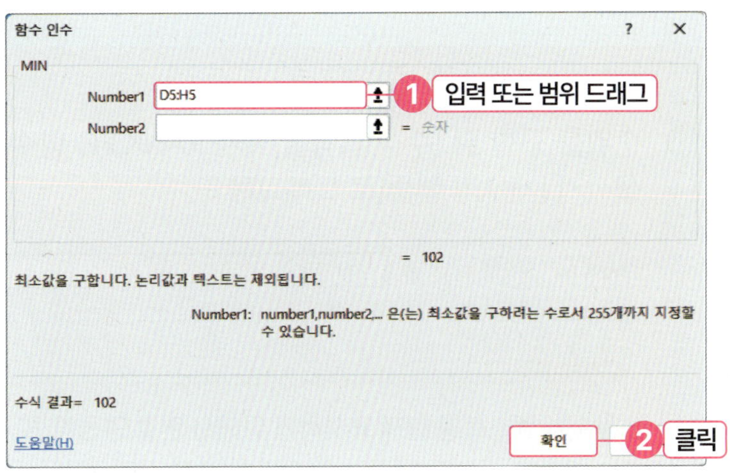

⑨ [L5] 셀을 클릭한 후 [수식] 탭-[함수 라이브러리] 그룹에서 [함수 더보기(▤)]를 클릭한 다음 [통계]-[RANK.EQ] 함수를 선택해요.

⑩ [함수 인수] 대화상자가 나타나면 Number 인수는 순위를 구할 셀(J5), Ref 인수는 순위를 비교할 범위($J$5:$J$11), Order 인수는 순위 정렬 기준(0) 값을 각각 입력해요.

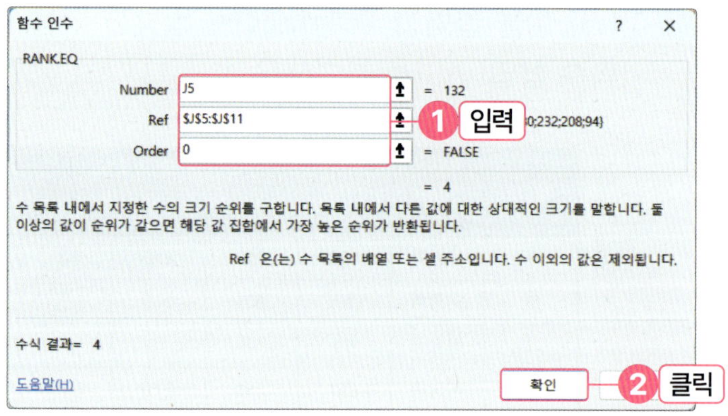

TIP

Ref 인수의 범위가 바뀌지 않도록 F4를 한 번 눌러 절대 참조로 설정해요.

알고 넘어가요!

셀 참조 방식 F4

종류	예제	설명
상대 참조	A1	수식이 복사될 때 참조할 셀 위치가 변함
절대 참조	$A$1	수식이 복사될 때 참조할 셀 위치 고정
혼합 참조	$A1 또는 A$1	행 또는 열만 고정

⑪ 순위를 구한 뒤 [수식 입력줄]에서 RANK.EQ 함수 뒤에 &"위"를 입력하고 Enter를 누른 후 [L11] 셀까지 [채우기 핸들]로 드래그해요.

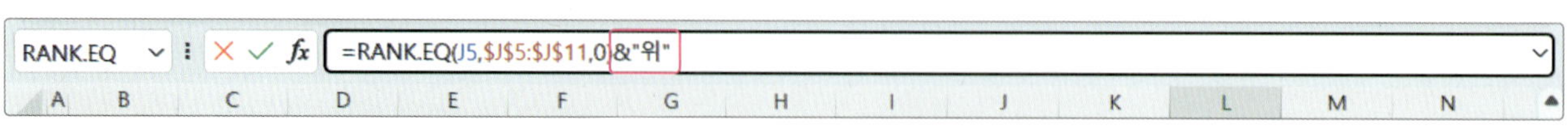

TIP

함수와 텍스트를 함께 표시하기 위해서 연결 연산자 '&'기호를 사용해요.

2 조건부 서식과 메모를 삽입해요.

❶ [I5:I11] 셀 범위를 선택한 후 [홈] 탭-[스타일] 그룹에서 [조건부 서식]을 클릭한 다음 [아이콘 집합(▤)]-[방향]-[3방향 화살표(컬러)]를 선택해요.

❷ [조건부 서식]-[아이콘 집합]을 이용하여 최고 타자(방향-삼각형 3개), 최저 타자(추천-별3개) 셀 범위에도 각각 표시해요.

NO.	이름	한글 타자속도					타자 평균	최고 타자	최저 타자	순위
		1회	2회	3회	4회	5회				
1	유반짝	102	110	116	125	132	117	132	102	4위
2	오깜찍	99	105	110	101	106	104	110	99	5위
3	이요정	50	56	70	77	85	68	85	50	7위
4	허당맨	251	256	270	273	280	266	280	251	1위
5	최번개	221	215	220	225	232	223	232	215	2위
6	뽀작몬	198	187	201	208	205	200	208	187	3위
7	번뜩이	78	75	80	83	94	82	94	75	6위

알고 넘어가요!

엑셀의 조건부 서식 중 아이콘 집합 기능은 셀 값의 크고 작음에 따라 화살표, 신호등, 막대 등의 아이콘을 자동으로 표시해주는 기능이에요. 숫자나 성과를 한눈에 비교할 수 있어 데이터를 쉽게 이해할 수 있게 도와줘요.

③ [C8] 셀을 클릭한 후 [검토] 탭-[메모] 그룹에서 [새 메모()]를 클릭해요.

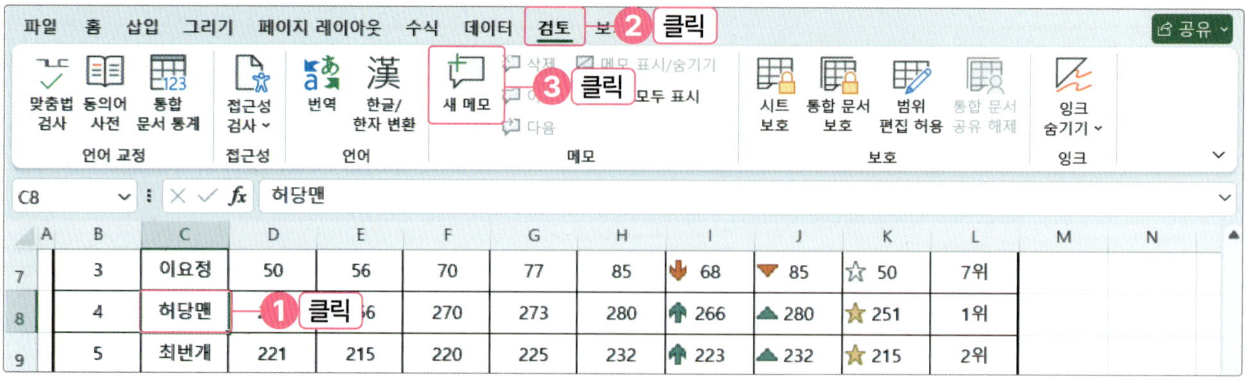

④ 삽입한 메모 창의 'user'를 삭제한 후 "우리반 타자왕!"을 입력한 다음 메모 창 테두리를 클릭하고 바로 가기 메뉴에서 [메모 서식]을 선택해요.

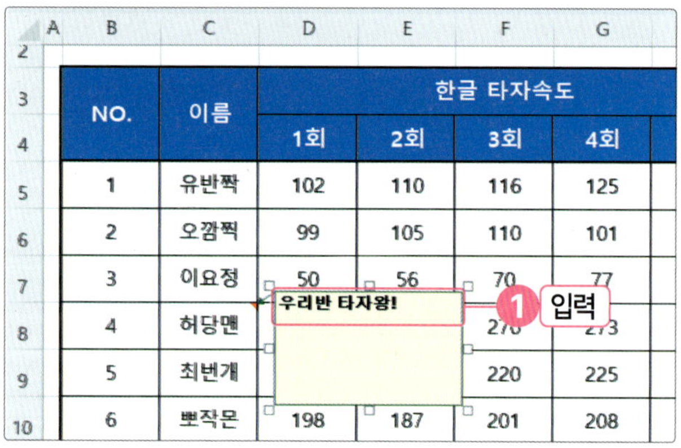

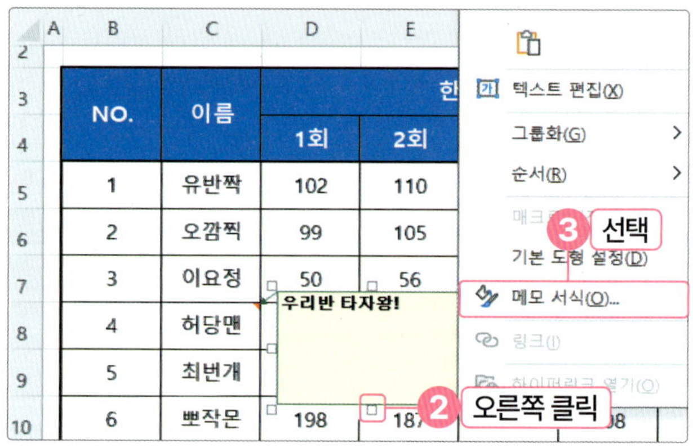

⑤ [메모 서식] 대화상자가 나타나면 [맞춤] 탭에서 텍스트 맞춤의 가로/세로(가운데), [자동 크기]를 체크한 후 [색 및 선] 탭의 [채우기]-[색] 목록에서 원하는 색을 선택한 다음 [확인]을 클릭해요.

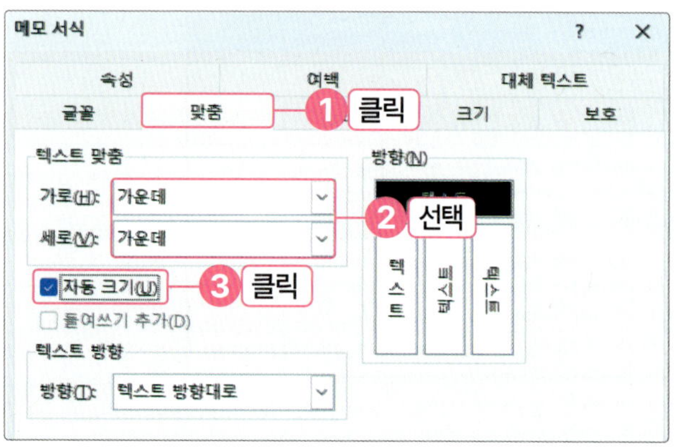

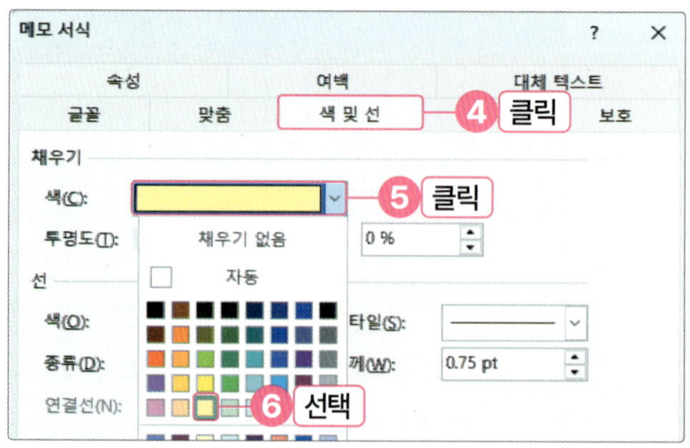

⑥ 메모 삽입 후 시트에 표시하기 위해 [검토] 탭-[메모] 그룹에서 [메모 표시/숨기기()]를 클릭해요.

CHAPTER 17

톡톡 학습

계산 천재로 가는 길!

01 다음 중 숫자들의 순위를 구할 때 사용하는 함수는 무엇일까요?

① SUM

② AVERAGE

③ RANK.EQ

④ COUNTIF

02 다음 중 셀 주소가 항상 고정되는 참조 방식은 무엇일까요?

① A1

② $A1

③ A$1

④ $A$1

03 셀에 간단한 설명을 덧붙이고 싶을 때 사용하는 기능은 무엇인가요?

① 자동 채우기

② 조건부 서식

③ 메모 삽입

④ 수식 입력

04 엑셀에서 수식 작성 중 셀 참조 방식을 상대 참조, 절대 참조, 혼합 참조로 바꾸고 싶을 때 사용하는 키보드 키는 무엇인가요?

정답 (   )

CHAPTER 18

운동으로 얻는 간식 뽑기!

학습 목표

- IF, HLOOKUP, COUNTIF 함수를 사용할 수 있어요.
- 표 서식으로 데이터를 보기 좋게 꾸밀 수 있어요.

미리 보기 이렇게 만들어 보아요

불러올 파일 : 간식 뽑기.xlsx 완성된 파일 : 간식 뽑기_완성.xlsx

번호	성별	이름	참여 종목	점수	합격 여부	간식 선택
1	남	강민수	줄넘기	85	불합격	초코우유
2	여	김지안	훌라후프	60	불합격	물
3	남	최하준	줄넘기	90	합격	젤리
4	여	박수아	줄넘기	55	불합격	물
5	여	김유나	훌라후프	95	합격	젤리
6	남	이도윤	줄넘기	100	합격	과자

줄넘기	4명	훌라우프	2명

점수	50	70	80	90	100
간식 선택	물	딸기우유	초코우유	젤리	과자

* **함수 마법사** : [수식] 탭-[함수 라이브러리] 그룹 → [함수 삽입]을 클릭해요.

호기심 챗 GPT

운동은 우리 몸을 튼튼하게 만들고, 머리를 맑게 해주는 건강 비타민이에요.

몸을 움직이면 기분도 좋아지고 스트레스도 훨씬 줄어들어요. 하루에 조금씩만 해도 잠이 잘 오고, 아침에도 개운하게 일어날 수 있죠. 놀이나 공부도 더 신나게 할 수 있도록 도와주는 멋진 마법 같은 운동! 그래서 우리는 매일매일 즐겁게 몸을 움직여야 해요.

1 IF, HLOOKUP, COUNTIF 함수를 사용해요.

❶ [간식 뽑기.xlsx] 파일을 실행해요.

❷ [G4] 셀을 클릭한 후 [수식] 탭-[함수 라이브러리] 그룹에서 [논리(▢)] 범주를 클릭한 다음 [IF] 함수를 선택해요.

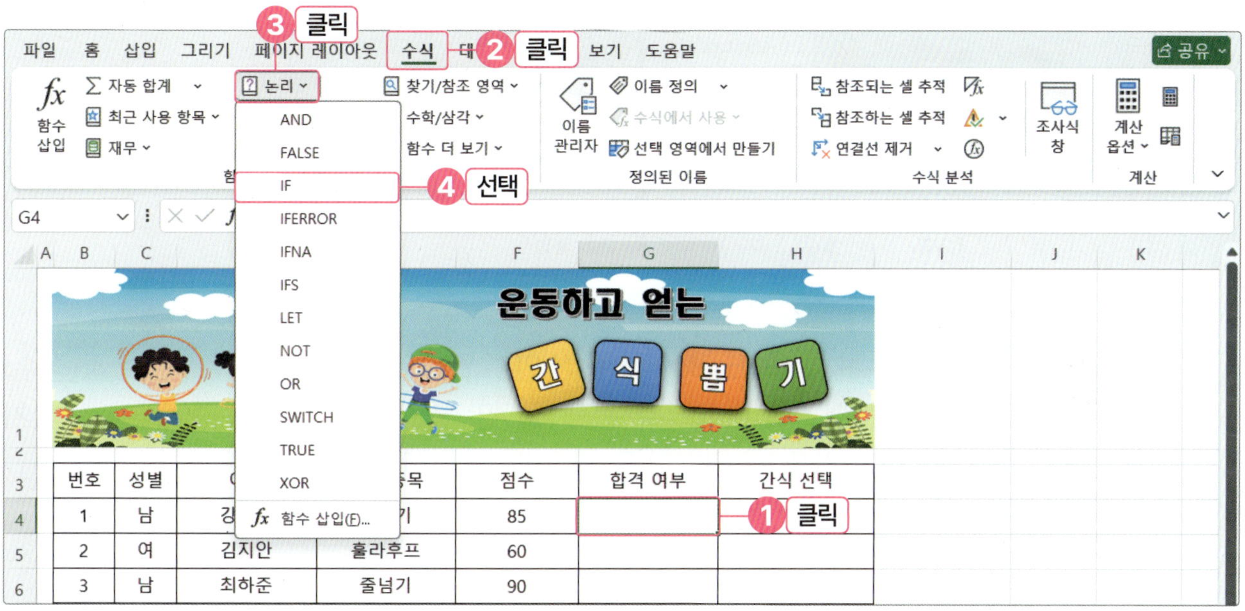

❸ [함수 인수] 대화상자가 나타나면 '점수'가 90점 이상이면 "합격", 그렇지 않으면 "불합격"이 표시되도록 함수 인수를 입력한 후 [확인]을 클릭한 다음 채우기 핸들로 [G9] 셀까지 드래그해요.

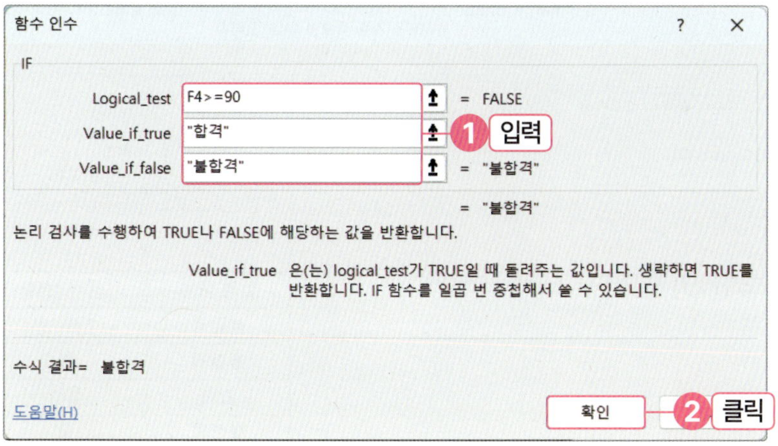

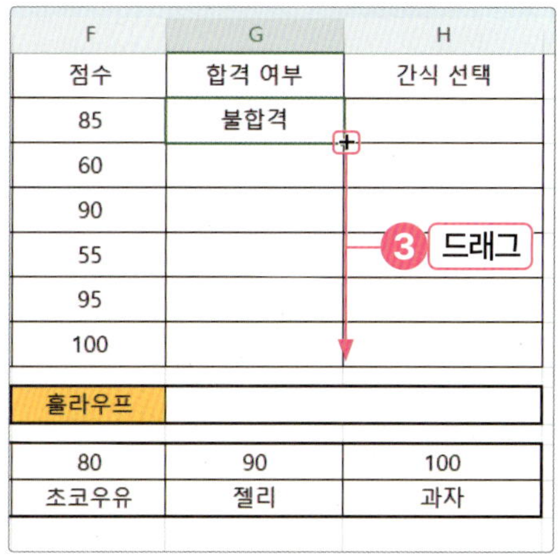

TIP

함수 인수에 텍스트를 입력하려면 큰 따옴표(" ")로 묶어서 입력해야 해요.

④ [H4] 셀을 클릭한 후 '점수'에 따라 간식을 선택할 수 있도록 [수식] 탭-[함수 라이브러리] 그룹에서 [찾기/참조 영역] 범주를 클릭한 다음 [HLOOKUP] 함수를 선택해요.

⑤ [함수 인수] 대화상자가 나타나면 'Lookup_value' 인수 값(점수), 'Table_array' 인수 값(점수표 범위). 'Row_Index_num' 인수 값(점수표의 두 번째 줄), 'Range_lookup' 인수 값(비슷하게 일치하는 값을 찾도록 '0'을 제외한 숫자 값)을 입력한 후 [확인]을 클릭해요.

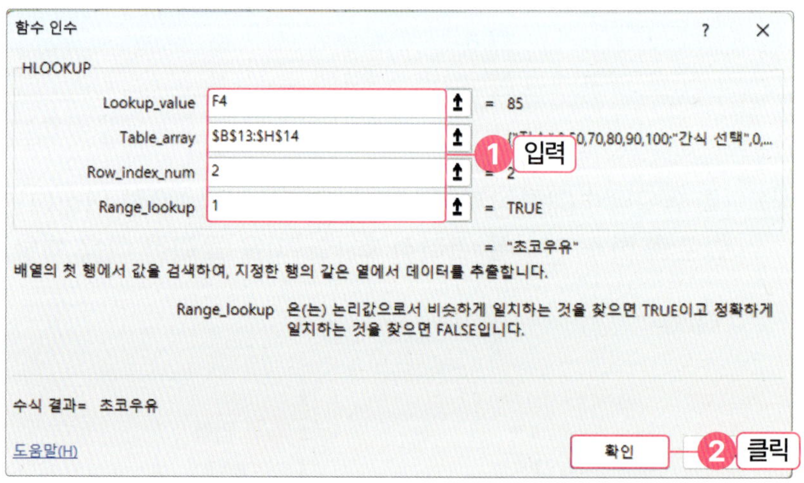

TIP

'Table_array' 인수 값은 셀 주소가 바뀌지 않도록 키보드의 F4를 눌러 절대 참조로 표시해요.

⑥ [H4] 셀을 클릭한 후 채우기 핸들로 [H9] 셀까지 드래그해요.

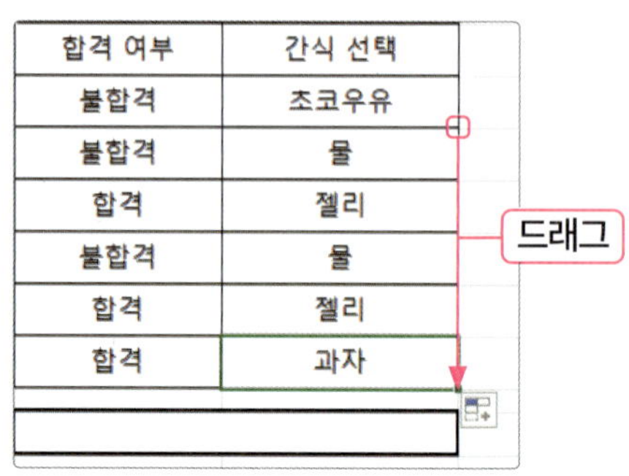

7 줄넘기 운동에 참여한 학생의 수를 구하기 위해 [D11] 셀을 클릭한 후 [수식] 탭-[함수 라이브러리] 그룹에서 [함수 더보기( )]-[통계] 범주의 [COUNTIF] 함수를 선택해요.

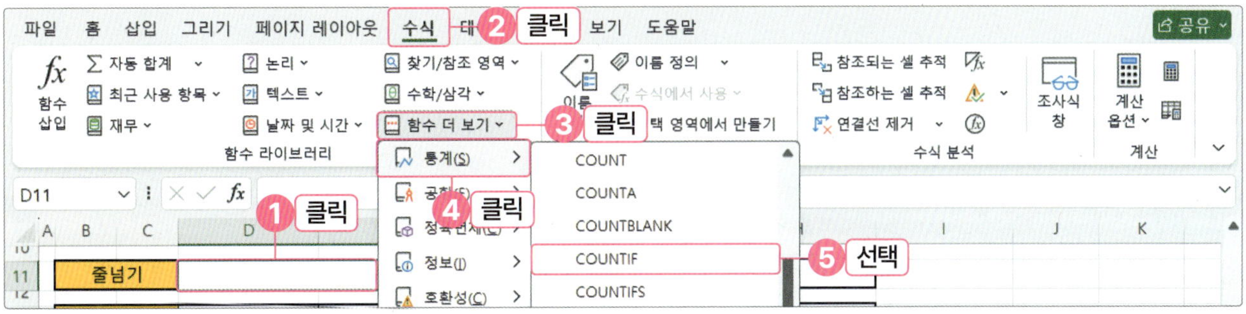

8 [함수 인수] 대화상자가 나타나면 'Range' 인수 값에 '참여 종목' 값 [E4:E9] 셀 범위를 드래그한 후 'Criteria' 인수는 '참여 종목' 항목에서 찾으려는 텍스트를 입력한 다음 [확인]을 클릭해요.

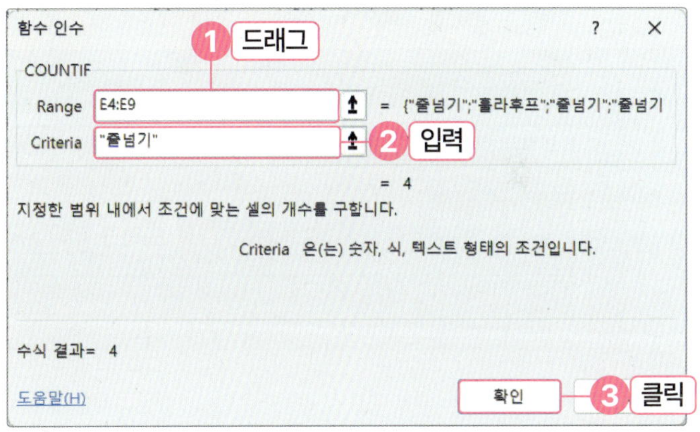

9 결과 값에 "명" 글자를 표시하기 위해 [D11] 셀을 더블클릭한 후 함수 뒤에 & 연산자를 이용해 "명"을 입력해요. (예, =COUNTIF(E4:E9,"줄넘기")&"명")

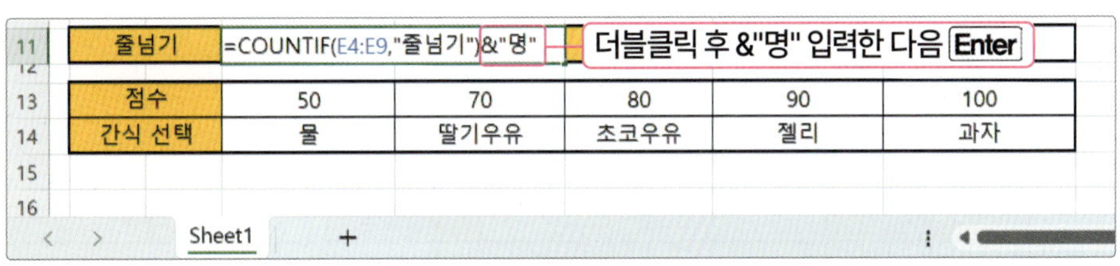

10 같은 방법으로 [G11] 셀을 클릭한 후 '훌라우프' 참여 학생 수를 [COUNTIF] 함수로 구해요.

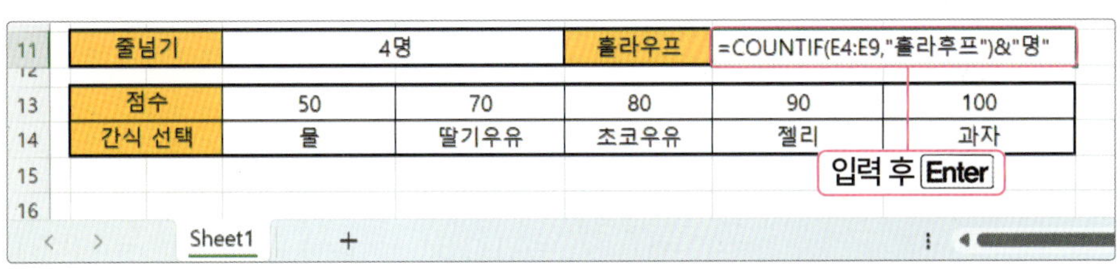

2 표 서식으로 꾸며요.

1. 표 서식을 적용할 [B3:H9] 셀 범위를 선택한 후 [홈] 탭-[스타일] 그룹에서 [표 서식( )]-[녹색, 표 스타일 보통 21]을 선택해요.

2. [표 만들기] 대화상자가 나타나면 [확인]을 클릭해요.

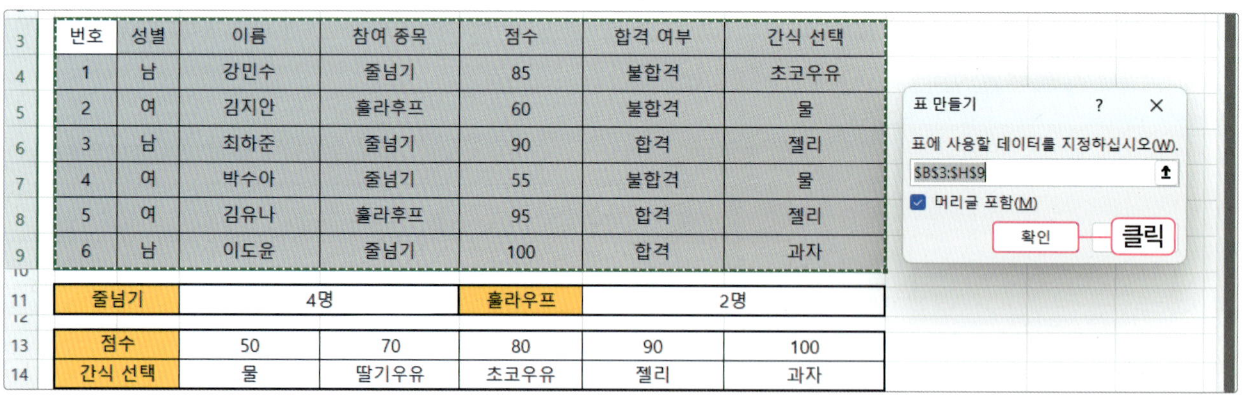

알고 넘어가요!

비교 연산자 종류

항목	=	<>	>	<	>=	<=
뜻	같다	같지 않다	크다	작다	크거나 같다	작거나 같다
예시	=A1=B1	=A1<>B1	=A1>B1	=A1<B1	=A1>=B1	=A1<=B1

CHAPTER 18

톡톡 학습

계산 천재로 가는 길!

01 다음 그림을 보고 알맞은 숫자를 넣어 수도쿠 게임을 완성해 보아요.

	1	7				3	5	
2			1		9			8
5				7				2
	7			4			8	
		5	6		8	4		
	4			9			1	
7				6				4
1			4		7			6
	6	3				8	7	

[수도쿠 게임 방식]

▶ 숫자 넣는 규칙

1부터 9까지의 숫자를 넣되,

☞ 가로 줄(행)에 같은 숫자가 두 번 나오면 안 돼요.

☞ 세로 줄(열)에 같은 숫자가 두 번 나오면 안 돼요.

☞ 작은 3×3 사각형 안에서도 같은 숫자가 반복되면 안 돼요.

▶ 목표

모든 칸을 1~9 숫자로 채우되, 가로 세로, 3×3 안에서 숫자가 겹치지 않게 채우는 게 목표예요!

CHAPTER 19

데이터로 보는 운동 능력 보고서

학습 목표

- AVERAGE, VLOOKUP 함수를 사용할 수 있어요.
- 스파크 라인으로 데이터의 변화를 알 수 있어요.

미리 보기 이렇게 만들어 보아요

불러올 파일 : 운동 보고서.xlsx 완성된 파일 : 운동 보고서_완성.xlsx

이름	테스트 (1차)	테스트 (2차)	테스트 (3차)	평균 점수	체력 등급	체력 변화
영훈	77	82	90	83	파워 챔피언	
지예	86	93	88	89	파워 챔피언	
예빈	95	81	91	89	파워 챔피언	
하준	100	87	95	94	마스터	
하나	54	67	65	62	숨은 고수	
승우	66	70	77	71	도전자	

점수	등급	설명
0	수련중	잠재력이 있지만 훈련이 필요해요!
60	숨은 고수	끈기를 가지고 노력해요!
70	도전자	균형 잡힌 체력왕!
80	파워 챔피언	엄청난 체육인!
90	마스터	타고난 체력 고수!
100	초능력자	모든 능력 최고치!

* **스파크라인 삽입** : [삽입] 탭-[스파크라인] 그룹 → [꺾은선형]을 클릭해요.

호기심 챗 GPT

엑셀의 스파크라인은 표 안에 들어가는 아주 작은 그래프로, 숫자의 변화를 쉽게 보여주는 기능이에요. 예를 들어 점수가 어떻게 올라가고 내려갔는지 선으로 나타내줘서 한눈에 이해할 수 있어요. 표 옆에 바로 들어가서 보기 편하고, 여러 사람의 변화를 비교하기에도 좋아요.

1 AVERAGE, VLOOKUP 함수를 사용해요.

❶ [운동 보고서.xlsx] 파일을 실행한 후 [F5] 셀을 클릭한 다음 [수식] 탭-[함수 라이브러리] 그룹에서 [함수 삽입(fx)]을 클릭해요.

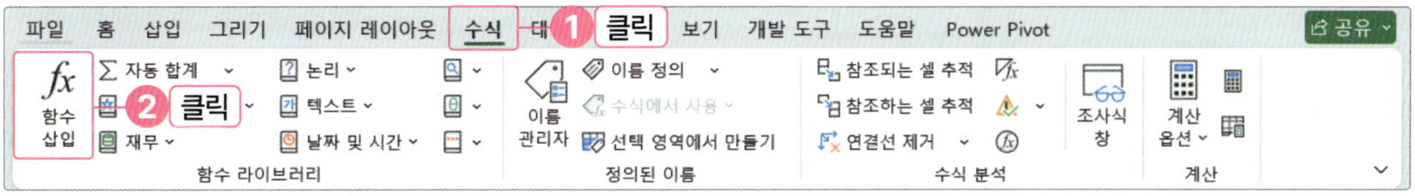

❷ [함수 마법사] 대화상자가 나타나면 [범주 선택] 목록에서 [통계]를 선택한 후 [함수 선택] 목록에서 [AVERAGE] 함수를 선택한 다음 [확인]을 클릭해요.

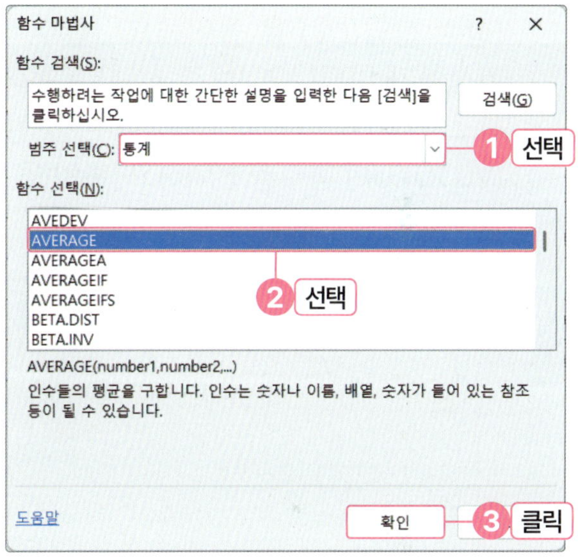

알고 넘어가요!

셀에 "=AVERAGE"를 입력한 후 함수 목록에서 'AVERAGE'를 선택한 다음 함수 삽입(fx)을 클릭하면 함수 인수를 쉽게 입력할 수 있어요.

❸ [함수 인수] 대화상자가 나타나면 'Number1'에 자동으로 선택된 [C5:E5] 셀 범위를 확인한 후 [확인]을 클릭해요.

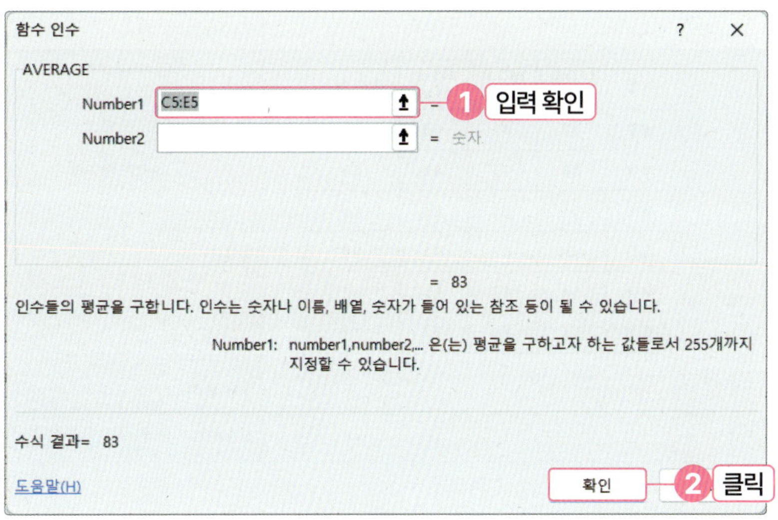

❹ [F5] 셀 값이 나타나면 채우기 핸들(+)을 [F10] 셀까지 드래그해요.

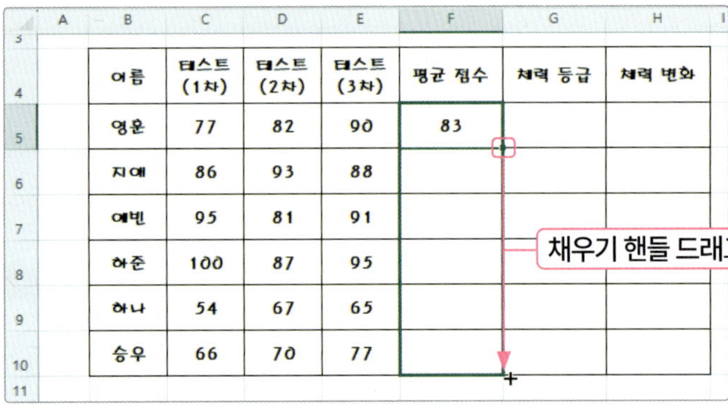

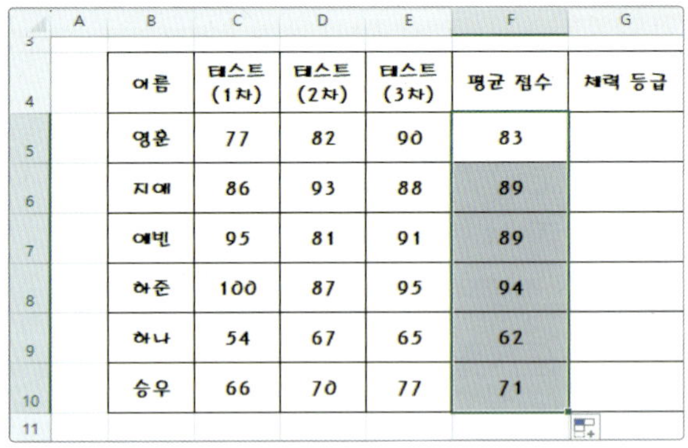

❺ 체력 등급을 구하기 위해 [G5] 셀을 클릭한 후 [함수 삽입(fx)]을 클릭해요. [함수 마법사] 대화상자가 나타나면 [범주 선택] 목록에서 [찾기/참조 영역]을 선택한 다음 [함수 선택] 목록에서 [VLOOKUP] 함수를 선택하고 [확인]을 클릭해요.

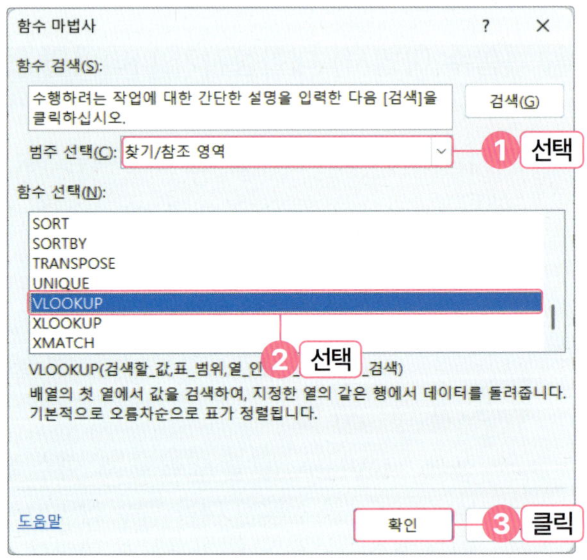

❻ [함수 인수] 대화상자가 나타나면 '평균 점수'를 기준으로 체력 등급을 구하기 위해 'Lookup_value' 인수 값 [F5] 셀을 클릭해요.

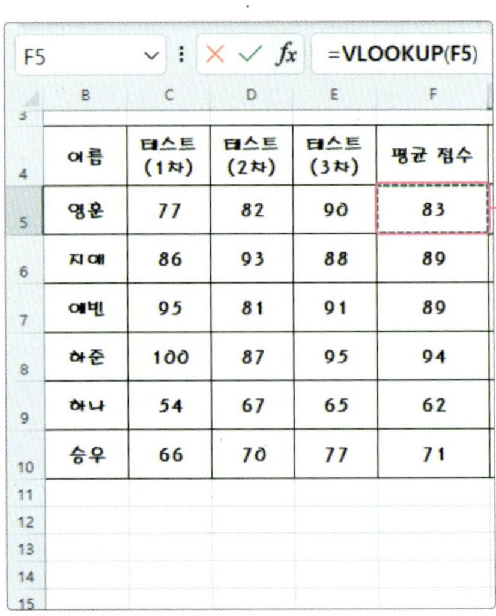

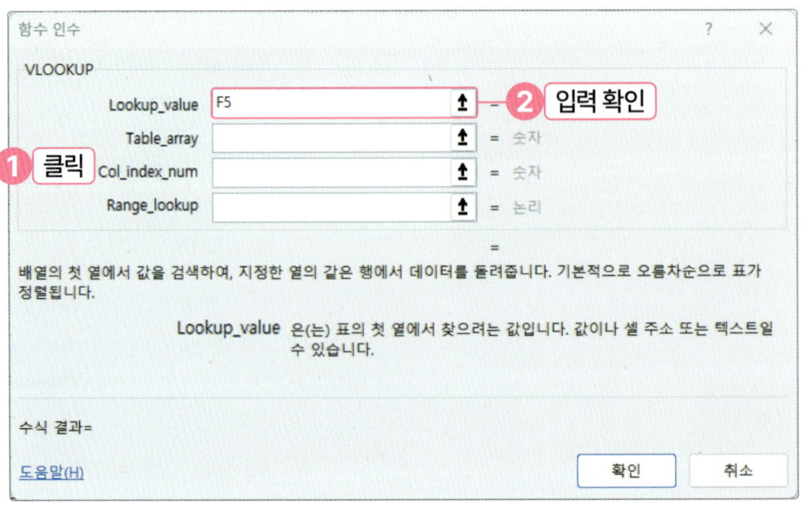

7 'Table_array' 인수 값은 평균 점수에 따른 등급 범위인 [J5:K10] 셀 범위를 입력한 후 F4를 눌러 절대 참조로 설정해요.

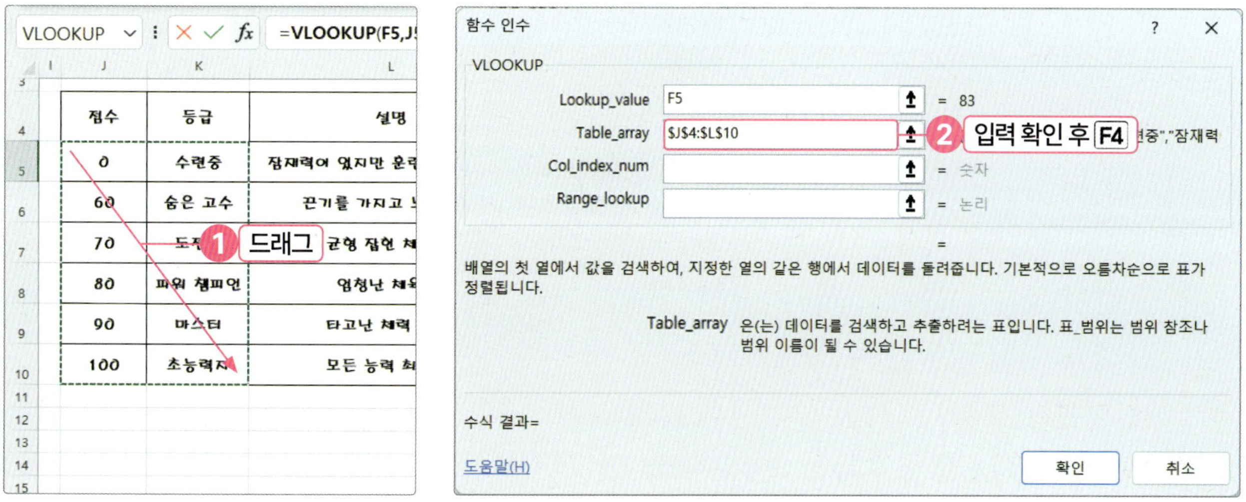

8 'Col_index_num' 인수 값으로 'Table_array'의 두 번째 K열의 등급을 표시하기 위해 "2"를 입력해요.

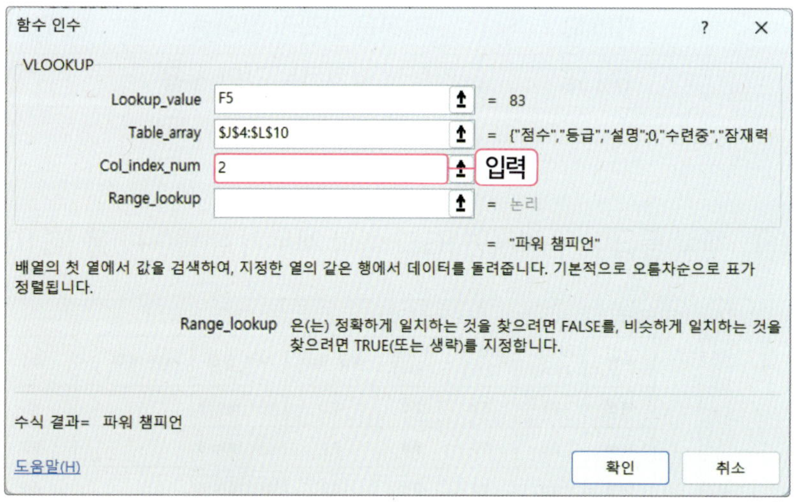

알고 넘어가요!

[VLOOKUP]과 [HLOOKUP]의 차이

[VLOOKUP]은 열(세로줄)을 기준으로 값을 찾고, [HLOOKUP]은 행(가로줄)을 기준으로 값을 찾아요.

9 비슷하게 일치하는 값을 찾기 위해 'Range_lookup' 인수 값으로 0이 아닌 숫자를 입력한 다음 [확인]을 클릭해요.

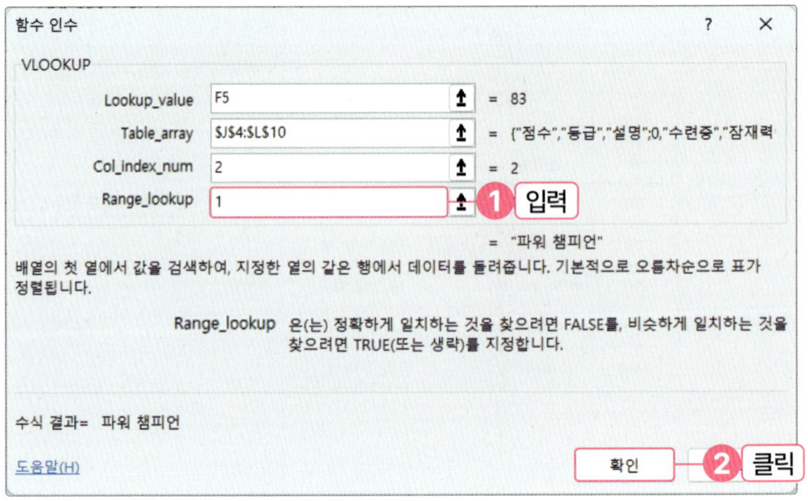

알고 넘어가요!

TRUE와 FALSE의 차이점

옵션	설명	예제
TRUE	가까운 값까지 찾아줌	83점이 없으면 82점이나 80점을 찾아서 출력
FALSE	정확히 일치하는 값만 찾음	83점이 없으면 오류 발생 (#N/A)

10 체력 등급이 구해지면 [G5] 셀의 채우기 핸들(+)을 [G10] 셀까지 드래그하여 값을 표시해요.

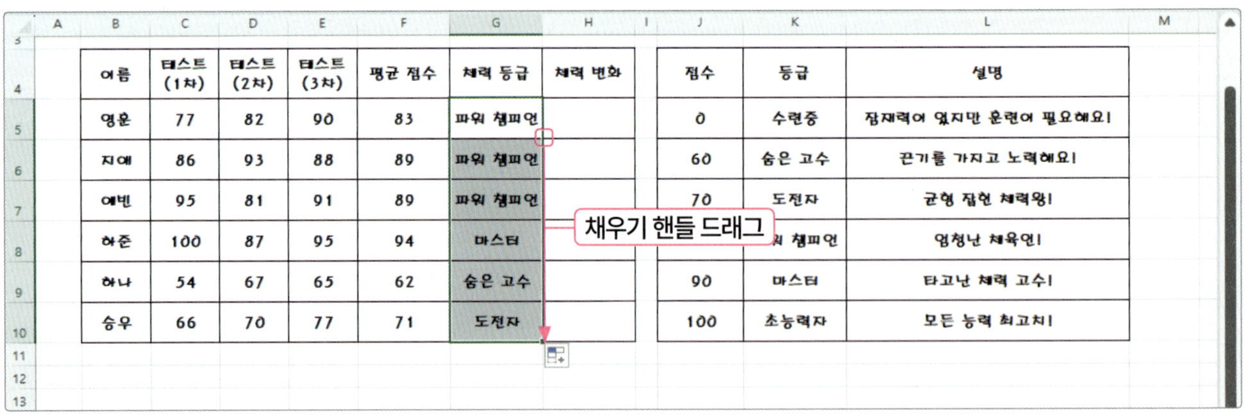

2 스파크 라인을 활용해 데이터의 변화를 확인해요.

1. 체력 변화를 그래프로 나타내기 위해 [H5] 셀을 클릭한 후 [삽입] 탭-[스파크라인] 그룹에서 [꺾은선형( )]을 클릭해요.

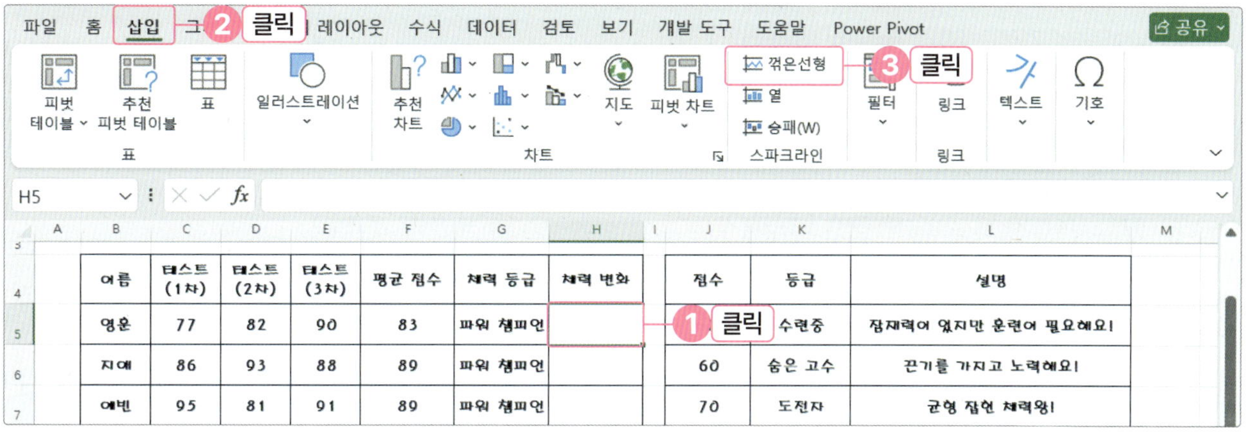

2. [스파크라인 만들기] 대화상자가 나타나면 [데이터 범위]를 클릭한 후 [C5:E5] 셀 범위를 드래그하여 입력한 다음 [확인]을 클릭해요.

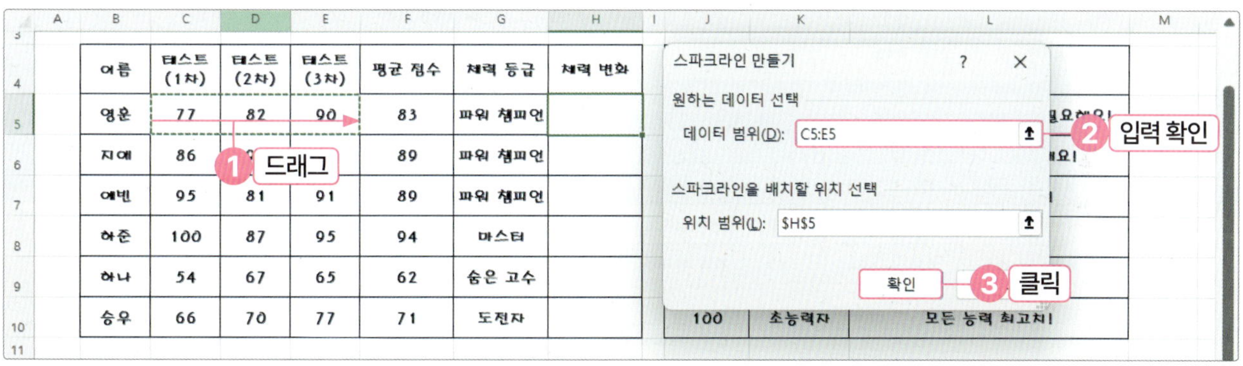

3. 체력 변화 스파크라인이 삽입되면 [H5] 셀의 채우기 핸들( )로 [H10] 셀까지 드래그해요.

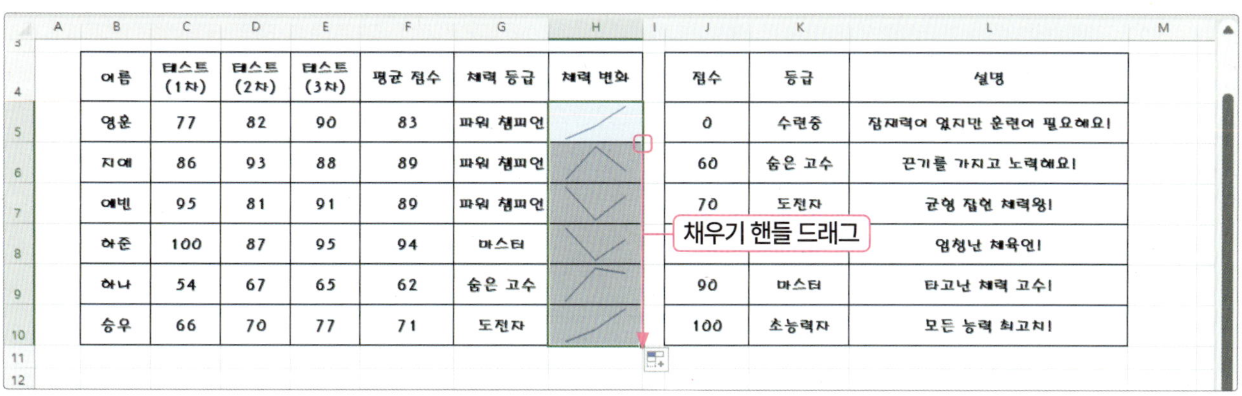

4 [B4:H10] 셀 범위를 선택한 후 [홈] 탭-[스타일] 그룹에서 [표 서식( )]을 클릭한 다음 [파랑, 표 스타일 보통 6]을 선택해요. [표 만들기] 대화상자가 나타나면 [확인]을 클릭해요.

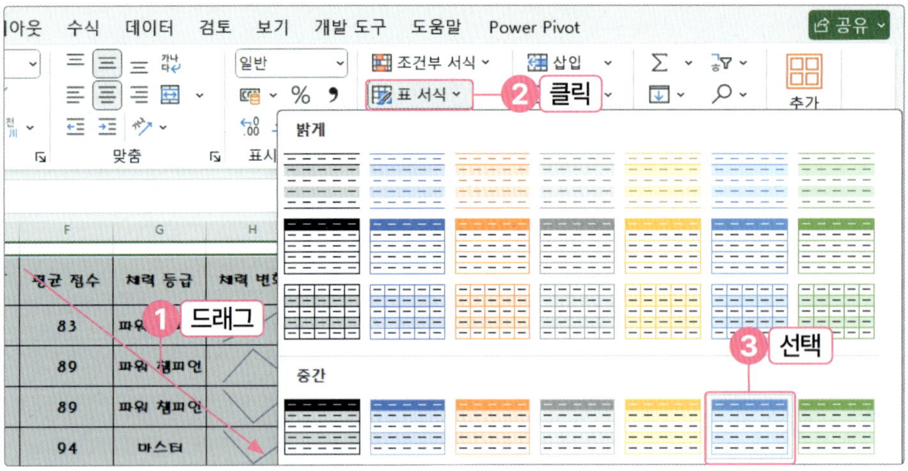

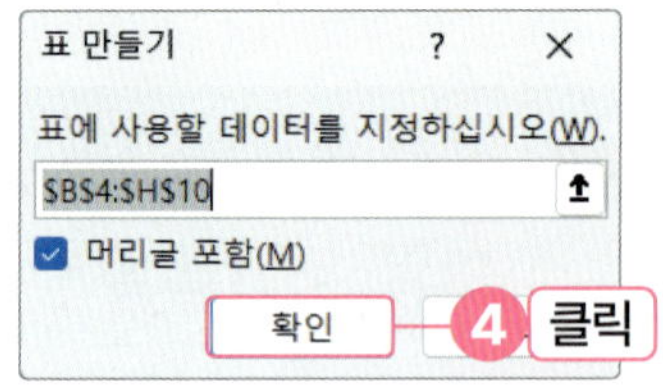

5 필터 단추를 없애기 위해 표를 클릭한 후 [테이블 디자인] 탭-[표 스타일 옵션] 그룹에서 [필터 단추]를 클릭해 체크를 해제해요.

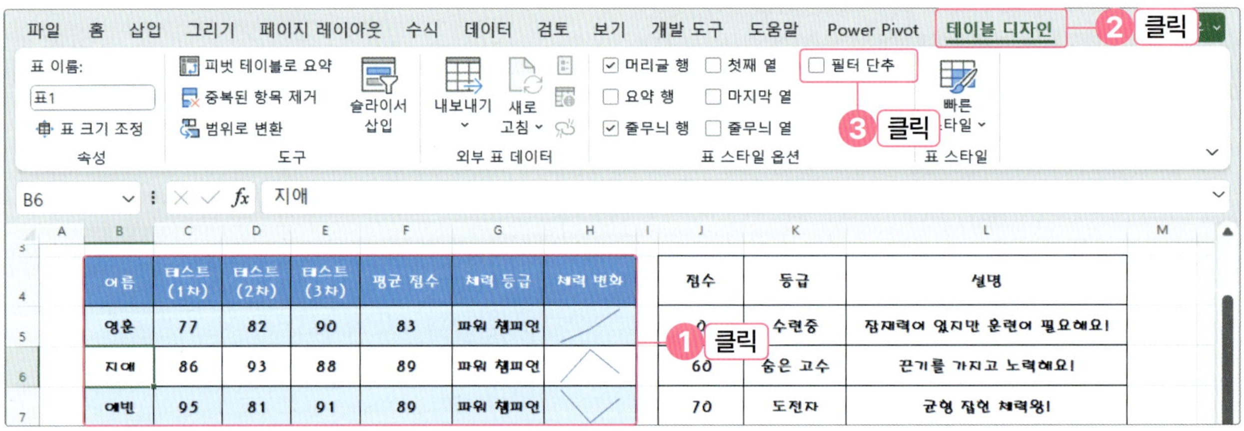

6 [J4:L10] 셀 범위를 선택한 후 [표 서식( )]-[주황, 표 스타일 보통 3]을 선택한 다음 [필터 단추]를 클릭하여 체크를 해제 해요.

CHAPTER 19

톡톡 학습

계산 천재로 가는 길!

01 [날씨 예보.xlsx] 파일을 실행한 후 작성 조건에 맞게 완성해 보아요.

불러올 파일 : 날씨 예보.xlsx　완성된 파일 : 날씨 예보_완성.xlsx

요일	최고 기온(℃)	최저 기온(℃)	평균 습도(%)	강수량(mm)
월요일	15	5	60	3
화요일	18	7	55	0
수요일	20	9	50	5
목요일	22	10	48	1
금요일	25	12	45	0
토요일	28	15	40	2
일요일	26	14	42	4

문제	정답
일주일간 최고 기온 평균 구하기	22℃
평균 습도 구하기	49%
금요일의 습도 찾기	45%
수요일의 강수량 찾기	5mm

[작성 조건]

① [AVERAGE] 함수로 일주일간 최고 기온 평균 값을 입력해요. (예, C4:C10)

② [AVERAGE] 함수로 평균 습도 구하기값을 입력해요. (예, E4:E10)

③ [VLOOKUP] 함수로 금요일의 습도 찾기 값을 구해요.

- 찾을 값 : 금요일, 찾을 범위 : (B4:F10), 가져올 열 번호: 4, 정확히 찾을지 여부 : FALSE

④ [VLOOKUP] 함수로 수요일의 강수량 찾기 값을 구해요.

- 찾을 값 : 수요일, 찾을 범위 : (B4:F10), 가져올 열 번호: 5, 정확히 찾을지 여부 : FALSE

CHAPTER

20 보물찾기 플리마켓 판매현황

학습 목표

- 셀 목록에 이름을 정의할 수 있어요.
- 데이터 유효성 검사 설정으로 셀 값을 쉽게 입력할 수 있어요.

미리 보기 이렇게 만들어 보아요

불러올 파일 : 플리마켓.xlsx 완성된 파일 : 플리마켓_완성.xlsx

번호	학년	반	이름	상품명	상품 종류	가격	수량	판매여부
1	5	3	박아름	알록달록 후드티	패션	15,000	1	O
2	5	4	이민수	폭신폭신 쿠션	인테리어	8,000	2	X
3	6	1	이은희	패션왕 가방	패션	6,000	2	X
4	4	2	김윤우	내 맘대로 액자	인테리어	4,000	3	O
5	6	5	한우재	따뜻 할 점퍼	패션	20,000	1	X
6	6	2	임준혁	내 친구 곰돌이	인테리어	5,000	3	O
7	4	3	이민정	마르지 않는 텀블러	주방	12,000	2	O

O, X로 표시
목록에서 선택하세요

상품명	판매여부
패션	O
인테리어	X
주방	

② **유효성 검사** : [데이터] 탭-[데이터 도구] 그룹 → [데이터 유효성 검사]를 클릭해요.

① **이름 정의** : [수식] 탭-[정의된 이름] 그룹 → [이름 정의]를 클릭해요.

호기심 챗 GPT

엑셀의 데이터 유효성 검사는 셀에 들어갈 내용을 정해주는 기능이에요.

숫자만 쓰게 하거나, 정해진 단어만 선택하게 만들 수 있어요. 예를 들어, 1부터 10까지만 입력하거나 '사과', '바나나' 중에서만 고르게 할 수 있어요. 이렇게 하면 실수로 잘못된 내용을 입력하는 걸 막을 수 있어요. 데이터 유효성 검사는 엑셀에서 실수를 줄여주는 똑똑한 기능예요!

1 셀 목록에 이름을 정의해요.

❶ [플리마켓.xlsx] 파일을 실행한 후 [L4:L6] 셀 범위를 선택한 후 [수식] 탭-[정의된 이름] 그룹에서 [이름 정의( )]를 클릭해요.

❷ [새 이름] 대화상자가 나타나면 이름(상품명)을 입력한 후 [확인]을 클릭해요.

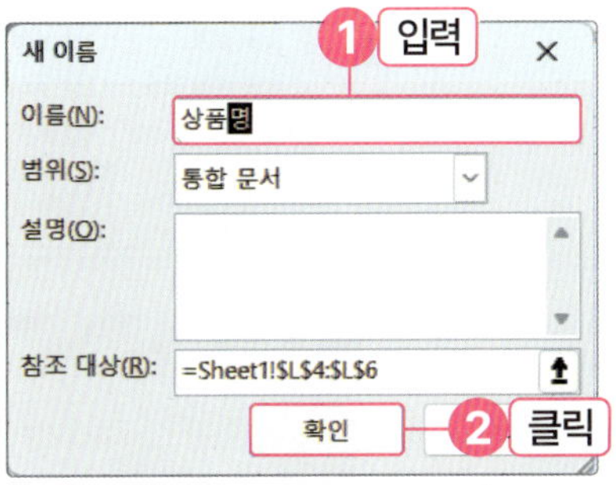

❸ [M4:M5] 셀 범위를 선택한 후 [이름 정의( )]를 클릭한 다음 [새 이름] 대화상자가 나타나면 이름(판매여부)를 입력하고 [확인]을 클릭해요.

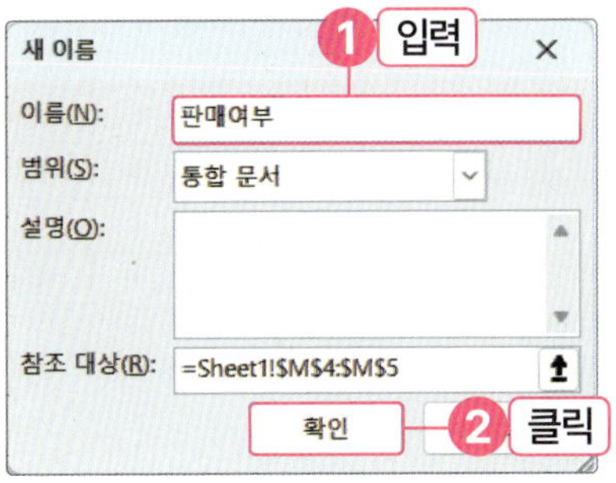

❹ 이름 정의한 셀 범위를 선택하면 [이름 상자]에 셀 주소가 정의된 이름으로 표시돼요.

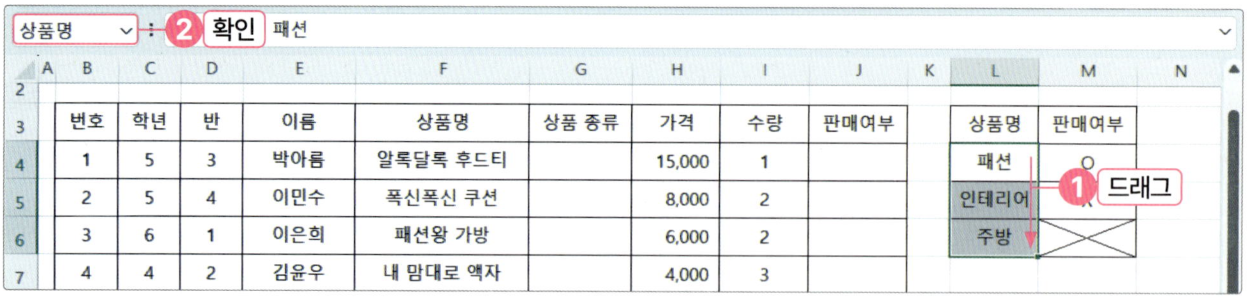

알고 넘어가요!

이름 상자를 이용한 이름 정의 방법

이름을 정의할 셀 범위를 선택한 후 [이름 상자]에 직접 이름을 입력한 다음 Enter 를 눌러요.

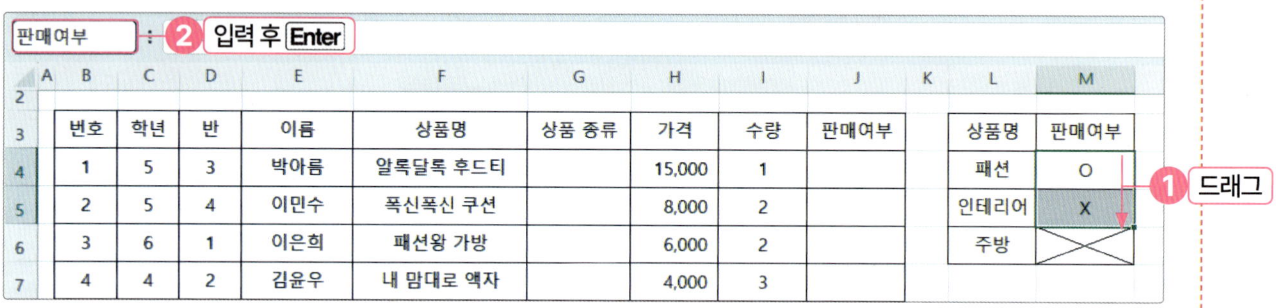

정의된 이름 삭제하기

[수식] 탭-[정의된 이름] 그룹에서 [이름 관리자( )]를 클릭해요. [이름 관리자] 대화상자가 나타나면 삭제할 이름을 선택한 후 [삭제] 버튼을 클릭해요.

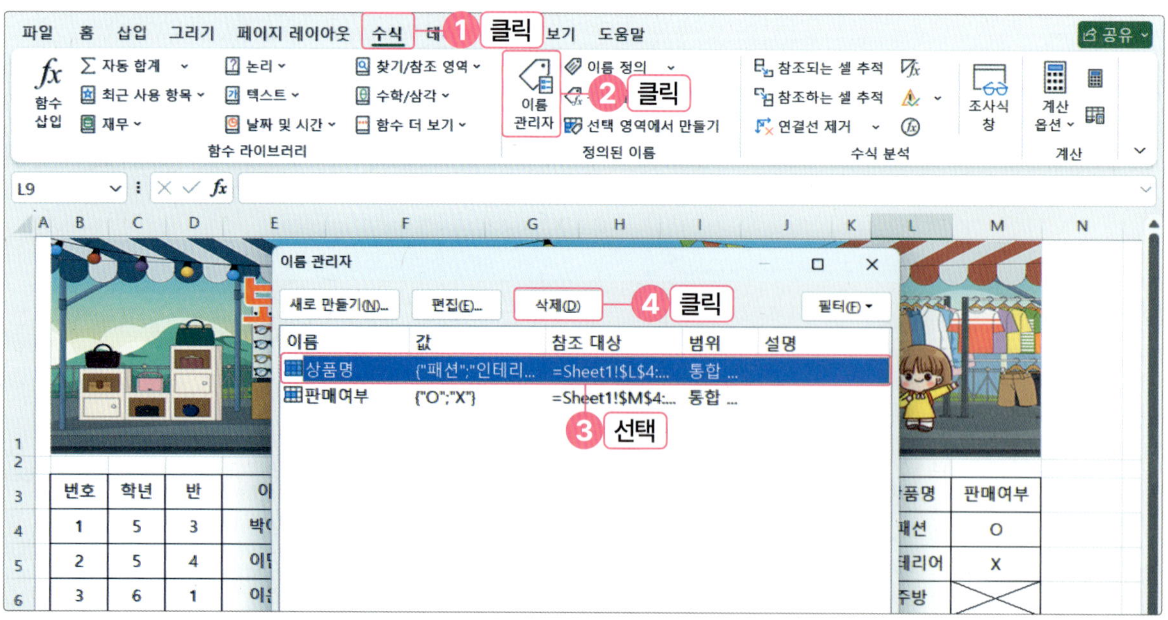

2 데이터 유효성 검사를 설정해요.

① 데이터 유효성 검사로 값을 입력할 [G4:G10] 셀 범위를 선택한 후 [데이터] 탭-[데이터 도구] 그룹에서 [데이터 유효성 검사()]를 선택해요.

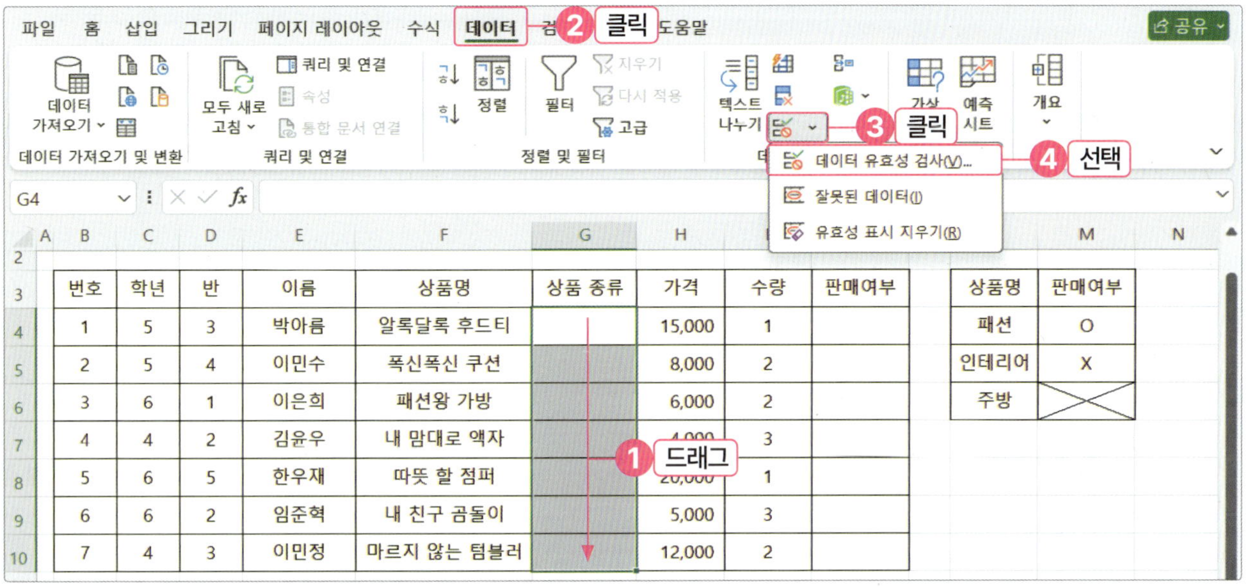

② [데이터 유효성] 대화상자가 나타나면 [설정] 탭에서 제한 대상(목록)을 선택한 후 원본(=상품명)을 입력한 다음 [확인]을 클릭해요.

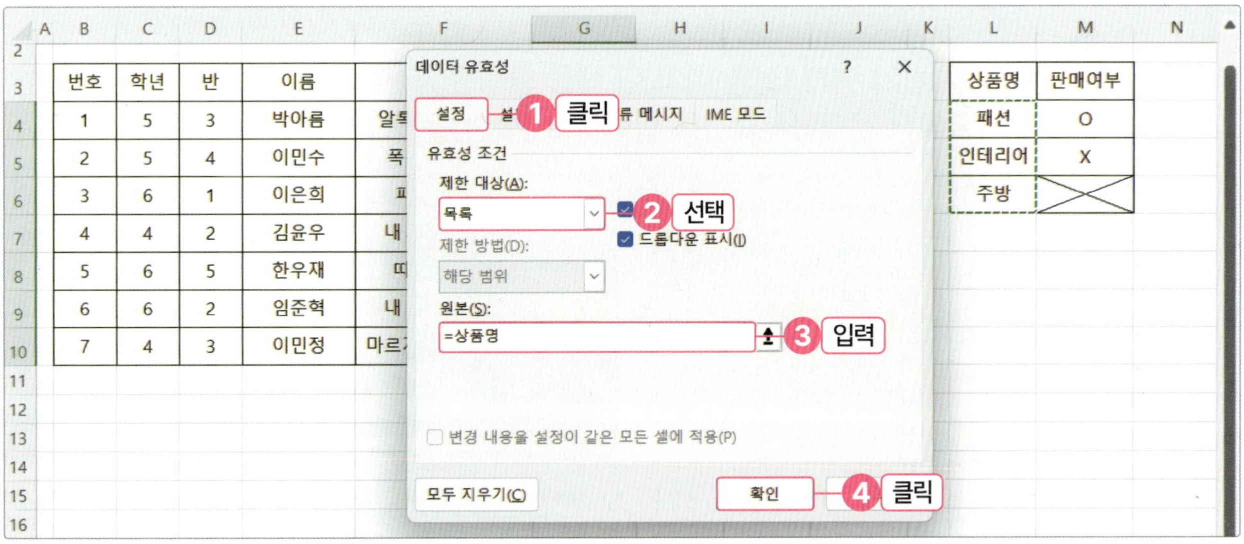

TIP

[데이터 유효성] 대화상자에서 원본 입력란을 클릭한 후 [L4:L6] 셀 범위를 드래그하면 정의된 이름으로 표시되며, 이름 정의를 하지 않으면 드래그한 셀 범위 주소로 표시돼요.

❸ 유효성 검사가 설정된 [G4:G10] 셀의 목록 단추(▾)를 클릭하면 상품 종류가 나타나요.

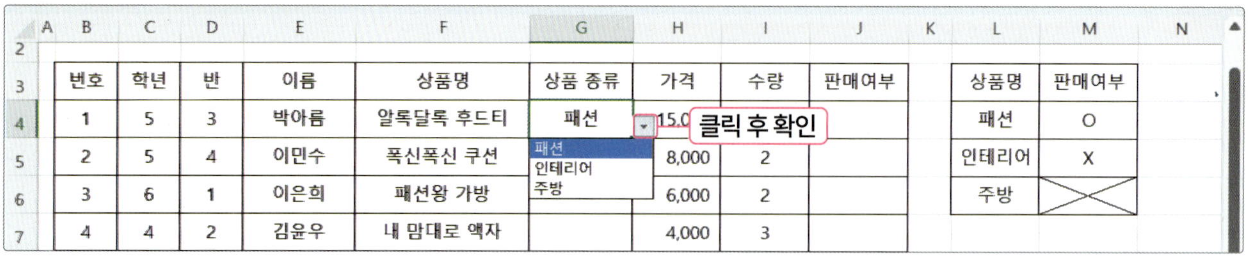

❹ J열 [판매여부]에 같은 방법으로 [데이터 유효성 검사()]를 클릭한 후 [데이터 유효성] 대화상자가 나타나면 [설정] 탭에서 제한 대상(목록)을 선택한 다음 원본(판매여부)을 입력해요.

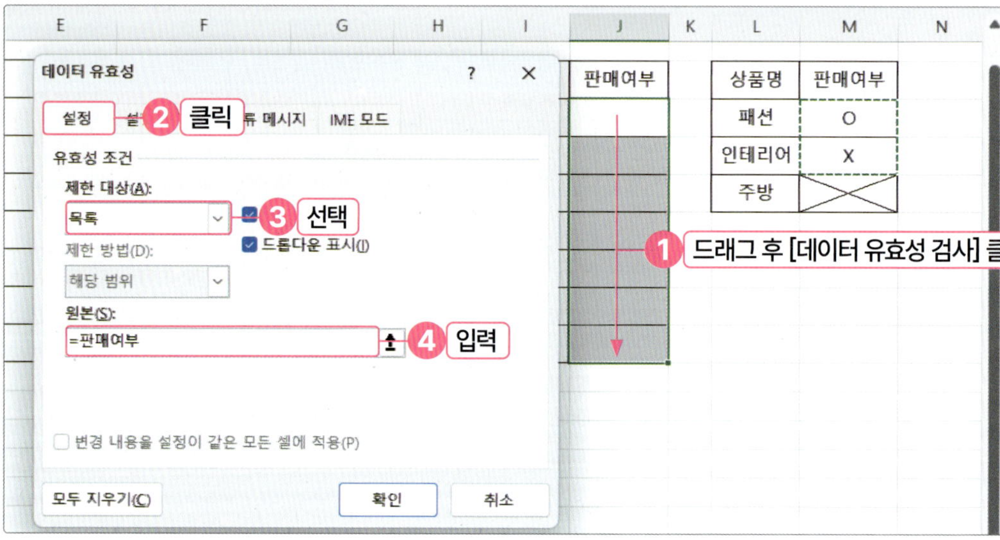

❺ 설명 메시지를 표시하기 위해 [설명 메시지] 탭을 클릭한 후 제목("O,X로 표시")을 입력한 다음 설명 메시지("목록에서 선택하세요.")를 입력하고 [확인]을 클릭해요. 이어서 상품 종류와 판매여부를 입력해요.

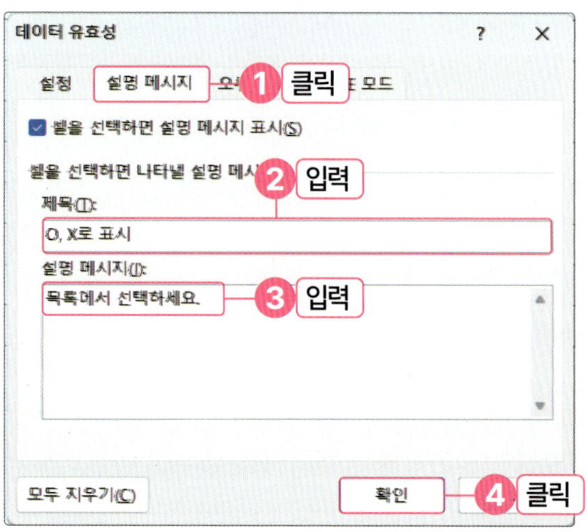

3 표 서식과 테두리를 설정해요.

❶ [B3:J10] 셀 범위를 선택한 후 [홈] 탭-[스타일] 그룹에서 [표 서식( )]-[주황, 표 스타일 보통 3]을 선택해요. [표 만들기] 대화상자의 [확인]을 클릭해요.

❷ [테이블 디자인] 탭-[표 스타일 옵션] 그룹에서 [필터 단추]를 클릭하여 체크를 해제해요.

③ [B3:J10] 셀 범위에 테두리를 설정하기 위해 [홈] 탭-[글꼴] 그룹에서 [테두리]-[굵은 바깥쪽 테두리(⊞)]를 선택해요.

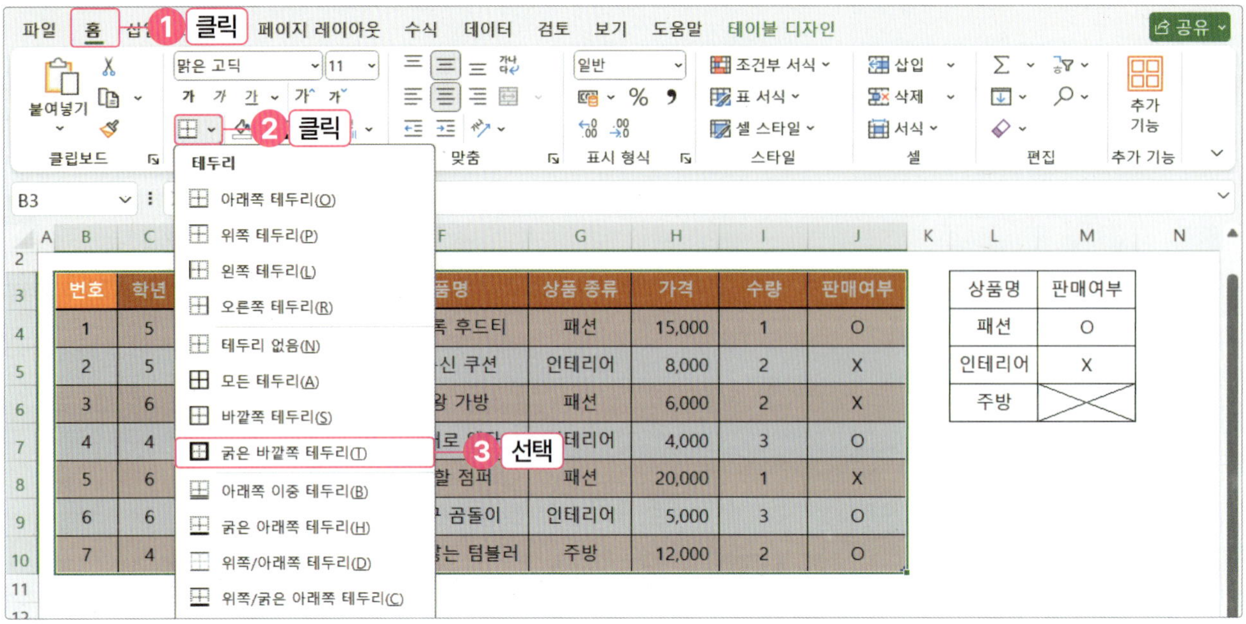

④ [L3:M6] 셀 범위를 드래그한 후 [표 서식(▦)]과 [테두리(⊞)]를 클릭하여 같은 방법으로 수정해요.

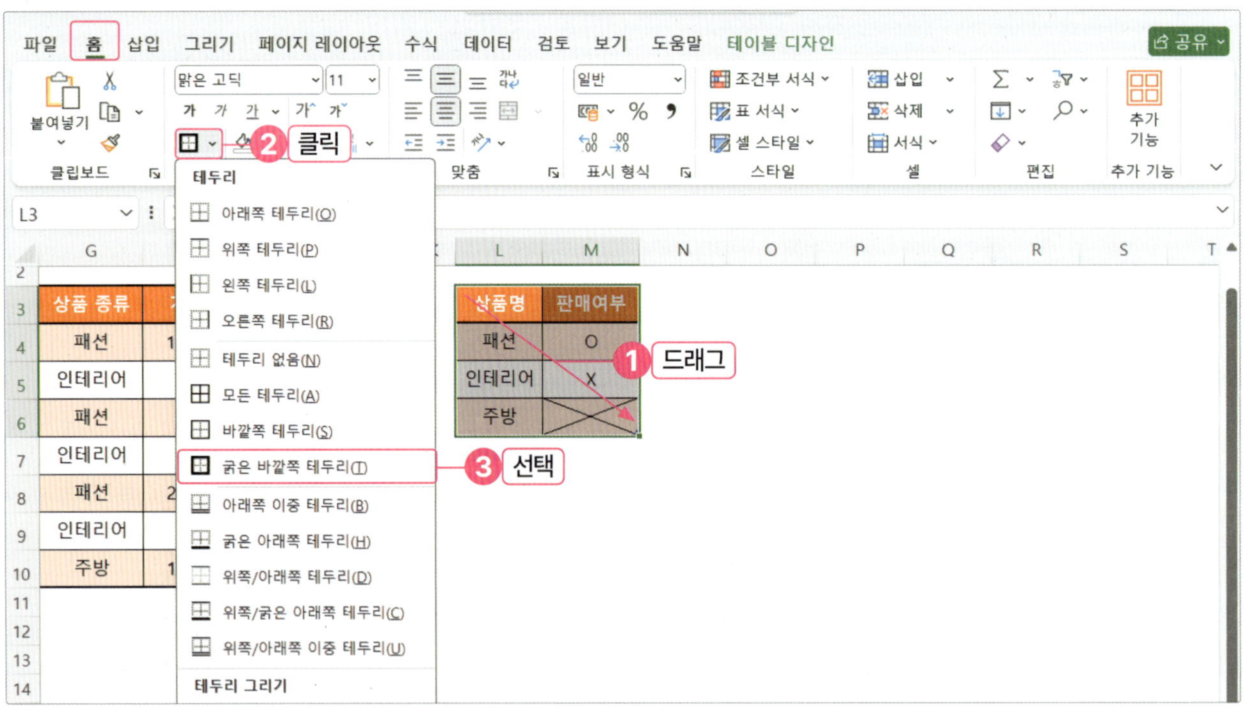

CHAPTER 20

톡톡 학습

계산 천재로 가는 길!

01 다음 중 데이터 유효성 검사의 장점으로 맞는 것은?

① 아무 숫자나 다 쓸 수 있다.

② 셀 크기가 커진다.

③ 정해진 값만 쓸 수 있어서 실수를 줄일 수 있다.

④ 그림을 자동으로 그린다.

02 다음 중 데이터 유효성 검사를 사용한 상황으로 알맞은 것은?

① 표에 배경 그림을 넣을 때

② 셀에 아무 글자나 쓰고 싶을 때

③ '1부터 10 사이의 숫자만 입력되게 하고 싶을 때

④ 셀을 여러 개 합치고 싶을 때

03 셀에서 '이름 정의'는 어디에 이름을 만드는 기능일까요?

① 사진

② 셀이나 셀 범위

③ 그래프

④ 버튼

04 다음 중 표 서식을 적용하면 생기는 변화가 아닌 것은?

① 줄무늬 배경이 생길 수 있다.

② 표에 필터(▼)가 생긴다.

③ 셀 크기가 자동으로 작아진다.

④ 표가 보기 좋게 정리된다.

CHAPTER 21

엑셀~check! 이만큼 배웠어요!

기온 별 옷차림

01 셀을 병합하고 도형을 삽입해 기온 별 옷차림을 만들어 보아요.

미리 보기 이렇게 만들어 보아요

불러올 파일 : 옷차림.xlsx 완성된 파일 : 옷차림_완성.xlsx

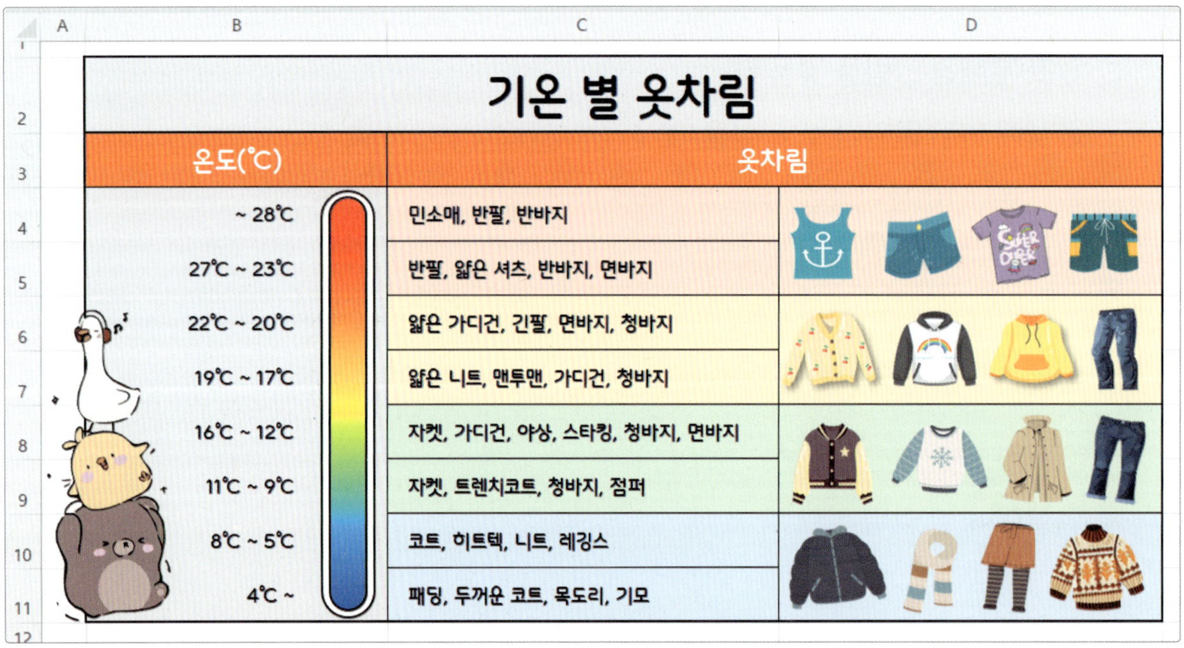

기온 별 옷차림		
온도(℃)	옷차림	
~ 28℃	민소매, 반팔, 반바지	
27℃ ~ 23℃	반팔, 얇은 셔츠, 반바지, 면바지	
22℃ ~ 20℃	얇은 가디건, 긴팔, 면바지, 청바지	
19℃ ~ 17℃	얇은 니트, 맨투맨, 가디건, 청바지	
16℃ ~ 12℃	자켓, 가디건, 야상, 스타킹, 청바지, 면바지	
11℃ ~ 9℃	자켓, 트렌치코트, 청바지, 점퍼	
8℃ ~ 5℃	코트, 히트텍, 니트, 레깅스	
4℃ ~	패딩, 두꺼운 코트, 목도리, 기모	

기온 별 옷차림 만드는 방법

1. [옷차림.xlsx] 파일을 실행해요.
2. [B2:D2] 셀 범위를 선택한 후 [홈] 탭-[맞춤] 그룹에서 [병합하고 가운데 맞춤( )]을 선택해요.
3. [B2] 셀을 클릭한 후 [홈] 탭-[글꼴] 그룹에서 [테두리-굵은 바깥쪽 테두리( )]를 클릭한 다음 [채우기 색( )]을 선택해요.
4. [B3] 셀에 "온도"를 입력한 후 [삽입] 탭-[기호] 그룹에서 [기호(Ω)]를 클릭해요. [기호] 대화상자가 나타나면 [하위 집합]에서 [글자 모양 기호]를 선택한 다음 '℃'를 클릭하고 삽입해요.
5. [C3:D3] 셀 범위를 선택한 후 [병합하고 가운데 맞춤( )]을 선택한 다음 "옷차림"을 입력해요. [B3:C3] 셀 범위를 선택한 후 [채우기 색( )]과 [글꼴 색(가)]을 선택해요.
6. [C4:C11] 셀에 내용을 입력한 후 [D6:D7], [D8:D9], [D10:D11] 셀을 각각 선택한 다음 [병합하고 가운데 맞춤( )]을 클릭해요. 이어서 [채우기 색( )]을 클릭하고 기온에 맞는 [옷] 이미지를 삽입해요.
7. [B3:D11] 셀 범위를 선택한 후 [홈] 탭-[글꼴] 그룹에서 [테두리]-[굵은 바깥쪽 테두리( )]를 클릭해요.

CHAPTER 22

엑셀~check! 이만큼 배웠어요!

주사위를 던져라!

01 엑셀의 다양한 기능을 이용해 보드게임판을 만들어 보아요.

미리 보기 이렇게 만들어 보아요

불러올 파일 : 주사위 보드게임.xlsx　완성된 파일 : 주사위 보드게임_완성.xlsx

보드게임판 만드는 방법

❶ [주사위 보드게임.xlsx] 파일을 실행해요.

❷ [H2] 셀을 클릭한 후 [홈] 탭-[글꼴] 그룹에서 [채우기 색( )]을 선택해요.

❸ [H2] 셀에 “미니게임”을 입력한 다음 Alt + Enter 를 눌러 줄바꿈을 하고 “아.파.트”를 입력해요.

❹ [I2] 셀을 클릭한 후 [삽입] 탭-[일러스트레이션] 그룹-[그림( )]-[이 디바이스]-[불러올 파일]-[이미지]-[강아지] 이미지를 삽입해요.

❺ [H6] 셀을 클릭한 후 “왕”을 입력한 다음 한자 를 눌러 한자 “王”으로 변환해요.

❻ [H6] 셀을 클릭한 후 바로 가기 메뉴에서 [검토] 탭-[메모] 그룹에서 [새 메모( )]를 클릭한 다음 “내가 왕이 될 상인가! 원하는 친구 두명 자리 바꾸기”를 입력해요. 이어서 [검토] 탭-[메모] 그룹에서 [메모 표시/숨기기]를 클릭해요.

❼ [삽입] 탭-[일러스트레이션] 그룹-[그림( )]-[이 디바이스]를 클릭한 후 [불러올 파일]-[이미지]-[사다리] 이미지를 삽입한 다음 회전 조절점을 이용해 회전해요.

❽ [그리기] 탭-[그리기 도구] 그룹에서 [펜( )]을 선택한 후 [G7] 셀과 [D5] 셀을 연결하는 화살표를 그려요.(펜 두께 :1mm, 색 : 무지개) 화살표를 그리고 난 후 Esc 를 눌러요.

❾ [삽입] 탭-[일러스트레이션] 그룹-[그림( )]-[이 디바이스]를 클릭한 후 보드게임판에 그림과 내용을 입력하여 파일을 완성해요.

CHAPTER

엑셀~check! 이만큼 배웠어요!

23 컴교실 지켜야 할 약속

01 SmartArt를 이용하여 컴교실 지켜야 할 약속 포스터를 완성해 보아요.

미리 보기 이렇게 만들어 보아요

불러올 파일 : 컴교실 약속.xlsx 완성된 파일 : 컴교실 약속_완성.xlsx

컴교실 지켜야 할 약속 만드는 방법

❶ [컴교실 약속.xlsx] 파일을 실행해요.

❷ [삽입] 탭-[텍스트]를 클릭한 후 그룹에서 WordArt( )를 클릭한 후 그라데이션 채우기( ): 황금색, 강조색 4, 윤곽선: 황금색, 강조색 4)를 선택해요.

❸ "컴교실 지켜야 할 약속" 텍스트를 입력한 후 [홈] 탭-[글꼴] 그룹에서 글꼴(휴먼매직체), 글꼴 크기(40pt)를 수정한 다음 WordArt의 위치를 이동해요.

❹ [도형 서식] 탭-[WordArt 스타일] 그룹에서 [텍스트 효과( )]-[네온]-[네온( ): 5pt, 주황, 강조색 2]를 클릭해요.

❺ [삽입] 탭-[일러스트레이션] 그룹에서 [SmartArt( )]를 클릭해요.

❻ SmartArt 그래픽 선택 대화상자가 나타나면 [목록형( )]-[세로 그림 강조 목록형( )]을 클릭해요.

❼ 삽입한 SmartArt 테두리를 클릭한 후 [SmartArt 디자인] 탭-[그래픽 만들기] 그룹에서 [도형 추가( )]를 클릭하여 목록 2개를 더 추가한 다음 SmartArt의 위치를 이동해요.

❽ SmartArt의 그림 아이콘( )을 클릭한 후 [파일에서]를 클릭한 다음 [불러올 파일]-[이미지] 폴더에서 그림 파일을 순서대로 삽입해요.

❾ SmartArt의 텍스트 도형에 다음 내용을 순서대로 입력해요.

[입력할 내용]

- 손을 깨끗이 하고 컴퓨터를 사용해요.
- 음식물을 먹지 않아요.
- 컴퓨터에 문제가 생기면 선생님께 먼저 말해요.
- 게임이나 인터넷을 선생님 허락없이 접속하지 않아요.
- 컴퓨터 사용 후에 정리정돈을 잘해요.

❿ [SmartArt 디자인] 탭-[SmartArt 스타일] 그룹에서 [색 변경( )]-[색상형-강조색]을 클릭한 후 [SmartArt 스타일]-[3차원-만환]을 클릭해요.

엑셀~check! 이만큼 배웠어요!

CHAPTER 24

엑셀로 알아보는 나의 MBTI

01 함수를 이용하여 MBTI 테스트 결과를 표시해 보아요.

미리 보기 이렇게 만들어 보아요

불러올 파일 : MBTI.xlsx   완성된 파일 : MBTI_완성.xlsx

▶▶ 여기에 'O' 또는 'X'로 대답해 보세요

번호	질문 내용	내 대답	MBTI 결과 계산 (자동으로 계산돼요!)	
1	나는 사람들과 어울리는 것이 좋다.	X	E/I 결과	I
2	나는 혼자 있는 게 편하다.	O	S/N 결과	S
3	나는 사실적인 것이 좋다.	O	T/F 결과	T
4	나는 상상하는 걸 좋아한다.	X	J/P 결과	J
5	나는 감정보다 논리를 따른다.	O	최종 결과	당신의 MBTI는 ISTJ입니다!
6	나는 다른 사람의 감정을 잘 이해한다.	X		
7	나는 계획을 세우는 것을 좋아한다.	O		
8	나는 그때그때 결정하는 것을 좋아한다.	X		

엑셀로 알아보는 MBTI 만드는 방법

❶ [MBTI.xlsx] 파일을 실행해요.

❷ MBTI 질문 내용을 읽고, 내 대답 영역(C4:C11)에 O, X를 입력하여 표시해요.

❸ MBTI 결과를 표시하기 위해 [E4] 셀을 클릭한 후 '=IF(AND(C4="O", C5="X"), "E", IF(AND(C4="X", C5="O"), "I", "모름"))' 함수를 입력해요.

❹ 같은 방법으로 [E5:E7] 셀에 각각 다음과 같이 함수를 입력해요.

- E5 셀 : =IF(AND(C6="O", C7="X"), "S", IF(AND(C6="X", C7="O"), "N", "모름"))
- E6 셀 : =IF(AND(C8="O", C9="X"), "T", IF(AND(C8="X", C9="O"), "F", "모름"))
- E7 셀 : =IF(AND(C10="O", C11="X"), "J", IF(AND(C10="X", C11="O"), "P", "모름"))

❺ 최종 결과를 표시하기 위해 [E8] 셀을 클릭한 후 '=CONCAT("당신의 MBTI는 ", E4, E5, E6, E7, "입니다!")' 함수를 입력해요.

알고 넘어가요!

- [IF] 함수는 조건에 따라 다른 값을 표시할 때 사용하는 함수에요.
- [AND] 함수는 여러 조건을 모두 만족해야 참(TRUE) 값을 표시하는 논리 함수에요.
- [AND] 함수에서 조건이 하나라도 거짓(FALSE)이면 전체 결과는 거짓(FALSE) 값이 표시돼요.
- [CONCAT] 함수는 여러 셀이나 문자열을 하나로 표시해 주는 함수에요.

MEMO